· 2013~2015政协提案小集 ·

建言者说（贰）

Proposals from *Wang Ming*:
a Member of CPPCC National
Committee 2013-2015

王 名 著

社会科学文献出版社
SSAP
SOCIAL SCIENCES ACADEMIC PRESS (CHINA)

序　言

终于完成了《建言者说》第二集的汇编，为这本记录我参政议政第二阶段主要观点的成果画上了圆满的句号。清早，迎着晨曦微露的寒意在校园中暴走一段，开始又一个忙碌而充实的日子。踏着微霾的脚步，构思这书的序言，为我第十五个建言季的到来献礼。

一

2013年，我连续第三届当选全国政协委员。此前十年，我的近50件提案汇编成册，以《建言者说》为题由社会科学文献出版社出版，赢得了广泛的好评。这本书在前一本书的基础上，收录了我自2013年至2015年期间在全国政协会议提交的共59件提案，其中2013年提交16件立案16件，2014年提交23件立案19件，2015年提交20件立案17件，三年累积立案52件。

在这些提案中，涉及人口政策方面的6件，涉及社会组织管理制度改革方面的8件，涉及教育政策方面的9件，涉及社会与公益创新的5件，涉及环境和文化政策方面的5件，涉及社会福利与社会救助政策的5件，涉及社会共治制度方面的5件，涉及政府购买服务的3件，涉及社会组织"走出去"的3件，涉及养老政策的3件，涉及社会企业方面的3件，涉及城乡社区治理方面的2件。我连续六年关注人口政策，这三年的政策主张从"放开二孩"转向全面放开生育和加快形成积极人口政策的方向，引起了广泛的关注和好评。我连续三年呼吁出台"三大条例"，加快社会组织管理制度改革，连续三年提出改革和完善向社会组织购买服务的机制体制，连续三年建议从政策上支持社会组织"走出去"，这些持续的政策倡导对推动相关政策的改革创新起到了积极的作用。这三年来，尽管关注的领域很广，问题很多，但我提案中约70%都属我的研究领域，集中在社会改革和社会治理创新的范围内。

二

过去的三年，是我担任全国政协委员十多年来提案最多、影响最大的三年。我已学会如何当好政协委员并熟练使用政协提案这一积极影响公共政策的政治制度。

每年的12月，开始进入我称之为"建言季"的提案周期，从这时起到"两会"上会的三个月时间里，我和参与提案研究的团队成员一起，经历紧张的"选题期"、"资料搜集和调研期"、"初稿验收统稿期"、"修改成稿期"和最后的"闭关定稿期"五个阶段。

在选题期，我尽可能广泛地征集提案的选题，这里包括过往提案中需要持续跟踪研究的、正在开展的各类项目中有政策建议的、合作伙伴中有政策诉求的，也包括当下成为改革焦点或政策热点的问题。从众多选题中，遴选确定当年的提案选题，组建参与提案的工作团队。

在资料搜集和调研期，我们以小组为单位，分别按选题研讨策略，确定重点和分工，搜集资料，整理数据，并根据需要开展一定的调研，在此基础上各自完成提案初稿。

在初稿验收统稿期，我们的提案核心团队集中一段时间，针对每一个提案初稿逐一分析讨论，提出具体的修改建议，再返回初稿起草小组修改完善。

在修改成稿期，若干骨干成员再一次集中，对修改后的提案继续分析讨论，确定成型的提案。

最后的闭关定稿期，我独自在会前拿出近一周时间闭关审改，对每一件成型的提案逐字逐句推敲完善，确定并形成正式提交的提案。

经过这样一个"建言季"的周期性的努力，过去三年里，我把提案和我的政策研究紧密地结合起来，发动团队里的博士后、博士生积极参与，我则自始至终发挥导师和团队中心的作用，形成了一种我称之为"职业化"的政协提案机制。这一机制不仅保证了每年产出相当数量、覆盖广泛的提案，而且确保每一个提案有精准的选题和较好的质量。

三

每年"两会"期间，都是我集中提交政协提案的时节。我的所有提案，几乎都在上会期间通过网上提交，并在提交提案后的第一时间发布在我的"清华NGO"博客上。

提案中有些需要联名提交的，我会提前发给联名委员审阅并征求意见。关于人口政策、教育政策的提案，多年来都是我与刘大钧委员共同提出，我们还一起参加相关的调研、座谈等活动，并就提案内容反复磋商讨论。

大钧委员是我过去14年的莫逆之交。我们不仅一起研讨提案，在每年的"两会"期间还坚持每天一起乐行，一起善素，在政协委员中倡导积极健康的生活方式。在不久前出版的《我行我素》一书中，记载了我们在一起的许多精彩片段。说起来，我的行素体验，其实都始于"两会"，与建言者的成长相同步。我把积极参政议政的政策表达，和对健康生活方式的倡导与身体力行，理解为知行合一的新境界，这是另一种意义上的致良知。

航班即将抵达三亚凤凰机场，我和首届 IDEAS－P 班的各位同仁即将开启我们在保亭的感知之旅，美丽温暖的海南福地，在奥托教授的催化下将给我们带来怎样的独处之感悟和流现之奇妙，如同我正开启的这个建言季一样，足以令人期待！

2016 年 12 月 3 日 （星期六）

于北京开往三亚的航班上

目　录

二〇一三年

二〇一四年

二〇一五年

二〇一三年

　　2013 年 3 月 3 日至 3 月 12 日，第十二届全国政协第一次会议在北京举行。这是我第十一次出席全国政协会议。会议期间，我正式提交了十六件政协提案，全部得以立案。

　　这是我担任政协委员以来提案最多的一年。我关于调整人口政策的提案进入了第四个年度，连续四年针对同一问题的提案引起了广泛的社会关注，也表明我对这一问题的持续关注和政策主张的坚持。这一年中央明确提出改革社会组织管理制度，我有七件提案关乎这一问题。教育问题也是我关注的一个重点，有四件提案涉及教育。我的所有提案均在提交后第一时间通过博客和微博发到网上，会议期间我的博客累计点击量达 83.6 万次，许多网友发来了评论感言表达关注和支持。我也把接受媒体采访作为参政议政的一个重要形式，先后接受了四十多家媒体的专访和访谈。

【编码】2013 –01

【案号】全国政协十二届一次会议第 1764 号提案

关于全面放开生育的人口政策调整建议

【提案缘起】

这是我们关于人口政策调整的第四次提案。在 2010、2011 和 2012 年三次提案基础上，经过继续深入的补充调研、访谈和补充数据资料，我和刘大钧委员继续联名提出提案。我们的政策主张从最初的"放开二胎"，到"调整人口政策"、"停止一胎化"，进而提升到"全面放开生育"。我们深深感到：这一问题已严重危及国家和民族的发展，政策调整刻不容缓，作为政协委员责无旁贷，必须大声疾呼！

【提案正文】

我们自 2010 年起已连续三年提出放开二胎的提案，引起社会的广泛关注。一年来，我们与诸多专家和学者对人口问题进行了深入探讨。在谨慎评估、充分论证的基础上，我们郑重提出本提案。我们认为：中国自 20 世纪 80 年代开始实行的以"城市一胎和农村一至两胎"为目标的严格控制生育的人口政策，已经给中国各个方面带来了一系列日趋严重的问题，危及国家和民族的未来，必须尽快加以全面调整。根据新的数据和分析，我们发出进一步的呼吁：立即全面放开生育，对中国人口政策进行重大调整。

一　人口形势的变化

1980 年 9 月，中共中央发出《关于控制我国人口增长问题致全体共产党员、共青团员的公开信》（以下简称《公开信》），提倡一对夫妇只生一个孩子。以此为标志，中国启动了以严格控制生育为中心的计划生育人口政策。该政策实施 30 多年来，中国人口从 9.9 亿增至 13.5 亿，但占世界人口比例从 22.1% 降至 19.3%，中国的人口形势发生了根本性改变。

（一）生育率已远低于替代水平。根据目前的男女性别比和女性年龄别死亡率，中国生育率的替代水平在 2.2 以上，即每对夫妻平均需要生育至少 2.2 个孩子才能维持总人口最终不衰减。中国的总和生育率在 20 世纪 70 年代末约为 2.5，自 20 世纪 90 年代初就一直处在替代水平以下，目前更是远低于替代水平。据 2010 年人口普查的长表，原始抽样的生育率仅有 1.18，即使考虑到 15% 的漏报率，生育率也只有 1.4，而国家统计局 2011 年抽样调查的生育率更是仅有 1.04。生育率即使处于 1.4 也意味着每隔一代人，出生人口将减少至少 36%。在此生育率下，只要两到三代人的时间，中国每年出生人口就将少于美国。

（二）生育意愿面临多重压力。中国的生育意愿面临现代化、东亚文化共同因素及长期计划生育政策的三重压力。现代化过程中，生育率下降是普遍现象，在可预见的将来，中国社会的持续发展会进一步挤压生育率。目前全球生育率最低的地区在东亚，尤其是华人社会。根据联合国开发计划署 2011 年的数据，与中国文化相近的泰国、越南、缅甸和朝鲜的生育率分别只有 1.53、1.75、1.94 和 1.99，相当或低于经济更发达的俄罗斯、英国、法国和美国（分别是 1.53、1.87、1.99 和 2.08）。严格控制生育政策实施 30 多年来，中国的生育观念已发生极大改变。城市已经把一胎当成正常，农村在向城市看齐。数据显示，80后女性的累积生育孩子数远低于 70 后，而 70 后则远低于 60 后，尽管她们处在相同政策环境下。

（三）中国或已陷入低生育率陷阱。无论从生育意愿调查、"双独"放开二胎的实施效果，还是对低生育率下生育行为的分析来看，中国的生育意愿已处于极低水平，而且难以回升。当父母只有一个孩子时，希望都寄托在这个孩子身上，会不惜代价为孩子付出，同时少子化会降低养育的家庭和社会规模效应，两者共同推高单个孩子的平均养育费用，让愿意多生的父母望而却步，因为他们对养育压力的感受来自对平均费用的判断。长期低生育率把一种极不正常的生育状态变成了常态。因此生育率越低，对生育意愿的抑制越强。另外，长期低生育率会导致未来社会极度老龄化，养老负担沉重，让育龄家庭不堪重负，这反过来也会抑制生育意愿，这又是一个恶性循环。高生育率时，降低生育率马上能缓解压力；但低生育率时，提升生育率短期内却会加大压力，缓解的效果要 20 年以后才能体现。因此，低生育率的惯性会比高生育率惯性更强劲，更持久，也更难应对。

（四）人口快速老化和未来人口急剧衰减。第六次人口普查数据显示，中国 65 岁以上人口比例已达 8.87%，超过世界平均水平，更比发展中国家超前了 20 年（2030 年不含中国的发展中该比例为 8.1%）。到 2030 年，中国 65 岁以上老年人口比例将翻一番，达到 17.4%；2050年更将上升到 27.8%。中国将成为世界上人口老龄化速度最快、程度最高的国家。由于 20 世纪 60 年代至 80 年代出生人口较多，中国人口在未来十几年还会小幅增加，在达到顶峰后，逐步由缓慢的衰减进入持续性的急剧萎缩。即使现在完全放开，若不鼓励生育，到 2050 年左右，中国人口每年仍将减少 1000 万以上，其衰减速度和幅度在人类历史上都将是空前的。从 2030 年到 2070 年，中国人口的下降幅度将达 40%。相比之下，遭受所谓人口衰减灾难的俄罗斯在过去 20 年人口下降幅度不过 3.4%，扣除移民的自然下降也只有 7.8%。

二　全方位的负面效应

尽管中国社会在过去 30 年的发展突飞猛进，但严格控制生育的人口政策带来的各种问题逐渐显现，并不断恶化，给中国未来的发展埋下了重大隐患，负面效应将会严重影响到中国的各个方面：

（一）拖累经济发展。过去 30 年中国经济的高速发展得益于早年高生育率下积累的人口资源。生育率从高到低，积蓄的能量得到释放，从而推动经济发展。但长时间维持低生育率则是在不断地低效释放能量，更是在耗费发展的后劲。随着人口的加速老化和未来人口的急剧衰减，消费和生产将同步萎缩，大部分行业会成为夕阳行业，投资意愿低迷，基础设施更新的动力和财力弱化，现有设施面临日益老化甚至废弃，创新和技术进步的步伐将大幅度减缓，经济可能陷入长期停滞甚至萎缩，国力衰退。过去 30 年我们习以为常的这个朝气蓬勃、欣欣向荣的中国可能将退化成一个老气横秋、萎靡不振的社会。

（二）弱化规模优势。中国庞大的人口规模是中华民族全面复兴的基础性优势。因为人是经济和社会活动的核心，无论一国内部还是世界范围，发达的地方都是人口中心地。无论是电视、汽车、房屋等物品，还是教育、医疗、旅游等服务，其总价值中人所创造的比例远高于来自自然资源的比例，而且随着技术的进步，人的价值越来越高。人口少、工业规模小的资源型国家向中国出卖自然资源是经济合理性的体现，说明中国人口的规模和集聚优势能够弥补甚至超越进口自然资源的价值。中国控制生育的后果是人口老化和萎缩，经济衰微，市场规模效应降低，政治影响和军事潜力下降，最后需要用更高的价格来购买国际市场的资源。这实际上是以减少本民族后代的代价把资源留给其他国家使用，并使自己的后代处于未来资源市场上的劣势。在信息时代，人口的规模优势更加突显，因为通讯和交通的便利使得任何不同个体之间可以直接交流和来往，人口越多，交流和来往增长得更快，社会复杂程度更高，唯有语言、文化和政治框架才是边界。如果中国能够维持现有的人口规模优势，中国的最终崛起和全面复兴必将把人类的文明推向一个新的高度。这并非梦想，而是人类社会恢复到正常状态。然而，长期低生育率使中国的发展被釜底抽薪，中国的崛起将如昙花一现，之后就迅速成为明日黄花，中国世纪还未真正开始就将落幕。

（三）危害家庭幸福。严格控制生育的人口政策产生了人类历史上最大规模的独生子女群体，这对中国人的生活观念、家庭关系、社会形态和民族心理造成的长远后果难以估量。家庭幸福是中国社会的核心价值，"一胎化"让家庭风险成几何级数增加。任何社会都有一定比例的孩子夭折，但在二三胎家庭里，所有孩子都夭折的可能性很小。只要还有存活的孩子，父母就有希望和责任继续生活下去，但独生子女一旦失去则意味着一个家庭的彻底毁灭。根据中国的生命表和生育年龄分布，母亲在 40 ~ 65 岁之间孩子夭亡的概率是 1/100 左右，这样二胎家庭孩子都夭亡的概率就只有万分之一。相对于二胎家庭，"一胎化"把这个比例提高了一百倍，达到 1/100 左右。在这个概率下，几乎每个人周围都会出现"失独"家庭的悲剧。有学者估计，目前中国的"失独"家庭已逾百万，引起了社会的普遍不安。"失独"的心理冲击会让人们从最基本的道义层面来质疑"一胎化"政策，从而损害党和政府的信誉并最终影响社会稳定。家庭的风险不仅体现于生命的无常，也体现在婚姻、事业、财力和健康等方面的不确定性上。面对这类难关时，兄弟姐妹可以相互提携、共同分担，但独生子女则只能独自承担。这种现实反过来又会降低家庭对风险的容忍度，不利于经济发展和社会稳定。此外，性别比失衡所导致的数以千万计的"剩男"也可能影响社会稳定。

（四）损害社会公平。由于现行人口政策的局限性，当前的生育控制难以避免地要根据民族、地区和家庭状况采取不同的政策。这种区别对待滋长了社会的不满情绪，引起民众质疑中国社会公平性，不利于党和国家的声誉。当前人口政策最大的不公平体现在对"超生"者征收社会抚养费。传统家庭养老中，父母既是养育孩子的付出者，也是将来享受孩子赡养的受益者。在社会养老下，父母仅是养育孩子的付出者，但孩子将来支撑的却是整个养老体系，受益者是全社会。家庭养老和社会养老本质上是一样的，都是用工作人口创造的物品和服务来支撑老年人的生活，只是社会养老下，养老积蓄和支付方式的社会化在微观上模糊了这种关系。对"超生"者征收社会抚养费既违背经济规律，也违反基本的道义原则，因为不生或者少生者，年轻时付出少，年老后部分却靠别人的孩子的劳动来养老，而"超生"的父母以自己的付出给社会贡献了更多的养老体系的支撑者，但却因此受到惩罚。

（五）削弱国防力量。人口规模的减少，人口结构的老化，特别是独生子女家庭数量的迅速增加，不仅导致适龄兵源数量急剧减少，更重要的是引起兵源质量的下降。大量独生子女不得不参军入伍，他们在身体素质、心理素质和自主生活能力方面都有其特点，对军队的军事训练提出了新的挑战。据估计，我军现役兵员的独生子女率已不低于70%，作战部队甚至超过80%。一个由独生子女组成的军队，一旦走上战场，怎么能要求他们真正做到冲锋陷阵、前仆后继？而站在这些独生子女后面的，更是一个个风险不断增大的可能面临"失独"悲剧的家庭。

（六）降低人口质量。受教育人口的数量越多，越容易出现更优秀的人才。严格生育控制导致适龄人口减少，大量小学甚至中学关闭，大学报考人数逐年下降，让中国优秀人才的备选基数不断萎缩。中国的生育控制政策对城市和沿海发达地区更加严厉，人为减少了那些成长条件更好的孩子的比例，因而又延缓了人口整体素质的提升。在相同的人口规模下，一个老态龙钟的社会在知识更新能力、创造力和向上的动力及活力上都无法与年轻人较多的社会相提并论。长期低生育率会加深老龄化，最终会导致平均人口素质快速下降。北京和上海等地的生育率目前只有 0.7 左右。这些城市集中了中国各行各业许多最出色的人才，但在 0.7 的生育率下，他们的后代以每代人减少三分之二以上的速度在消失。这意味着，中华民族数千年积累和沉淀下来的许多最优秀的基因只要两代人就会消减得只剩下原来的十分之一。

（七）滋生错误观念。人在成年前是财富的消耗者，工作后是财富的创造者，年老后又成为消耗者。总体来说，人的贡献要大于消耗，否则人类社会不可能进步。但控制生育的人口政策一味强调人口作为负担的一面，倾向于把中国各种问题都归咎于人口过多，从而掩盖了真正的症结，不利于问题的有效解决。比如，人们常把大城市的拥挤归咎于中国人口太多。但实际上，城市的拥挤与全国人口总量关系不大，而与经济发展的关联性更大。贫穷的国家，哪怕地广人稀，其大城市也很拥挤。数据的分析以及俄罗斯等实例都预示，中国人口大幅减少的后果是大量城镇甚至小城市的衰败，人们会更加涌入北京、上海等大城市，最后人们可选择居住的城市大幅减少。

（八）危及中华文明。人口是文明传承的基础。中国不只是一个国家，更是一个文明。中华文明是人类最古老的文明之一，13 亿中国人承载着源远流长的中华文明，薪火相传的根基在于保持必要的人口规模与合理的人口结构，这是文明得以传承并始终保持生机、充满活力与创造力的保证。在严格控制生育的人口政策下，不仅中国的人口结构将加速老化，人口规模也将急剧衰减。中国目前占世界人口比例 19% 多，但每年出生人口不到世界的 13%。我们目前的生育率仅有世界一半左右。生育率维持在这一水平意味着，每隔一代，我国年出生人口占世界的比例将下降一半，这样到 21 世纪末，中国在世界上的分量将一落千丈，中华文明将彻底衰微。

三　人口政策调整

1980 年的《公开信》提出："到 30 年以后，目前特别紧张的人口增长问题就可以缓和，也就可以采取不同的人口政策了。"我们认为：过去 30 多年执行的严格控制生育的人口政策是中国在特定的历史条件下所采取的特殊政策。30 多年后的今天，我们有责任根据变化了的社会经济条件，履行党中央的战略设想和对人民的政治承诺，适时调整人口政策。近年来，针对现行人口政策所带来的上述种种问题，社会各界展开了热烈的讨论，一大批专家学者进行了多方面的思考和论证，提出了许多调整中国人口政策的积极建议。结合这些思考和建议，我们提出调整中国人口政策基本方向如下：

第一，以人为本，尊重生命。人口政策的最高原则应是以人为本，尊重生命。以人为本是科学发展观的核心，是中国特色社会主义的基本思想，也是公共政策的出发点和归结点。人口政策直接关乎人和人的生命，应当更加强调以人为本，更加尊重生命，要将人的生命高于一切作为人口政策的最高宗旨。人口政策的调整必须坚持这一根本立场，尊重并捍卫人的生命，包括对未出生的胎儿生命的尊重与保护，也包括对生育权的尊重与保护。要坚决反对和杜绝用堕胎等非人道的手段强制执行计划生育的做法。

第二，放开生育，保护家庭。立即停止严格控制生育的人口政策，无条件放开生育，把养育身心健康的孩子作为民族复兴最根本的战略基础，在税收、教育、医疗、就业等各个方面切实减轻养育家庭的负担。采取积极措施保护孩子，保护家庭。现代社会中，养育孩子非常艰辛，付出是家庭的，最终受益的却是全社会。世界上许多国家的经验，中国多个地区的试点，以及可靠的科学研究都已经充分证明，"全面放开生育"带来的生育反弹幅度非常有限，真正值得担心的是：即使完全放开后，也无法避免长期生育率的滑坡。"放开二胎"的倡议早在九年前就由 18 位人口学家联名上书中央提出，迄今仍未执行，致使我们错过了放开二胎的最佳时期。为了国家和民族的未来，我们大声疾呼：立即行动起来，无条件地全面放开生育！

第三，稳定规模，优化结构。生育率最终处于替代水平或之上，是维持民族繁衍的必要前提。中国目前每年出生人数已经远低于与人口总量相对应的水平，即使完全放开也难以避免在可预见的将来每年出生人口的雪崩式滑坡。中国人口政策的长期目标应该是稳步提升生育率至替代水平，最终确保每年出生人数基本稳定，维持中华民族的正常繁衍和促进人口结构的优化。如果说中国占世界人口比例持续下降无法避免，那也不应该让其降得太快。至少，中国应该在人口规模上保持对西方的优势，确保中华民族拥有能够取得并维持在全球的主导地位的人口基数，最有效地维护中国的长期稳定和繁荣。

第四，集思广益，全面推进。应尽快邀请不同学科背景的各方面专家就放开生育和调整人口政策举行专题会议。决定人口政策方向的是人口结构和规模对经济、社会、国防、环境等的影响，因此人口政策的调整需要各个不同领域的专家及相关部门的共同参与，建议由国务院统一协调相关部委和各领域的专家组成人口政策调整攻关课题组，研究形成人口政策调整的总体方案。同时，要尽快修改《人口和计划生育法》的有关内容，对地方政府颁布的相关法规和政策进行全面梳理。国家应出台相应的政策切实解决独生子女高风险家庭所面临的一系列难题。对于因独生子女政策带来的"失独"家庭，应建立国家基金进行公益救助和社会支持。要及时调整国家人口和计划生育委员会的职能，改革现行计划生育管理体制，建立与新的人口政策相适应的中央和地方各级政府的实施与管理体制。

人口政策的调整刻不容缓！为了维系和延续中华文明，为了避免中华民族的衰亡，我们必须恢复到正常的生育状态。今天的不作为也许会让我们失去逆转颓势的最后一次机会。我们恳切希望中央能够尽快研究并做出决断。

【提案结果】

提案发布后，财新网、新浪网、人人网等网络媒体进行报道和转载，引起公众对计划生育政策的热烈讨论。我的博文点击量达17.7万次，有2047人发表评论。2013年9月22日，国家卫生计生委专门针对本提案的内容进行了详细答复。答复函认为：本提案中提出的建议很好，很有参考价值，党的十八大报告和我国"十二五"发展纲要都明确提出，要逐步完善政策，促进人口长期均衡发展，逐步完善政策包括婚姻家庭、计划生育、优生优育、性别平等、人口迁移、人力资源开发等一系列政策内容，生育政策是其中的重要内容，国家卫生计生委将本着积极、稳妥、审慎的原则，组织开展这项工作，将就逐步完善政策对人口老龄化、生育水平、经济社会发展的影响等问题进行深入分析和研判，认真总结各地实施"双独两孩"政策和吉林、辽宁等地实施农村

"单独两孩"政策的经验,抓紧研究提出逐步完善政策的具体方案,加快启动这项工作。2013 年 12 月 28 日,全国人大常委会通过《关于调整完善生育政策的建议》,启动"单独两孩"政策。从 2014 年 1 月始,各省级行政区陆续制定并实施本地的"单独两孩"政策。

【编码】2013－02

【案号】全国政协十二届一次会议第 2093 号提案

关于建立国家基金，救助"失独"家庭的建议案

【提案缘起】

连续多年关注人口问题并持续呼吁放开二胎，我们开展了相关的许多调研并接触到这样一个特殊的群体：失独家庭群体。从他们身上，我感受到一种深深的悲怆和奉献精神，一种因失去独生子女而迷失未来的无奈和迷茫，一种对于生活的坚守和令人感佩的抗争。他们不是个体，是一个不小的群体。在做了必要调研的基础上，我和刘大钧委员商定，以联名方式进行政策提案。

【提案正文】

近来，"失独"家庭群体逐渐引起社会关注。所谓"失独"家庭，是指因意外、疾病等原因失去独生子女的家庭。关于"失独"家庭数量，目前国内尚无权威统计。根据卫生部公布的 15～30 岁人口死亡率计算，全国每年新增"失独"家庭 7.6 万个，保守估计，目前"失独"家庭已超百万。也有人口学家粗略估计，在已出生的近 2 亿独生子女中，至少有 1000 万将在 25 岁之前死亡，这意味着该群体将会很快扩散至千万家庭。无论具体规模如何，在这些"失独"家庭中，父母多为

50 岁以上中老年人，难以再生育或者收养子女。独生子女离去，带给"失独"父母的不仅是经济上的损失，更是精神上的打击和老无所依的苦果。

"失独"家庭是以"一胎化"为中心的计划生育政策的产物。没有"一胎化"及其所带来的大量独生子女，就不可能出现如此大规模的"失独"家庭。以"一胎化"为中心的计划生育政策是国家在特定时期推行的人口政策，对这项政策的后果，国家应当承担责任。"失独"家庭的父母在陷入年老、疾病等状况而无所依靠时，国家也有义务提供必要的保障。因此，对"失独"家庭，国家有义务、有责任提供保障和政策补偿。

当前，"失独"家庭及其增加带来了日益严重的社会问题：

第一，"失独"成为独生子女时代具有普遍性的社会问题。任何年龄段人口都有一定的死亡率，部分家庭因孩子亡故而出现"失独"也不可避免。但在独生子女时代，大量存在且不断增加的独生子女家庭，使得"失独"不仅成为少数家庭已经遭遇的不幸，更成为所有独生子女家庭都可能背负的恐惧和不安。"失独"意味着家庭失去了未来与传承，对"失独"的恐惧和不安会因"失独"家庭的出现及增加而迅速蔓延到整个社会，形成全社会对"失独"问题的普遍关注。

第二，"失独"家庭在心理、经济乃至养老等方面产生了一系列社会问题。绝大多数"失独"父母因子女去世而陷入自闭、抑郁而不能自拔，甚至产生更严重的心理疾病。"失独"老人在经济上没有子女的帮助，生活更加困顿。一些独生子女因病去世，导致"失独"家庭因病致贫、因病返贫。有调查显示，因子女疾病医疗导致家庭返贫的占到所有返贫家庭的 50% 以上。我国目前仍以居家养老为主，失去子女的生活照顾与精神慰藉，"失独"父母缺乏养老保障；即便选择集中养老方式，无子女等监护人的监护，"失独"父母也难以进入养老院等养老机构。

第三，救助制度存在缺陷，"失独"家庭陷入困境，影响社会稳定。2007年以来，"失独"家庭救助制度在10个省市试点并逐步在全国推广。至今，各地对"失独"父母的补助标准集中在200元/人·月左右，不仅标准偏低，而且在救助金发放中设置了年龄等诸多限制因素，加之缺乏国家层面的救助政策，难以达到理想的救助效果。不仅如此，对"失独"家庭急需的心理救助及生活照顾等方面，政府工作缺失。"失独"家庭因享受不到应有救助而产生怨恨情绪，影响社会稳定。据报道，仅从2012年下半年至今，已发生多次"失独"父母群体到北京上访的案例，地方上访则难以统计。

"失独"家庭问题已经引起了社会各界的关注，相关人士提出了一些思考和论证。结合这些观点，我们提出救助"失独"家庭的建议如下：

第一，高度重视"失独"家庭问题，立即停止"一胎化"人口政策。"失独"正在发展成具有普遍性的社会问题，"失独"家庭规模不断扩大，所有独生子女家庭均面临"失独"风险。只有立即停止弊端重生并导致"失独"家庭不断增加的"一胎化"人口政策，才能从源头上防止"失独"家庭的扩散和"失独"问题的社会化。

第二，明确在"失独"问题上不可推卸的国家责任，制定并落实相关政策。"失独"家庭是"一胎化"人口政策的牺牲者，国家理应承担救助责任。建议总结各地已开展"失独"家庭救助工作的经验，出台国家级的救助政策，明确国家责任。要利用各级人口与计划生育部门的组织网络，设立统一机构，对口管理"失独"家庭工作，落实对"失独"家庭的各项国家责任。

第三，建立救助"失独"家庭的国家基金，在各级政府主导下开展"失独"家庭现状摸底调研，掌握"失独"家庭及问题现状，制定标准并尽快实施对"失独"家庭的救助。建议由计生部门对全国"失独"家庭进行全面摸排，充分掌握"失独"家庭现状。建议设立国家基金，由财政出资并接受社会捐赠，可将历年征收的社会抚养费累积起来作为救助"失独"家庭的原始基金，在调查和综合测算的基础上制定"失独"家庭救助的国家标准，尽快启动全面救助。

第四，培育一批致力于"失独"家庭服务的社会组织。对"失独"父母的心理支持与生活照顾，有赖于社会组织的工作。当前，网络上已经出现多个"失独者"网络社群，在这些社群中，"失独者"互相支持，抱团取暖。建议在已有网络社群的基础上，根据"失独者"的特点与需要，出台相应的政策加以引导和扶持，可借鉴上海、深圳等地政府建立公益组织孵化基地的经验，培育、孵化和发展一批条件成熟的组织进行合法登记注册或采取备案制等形式，通过购买服务推动"失独"社会组织的成立与发展，实现对"失独"家庭的心理支持与日常照顾等全方位服务。

第五，改革孤儿收养制度，鼓励"失独"家庭优先收养孤儿。对"失独"家庭中有能力也有意愿再养育孩子的家庭，应从政策上予以支持。应改革现行孤儿收养制度，鼓励"失独"家庭收养孤儿，如设立"失独"家庭抚养孤儿津贴、建立"失独"家庭管理部门与儿童福利院的信息互通机制等。通过政策倾斜，帮助"失独"家庭重建，积极探索孤儿收养制度的改革创新。

【提案结果】

提案发布后，中国政协网、新浪网和正义网等网络媒体转载提案并获得社会广泛关注，尤其是"失独"群体对提案的评价非常高。我的博文点击量3.18万次，有282人发表评论。2013年8月28日，国家卫生计生委针对本提案的内容进行了详细答复。答复函表示：当前，我国人口再生产类型已经发生了历史性转变，人口发展呈现出一些新情况、新问题，必须正确把握人口自身发展规律及人口与经济社会发展的互动关系，统筹考虑人口的数量压力和结构矛盾，逐步完善生育政策，促进人口长期均衡发展。目前，内蒙古、吉林、福建、浙江、安徽、山东、重庆、贵州8省份已建立了人口基金、公益基金或生育关怀基金，对"失独"等计划生育困难家庭提供帮助。2014年1月，国家卫生计生委、中国计划生育协会联合发出《关于开展计划生育特殊困难家庭社会关怀的通知》，强调发挥社会组织力量，建立多方合作的工作机制，更好地关怀计划生育特殊困难家庭。《通知》要求动员社会各界力量，为特殊困难家庭提供基本的生活、养老、医疗服务以及精神慰藉和心理疏导服务，逐步建立特殊困难家庭社会关怀的长效机制。

【编码】2013 – 03

【案号】全国政协十二届一次会议第 3045 号提案

关于大力推动以贯彻宪法为核心的公民教育的建议案

【提案缘起】

我长期从事公民社会的理论研究和实证调研，基于这一背景而关注公民教育，并深刻体会到公民教育在我国的缺失所带来的种种问题。与友人建华谈及此事，他赠我新近出版的一套美国公民教育读本，读后深有所感。学习领会总书记关于宪法实施的最新讲话精神，形成这一提案的基本思路，凝练修改而成。

【提案正文】

2012 年 12 月 4 日，习近平总书记在纪念现行宪法公布施行三十周年大会上发表讲话时指出：宪法是国家的根本法，是治国安邦的总章程。全面贯彻实施宪法，是建设社会主义法治国家的首要任务和基础性工作。他特别强调："宪法的生命在于实施，宪法的权威也在于实施"。

我国的宪法，规定了中国是一个社会主义特色的法治国家。依照宪法精神，公民是实施宪法的主体，也是宪法权威的维护者。没有公民，就没有宪法的实施和维护；没有合格的公民教育，就没有尊重宪法、遵守宪法、实施宪法和维护宪法的合格公民。

因此，社会主义的公民教育是习近平总书记特别强调的实施和维护宪法工作的重要组成部分，是建设社会主义法治国家的首要任务和基础性工作之一。通过公民教育，来培养全体公民尊重宪法的公民意识、遵守宪法的公民品德、实施宪法的公民知识、维护宪法的公民技能，从而为社会主义法治国家培养合格的公民。在这个意义上，接受公民教育是每一个公民的基本权利和义务；实施公民教育则是作为国家机关的中央和地方政府的重要职责之一。

长期以来，由于认识和体制等多方面的原因，在社会主义公民教育方面我们存在着许多误区和严重的问题。为改变这种局面，提出如下建议：

第一，转变观念，为公民教育正名！

长期以来，由于受"左"的思想影响，一些人习惯于将公民教育"上升"为意识形态问题，甚至与灌输西方民主思想乃至颠覆社会主义的"和平演变"联系起来，大谈"人民"，忌谈公民，有的人甚至公然主张用"人民"的概念取代公民的概念。这是一种荒唐的"左倾"余毒！在社会主义法治国家，必须大张旗鼓地倡导公民观念，向全体中国人开展普遍的公民教育，必须为公民教育正名！而且，作为负责任的世界大国，我们的公民教育应当不仅着眼于培养中国的公民，更应当着眼于培养具有世界眼光、世界境界、世界责任的世界公民。

第二，正本清源，还公民教育以宪法教育之根本！

公民教育的核心是宪法教育，即全面贯彻宪法和法治精神的公民教育。但在实践中，有些人所热衷的所谓"公民教育"并非宪法教育，而是标榜为"中国特色社会主义"的种种其他形式，如思想政治教育、法制教育、公民道德教育、爱国主义教育、传统文化教育、素质教育等等，并用后者替换了宪法教育这个根本，丢掉了法治国家的核心和灵魂。必须旗帜鲜明地提出公民教育以贯彻宪法和法治精神为核心的主张，明确宪法教育的权威性与强制性，还公民教育以宪法教育之根本！

第三，政府主导，构建公民教育的标准化体系

实施公民教育是作为国家机关的中央和地方政府的重要职责之一。鉴于当前公民教育的紧迫性、重要性和实践中的混乱状态，建议由全国人大法工委和教育部、司法部、民政部等相关部门组成公民教育的多部门协调和指导机制，邀请法学和教育学等领域的专家组成工作组，从课程、教材、教程的标准化建设着手，净化公民教育领域，整顿和规范公民教育体系，形成统一规范的公民教育大纲，培训并指导各级各类学校开展标准化的公民教育，以改变现有公民教育的混乱格局，全面提高公民教育之于宪法的严肃性、之于公民的神圣性、之于社会的公益性、之于国家的权威性、之于教育科学的系统性。

【提案结果】

提案发布后，得到许多网友的评论和转发，有网友说："所谓法治即是以宪治国！如果依法治国作为基本国策的话，全民进行宪法教育是必须做到的基本功课。"搜狐网、《经济日报》等多个媒体进行了相关报道，引起了社会的关注。2014 年 10 月 27 日，全国人大常委会审议关于设立宪法日的决定草案，决定将每年 12 月 4 日定为国家宪法日。《中共中央关于全面推进依法治国若干重大问题的决定》也提出设立国家宪法日，建立宪法宣誓制度。此举旨在全社会开展宪法教育，弘扬宪法精神，有助于增强全社会宪法意识，加强宪法实施，树立宪法权威。

【编码】2013－04

【案号】全国政协十二届一次会议第2101号提案

关于总结推广"伏羲班"经验，加强以中华传统文化为核心的素质教育的建议案

【提案缘起】

2012年，我有幸接触到"伏羲班"，认识了吴鸿清教授，开展了有关伏羲班的一些调研。在这一过程中，我深感伏羲教育作为素质教育撼动人心！我和许多家长一样，对应试教育有切肤之痛却又无可奈何，希望能够将中华传统文化这一人类优秀的文化遗产融入我们的正规教育之中。我曾在清华课堂探问《大学》并为学生们的无知而惊叹不已，我曾发起清华学子晨读《论语》等国学经典，也曾在我的博客开展日读一句的活动，通过这些努力希望能多少补上作为国人本应具备的起码的文化素质。但我最担心的是下一代教育仍然重复我们的悲剧！伏羲教育让我看到了希望。在吴鸿清教授和许多热心伏羲教育的同仁的帮助下，我完成了这一提案。

【提案正文】

2012年7月，中央电视台播出"伏羲班"小学生与台湾小学生进行国学教育对话的节目，引起了广泛的社会反响和关注。"伏羲班"是开设在甘肃省甘谷县土桥村土桥小学的教学改革实验班，由国家开放大

学（原中央广播电视大学）的一位教授于 2006 年 9 月发起并主持，在 6 年时间里，"伏羲班"以《弟子规》、《论语》等古代经典及中外优秀诗文为语文骨干教材，并为学生们开设了书法、武术、珠心算、民乐等课程，学生在轻松愉快的状态下学习，综合素质（包括参加现行课程统考的成绩）明显高于同年级的普通班，得到家长、社会各界人士和当地教育部门的充分肯定。2011 年 11 月 2 日，前总理朱镕基看了"伏羲班"孩子的书法作品后欣然挥毫致信：

"伏羲班的同学们：看到你们的书画作品，很有水平，非常高兴。希望你们发愤努力，全面发展，为祖国争光。"

"伏羲班"的探索表明：以国学、书法、武术等为内容的传统文化教育能够实现以人为本、全面实施素质教育的目标。特别值得注意的是，"伏羲班"的教学实验是在农村小学进行的，教学条件极其普通（基本没有电化教学设备），因而"伏羲班"成功落实素质教育的经验具有普遍的意义。

早在 1995 年，赵朴初、冰心、曹禺、启功等 15 位政协委员针对传统文化面临断流的现实，联名在全国政协八届三次会议上提交了《建立幼年古典学校的紧急呼吁》的提案。1998 年，团中央、少工委、青基会共同发起在全国数千所学校开展"中华古诗文诵读工程"。近年来，教育部也很关注传统文化教育，先后出台文件在中小学推广武术健身操、国学经典教材，并加强中小学生的书法教育。与此同时，全国各地出现了许多以推广传统文化教育、读经等为主要内容的"私塾"性质的民间教育机构，积极探索基于中华传统文化的素质教育之路。

党中央国务院高度重视素质教育。早在 1996 年，八届人大四次会议通过的"九五"规划纲要中就明确提出，"改革人才培养模式，由'应试教育'向全面素质教育转变"。中共十八大报告中提出"要努力办好人民满意的教育"，继续强调要"全面实施素质教育，深化教育领域综合改革，着力提高教育质量，培养学生创新精神"。如何落实党和国家以人为本、全面实施素质教育的战略方针，落实中共十八大精神，"伏羲班"提供了切实可行的途径和值得借鉴的经验。为此我们提出如下建议：

第一，以中华传统文化中的启蒙教育为基础构建中小学素质教育体系。传统启蒙教育主要包括国学经典、书法、武术等。其最重要的特点是少而精，内涵丰富，适合中小学生的年龄特点。素质教育归根到底在于以人为本，以人的素质全面养成为主。中华传统文化积淀数千年形成的启蒙教育在人的素质全面养成上有着奇异的功效，许多后来成就非凡的历史人物在其童蒙阶段都受过系统的古文经典训练，形成良好的国学素养，国学大师梁启超、王国维、陈寅恪如此，文学大家鲁迅、茅盾、巴金、沈从文如此，著名科学家钱伟长、钱学森、李四光、华罗庚、杨振宁也是如此。启蒙教育的实质在于：用中国优秀的经典教材启蒙，在基础教育阶段奠定坚实的传统文化根基，以培养出具有高尚品格、伟大抱负、坚韧意志、良好习惯、健强体魄、杰出才智、高雅情趣的现代公民。

第二，借鉴"伏羲班"的经验，在部分中小学开展以中华传统文化为核心的素质教育试点，并及时总结推广。"伏羲班"的教学改革并不复杂，他们从一年级开始，在不挑学生、不选老师、不增加学时、不改变教学计划和升学规则的前提下，对课程设置、语文教材等进行全面改革，以国学经典、优秀诗文为主，设置书法、武术等适合学生年龄特点且素质含量高的课程，切实减少学生课业负担，一二年级零书写，尽量减少家庭作业，四年级以前不参加统考。结果却是所有孩子以语文、数学统考高于其他平行班的成绩通过升学考试。建议各级教育行政部门组织力量总结借鉴"伏羲班"的经验，加强以国学、书法、武术等为内容的素质教育师资培训，在所在地区选择部分中小学开展以中华传统文化为核心的素质教育试点，并及时总结完善加以推广，让素质教育和中华传统文化的传承真正有机地结合起来，让中华民族几千年的优秀文化传统和素质教育薪火相传，让我们的下一代真正成为德智体美全面发展的社会主义建设者和接班人！

【提案结果】

提案发布后，得到许多网友的评论和转发，博文点击量达 1279 次。有网友评论说："果真如此，中国的孩子就脱离苦海了，中国的教育就有救了，中国的家长就不用集体患焦虑症了。""吴鸿清做了一件永留青史的伟业。"多家媒体对此做了相关报道，引起了社会的持续关注。

【编码】2013 -05

【案号】全国政协十二届一次会议第2103号提案

关于实行职业高等教育与普通高等教育"两条线"制度的建议案

【提案缘起】

这一提案是我和第十届全国政协常委、国务院参事、国家教育咨询委员会委员任玉岭老师共同开展调研，在调研基础上多次讨论完成的，其主要观点当属任老，我作为晚辈积极响应和配合他。任老和我同属民建会，他是我的老前辈，亦是莫逆之交，他在担任两届政协委员和常委期间的许多建言影响很大，且不少转化为改革举措，被媒体称为"任玉岭现象"。2012年底，任老在一次会上和我谈到职业教育问题，我们很快达成共识并一起赴山东和河南，考察了蓝翔等职业教育机构，并一路上热烈讨论形成了提案的基本思路，经反复修改凝练而成本提案。

【提案正文】

近年来，我们先后就职业教育问题考察了澳大利亚、新西兰、日本、韩国、德国等国家。"两会"前夕，我们又赴山东济南和河南信阳进行了调研，本提案基于考察调研经多次研讨提出。

改革开放30多年来，在党中央国务院高度重视和领导下，我国职业教育实现了快速发展，在规模、结构和办学条件等方面取得了重大突破。但时至今日，职业教育地位低、生源差、师资弱、生存难等问题并未得到根本缓解，职业教育落后和专业技术人才奇缺的局面已成为制约我国经济发展的一个重大问题。作为当今世界头号的制造业国家，职业教育的地位不容忽视。许多发达国家都将职业教育列为国家战略高度重视，不仅投入巨资，在体制和政策上也实行种种倾斜和优惠大力发展，如欧盟的"里斯本战略"，德国的"职业教育国家行动"，日本的"技术立国"战略，澳大利亚的"劳动型国家"战略等。我国当前处在产业结构转型期，但很多人热衷于报考公务员，一线的技术工种鲜有问津，这种现象值得高度警惕。无论到什么时候，实体经济、劳动经济都是我们立国之本！没有劳动，没有技能工作，国家和社会的发展就会成为无源之水。我国实施科教兴国和人才兴国战略，最根本的一条还应该放在培养一大批具有职业精神、专业技术过硬、综合素质高的产业技术大军上。

基于以上认识，我们提出发展我国职业教育的新思路：进一步推进体制改革，实行职业高等教育与普通高等教育"两条线"制度，将职业高等教育与普通高等教育在体制上完全独立出来，将原属普通高等教育类别的一批包括一流大学、重点大学在内的理工科类大学及院系划归职业高等教育，形成与普通高等教育平行发展、各有特色、门类齐全、规模宏大的职业高等教育系列（所谓高等教育的"第二条线"），进而实行不同于普通高等教育的职业高等教育的招生、师资、教学管理、考核评估、就业等项制度，中央政府和地方政府加大对职业高等教育的投入和补贴，从而全方位壮大职业教育体系，为我国职业教育的大发展注入新的活力并提供全面的体制支持。具体建议如下：

第一，实施职业高等教育与普通高等教育"两条线"制度。

国外的职业教育与普通高等教育基本实行的都是"两条线"制度，

即职业教育与普通高等教育在体制上、制度上相对独立。我国职业教育从起步至今也一直试图走上这条道路,但因现有的职业教育无论公办还是民办,主要集中在中等职业教育领域,而高等教育中存在一个庞大且实力雄厚的理工科系列,以"中职"为主体的职业教育无法做大做强并与之抗衡。进一步改革的设想是:提出"职业高等教育"的范畴,与"普通高等教育"相平行,形成两个相对独立的系列。

第二,选择一批原属普通高等教育类别的工科类大学划归职业高等教育。

为推进上述改革,建议选择一批原属普通高等教育类别的包括一流大学、重点大学在内的工科类大学及院系划归职业高等教育,其学科部类可列为"技术工科"以区别于"理工科",建立和发展一批如新西兰19所理工学院那样的一流职业技术工科大学,从而形成与普通高等教育平行发展、各有特色、门类齐全、规模宏大的职业高等教育系列。

第三,在招生、师资、教学管理、考核评估、就业等方面研究实施新的制度。

与上述改革相配套,在职业高等教育方面,应在招生、师资、教学管理、考核评估、就业引导等方面,研究并逐步实施不同于普通高等教育的一套新的标准化的国家制度,以确保优秀的生源能够进入,优秀的师资能够留下,教学管理和考核评估能够严格规范,就业能够确保。

第四,理顺体制,加大投入,全力支持职业高等教育大发展。

实施职业高等教育与普通高等教育"两条线"是一项全新的尝试,需要理顺很多部门和政策的关系。在管理体制方面,建议将职业高等教育系列院校归口教育部统一管理;采取各种方式,包括提高生均经费、中央和地方政府配套支持等,加大政府投入,同时鼓励各种形式的社会力量办学和社会资源投入,增加对职业高等教育的资源投入。

同时，加强对职业高等教育的宣传力度，努力形成职业技术兴国的国家战略，推动整个社会形成崇尚职业、尊重技术、热爱劳动的良好风气，全面推动我国职业教育的大发展。

【提案结果】

提案发布后，得到许多网友的评论和转发，有网友说："我国经济发展转型的瓶颈之一就是缺乏'具有职业精神、专业技术过硬、综合素质高的产业技术大军'，而现阶段突破这一瓶颈已迫在眉睫！"一些媒体进行了相关报道。提案引起相关部门的重视，陆续出台了相关的政策。2014年2月26日，国务院常务会议通过《关于加快发展现代职业教育的决定》，表明我国将以建设现代职业教育体系为突破口，对教育结构实施战略性调整，而这一调整集中在高中和高等教育阶段。2014年3月22日，教育部副部长鲁昕在一个论坛的演讲中，谈到中国教育结构调整和现代职业教育时透露：现有的近2500所高等院校中，经改革转型，将有1600～1700所学校转向以职业技术教育为核心。

【编码】2013－06

【案号】全国政协十二届一次会议第2396号提案

关于加快出台三大条例，改革社会组织管理体制的建议案

【提案缘起】

中共十八大明确提出"改革社会组织管理制度"，其核心在于改革社会团体、基金会和民办非企业单位三类社会组织的登记管理体制。为此，必须尽快修订沿用多年的三大条例。这项工作在民政部的推动下早已走上轨道，我有幸参与其多次讨论，但立法进程滞缓。本提案基于我们的实证调研和既有研究，呼吁相关部门加快立法进程，同时建议尽快研究和起草社会组织基本法。

【提案正文】

随着社会组织在经济发展、公共服务和社会管理中的作用日渐突出，现有社会组织管理法规及相应的管理体制越来越不能与之相适应，业已成为社会组织发展和地方社会管理创新的制度障碍。作为我国现行社会组织管理体制核心的《社会团体登记管理条例》、《民办非企业单位登记管理暂行条例》和《基金会管理条例》三大条例，其修订工作至今已历时两年多，新条例宜尽快出台。

我国现行的社会组织管理体制是按照计划经济时代的户籍管理思路

建构的一种入口管理体制，其主要目的是通过登记管理机关和业务主管单位双重负责、各司其职、严格把关的制度形式限制社会组织发展，分散和防止可能出现的政治风险。现行管理体制存在的问题主要包括：（一）登记门槛高，在限制了社会组织发展的同时，造成大量的法外组织事实存在并脱离监管视野。（二）监管部门之间责权不匹配，利益不同、缺乏整体协调。如登记管理机关担负归口监管各类社会组织的责任却缺乏有效的专业知识和手段，审计、税务、物价、金融监管等机构有能力、有手段，却不承担相应责任。（三）重入口登记，轻日常管理。登记管理部门力量不足，除了年检之外缺乏有效的监管手段，社会组织一旦获得登记后便缺乏有效的后续监管。（四）管理法规包容性不足，对境外在华组织等重要类别组织的管理缺少法律依据。

近年来，各地各级民政部门在社会组织管理体制方面进行了大量改革创新，广东、安徽、湖北、北京、四川、天津、宁夏、深圳等省市区已先后在不同领域突破现行社会组织管理体制。据统计，目前已有 19 个省份开展或试行了社会组织直接登记，9 个省份下放了非公募基金会登记管理权限，8 个省份下放了异地商会登记管理权限，4 个省份开展了涉外民办非企业单位登记试点，此外还有很多省份推进了社区社会组织的备案制。一些地方除了开展试点工作外还出台了明确的规范性文件，如广东省于 2012 年 7 月出台的《关于进一步培育发展和规范管理社会组织的方案》明确提出除法律法规规定需要前置审批的以外，将社会组织的业务主管单位改为业务指导单位，社会组织直接向民政部门申请成立；云南省于 2009 年底颁布《规范境外非政府组织活动暂行规定》，确定通过"组织身份备案"、"项目合作备案"等方式正式将境外非政府组织纳入政府管理视野。此外，民政部也于 2012 年针对公益慈善、社会福利、社会服务类组织，以及跨部门、跨行业的全国性组织启动了直接登记。

在地方创新的基础上，民政部于 2010 年开始起草修订现行三大条例，并于 2011 年提交国务院法制办，目前已经多轮意见征求却仍未出台。三大条例的修订主要依据"十二五"规划提出的社会组织管理体制改革 20 字方针，即"统一登记、各司其职、协调配合、分级管理、依法监管"。针对现行制度存在的问题，新条例有望在管理体制的如下方面有所改变和突破：（一）管理目的从以管为主向以培育发展和规范管理并重转变，强化对社会组织的支持和服务功能；（二）管理理念从入口管理向行为管理转变，即积极面对法外组织大量存在的现实，放开重点类别社会组织的统一直接登记，同时通过过程控制和结果评估等方式加强社会组织日常行为监督；（三）管理主体从登记管理机关和业务主管单位的双重管理向"统一登记、各司其职、协调配合"的依法、综合监管转变，民政部门负责社会组织准入登记，业务主管部门负责业务指导和行业管理，公安、司法、财政、审计、税务等部门也在职责范围内依法承担相应的管理责任；（四）管理对象范围扩大，纳入对社区社会组织和境外在华非政府组织的登记（备案）和管理；（五）管理策略从单一高门槛管理向分类多门槛管理转变，即通过登记、备案、公益认证等多种方式为不同类别、不同层次社会组织提供更多获得合法性地位的选择。

随着各地实践的推进和社会领域改革宏观趋势的形成，三大新条例的出台已经迫在眉睫。在某种意义上，各地创新已对新法规的出台形成倒逼机制：其一，各地的改革创新事实上已经突破了现行法规，三大条例再不改的话法律就会失去严肃性和权威性；其二，现行法规已经成为创新传播和各地进一步创新实践的障碍；其三，目前各地的创新实践各行其是，已经到了需要新法规在指导思想和方法上进行确认和指导的时候，否则将产生比较混乱的局面。为此，我们呼吁加快出台三大条例、改革社会组织管理体制，提出如下政策建议：

第一，尽快凝聚共识，充分借鉴各地管理体制改革实践的既有成果，对新管理体制以法律的形式进行确立。到目前为止，相关部门已多次召集会议，征求了多方意见，建议尽快凝聚各方共识，提高决策效率，依据"统一登记、各司其职、协调配合、分级管理、依法监管"的管理方针出台修订后的三大条例。充分吸收各地在统一直接登记、备案制等方面的实践成果，尽快将新的管理体制以制度化的形式明确规定下来，保证新体制的有效性和权威性。

第二，尽快明确标准和细则，以规范和指导地方实践。在三个条例的基础上，应尽快树立标杆、出台相关立法解释或细则，规范各地实践。如关于统一直接登记的社会组织范围，目前有的地方统一直接登记限定为工商经济、公益慈善、社会福利、社会服务四类社会组织，有的地方只提公益慈善、社会福利、社会服务三类，有的地方如广东则除少数需前置审批的领域外基本实行同意直接登记。在社会组织的分类上也有很大出入。需要尽快以立法形式进行统一规范。

第三，设定过渡期和过渡方案，保障管理体制平稳转型。当前新条例出台面临的最大担忧是放开登记门槛后会对政府管理能力造成冲击，而各部门各司其职、依法监管的局面形成的确需要一定的适应期。因此建议新条例在实施过程中设定五年过渡期，编制过渡方案，建立一个临时的多部门协调机构来推动各部门联合监管机制及相应监管意识的形成。

第四，进一步研究和起草涵盖所有类型社会组织的基本法，形成社会组织领域统一的、权威的和具指导性的基本法律规范。三个条例的修订虽能一定程度上满足当前社会组织发展和管理的需求，但随着经济社会的不断发展,社会组织的类别和层次将越来越丰富和复杂,有必要建立一个涵盖所有社会组织类别的统一的基本法律。作为区别于政府、企业的第三种基本组织形式,社会组织尽管千差万别,但在民间性、非营利性、公益性上都具有共性,在基本权益保障、行为规范、治理结构等诸多方面也都具有类似的要求。建议由全国人大法工委牵头组成专门的起草小组,在深入研究、广泛调研的基础上形成草案,充分研讨,广泛征求各方面的意见,并尽快提交立法机关审议。

【提案结果】

本提案提交后很快得以立案,我在博文发表后被推荐到新浪博客,点击量较大。提案同时被《学会》杂志全文刊登,《公益时报》等媒体进行了专题报道。关于社会组织法律制度和管理体制的改革是我长期关注的问题,先后就这一问题提出了 16 个相关提案。国务院法制办给我作了提案答复。答复中肯定了借鉴地方改革经验、尽快修订三大条例的重要性,表示国务院已将修订《社会团体登记管理条例》列为 2013 年力争完成的立法项目,将修订《基金会管理条例》和《民办非企业单位登记管理暂行条例》分别列为 2013 年的预备项目和研究项目。

【编码】2013 - 07

【案号】全国政协十二届一次会议第 2397 号提案

关于加快形成现代社会组织体制的建议案

【提案缘起】

中共十八大提出"现代社会组织体制"的政策目标，这一命题不仅包含重要的理论内涵和思想高度，更给出了全面深化改革在社会领域的明确目标和具体的时间表。我们在既有研究基础上，结合多年的实证调研，深入探讨了这一命题。本提案基于这些研究，提出我们关于现代社会组织体制的基本认知和四个方面的政策建议。

【提案正文】

中共十八大报告明确提出"加快形成政社分开、权责明确、依法自治的现代社会组织体制"。这一思想不仅规定了我国社会组织改革发展在当前和今后一个时期的目标是建立现代社会组织体制，而且为实现这一目标提出了具有战略意义的三个方面的重要任务。本提案根据现阶段我国社会组织发展的主要特点和存在的问题，基于对中共十八大报告重要战略思想的理解，就加快形成现代社会组织体制提出若干政策建议。

社会组织作为社会管理创新和社会建设中越来越重要的主体力量，近年来在中央和地方各级党政部门大力推动的社会管理创新实践中，不仅在数量上呈现显著增长的趋势，而且在结构优化、体制改革、购买服务、社会创新等方面表现出诸多特点，涌现出新一轮的发展高潮。其主要特点表现在六个方面：一是社会组织在数量增长的同时出现明显的结构优化倾向，基金会特别是非公募基金会迅速增长，服务型社会组织空前活跃；二是社会组织管理体制的改革已成不可逆转之势，统一直接登记的新体制呼之欲出；三是社会组织的资源状况发生显著变化，资源来源增大增多，资源结构趋向合理，资源短缺局面有所缓解；四是政府加大对社会组织培育发展的支持力度，购买服务蔚然成风；五是在媒体和新媒体的推动下，社会组织特别是公益项目的公信力频发危机，社会组织公开透明的压力增大，一些社会组织积极探索改革创新；六是社会企业、微公益等社会创新形式迅速发展，成为引领社会公益的新形式。这些表明，经过改革开放三十多年特别是最近十余年的发展，我国社会组织已逐渐走出了起步阶段，开始进入一个相对成熟和稳步发展的新阶段。社会组织服务民生、表达民意、维护民权、倡导民主等功能开始逐渐具备，社会组织与政府合作的格局初步形成，社会组织在改革中创新、在创新中发展的组织和制度优势逐步彰显出来，一个以各类社会组织为主体的社会建设新局面正在形成。

但是必须看到，我国社会组织的发展受到体制、机制和制度环境的制约很大，社会组织自身能力建设不够，发展历史不长，因而存在许多突出的问题。这些问题集中表现在四个方面：一是法律法规等制度供给严重不足，没有统一的基本法，现行法规不仅位阶低、缺位多，且限制多于保障，法规之间缺乏协调互补，存在严重的漏洞和矛盾，两个重要法规颁布至今近十五年未曾修订，与社会组织突飞猛进发展的现实严重脱节，亟待从立法方面改革完善；二是双重管理体制弊害严重，不仅限制社会组织进行合法的登记注册，使得大量社会组织因无法在民政部门进行合法登记而成为"法外组织"，且管理部门之间权责不清、相互推诿，部门利益取代国家利益，更因"法不责众"的陋习陈规，贬损了法律的权威性和有效性，危害依法治国；三是政社不分现象依然严重，社会组织中的党政官员兼职，主管单位任命人事、代管财务、代理决策等现象屡禁不止，部分社会组织凭借"二政府"的地位获得垄断性的授权或转移职能，"小金库"等公益腐败现象依然存在；四是社会组织的合法权益得不到保障，不法行为乃至贪污腐败得不到有效规制和惩治，信息不公开、管理不规范、运作不专业、人才不稳定等制约社会组织能力建设的弊端屡现，社会组织的积极作用得不到有效的发挥。此外，臃肿低效的事业单位体制和人民团体体制在改革创新方面步履蹒跚，也制约着社会组织的发展及其积极作用的发挥。

鉴于上述，为加快形成现代社会组织体制，提出如下政策建议：

（一）加快推进政府改革和事业单位改革，真正实现政社分开，理清政府职能的边界，在改革中建构政府与社会组织合作共治的社会协同局面。

政社分开的实质是改革，特别是政府机构改革和事业单位改革，只有加快政府机构改革和事业单位改革的步伐，才能逐步理清政府职能的边界，推动社会组织在基本职能、组织机构、决策体系与运作管理等方面独立自主，进而在改革中建构政府与社会组织合作共治的社会协同局面。通过推进政府机构和事业单位的进一步改革，一方面整合一部分政府职能，把政府该管的事情管得更好，把政府该提供的公共服务做得更加充实有效；另一方面要努力把那些政府管不了、管不好、管不到、不该管的事情坚决地剥离出来，通过培育发展、孵化支持、购买服务等多种机制，大力培育发展多种形式的社会组织，鼓励社会创新，推动社会组织积极参与到公共服务和社会管理等公共事务中来，在改革中建构政府与社会组织合作共治的社会协同局面。

（二）改革双重管理体制，真正做到权责明确，尽快出台三大条例，建立统一直接登记和统一监管的新体制，建构政府各相关职能部门与社会组织之间以服务为轴心的新型关系，探索党政部门与社会组织之间的合作互动机制。

权责明确的实质是转型，要努力实现国家与社会关系、党政与社会组织关系的转型，明确党和政府各相关部门的权力与责任，明确社会组织的权利与职责，从而努力建构政府各相关职能部门与社会组织之间以服务为轴心的新型关系，探索党政部门与社会组织之间的合作互动机制。权责明确的核心是在政社分开的基础上，进一步明确代表国家的执政党和政府各相关职能部门的权力与责任，以及代表社会的各类社会组织的权利与职责，从而各自行使其权力，保障其权益，恪尽其职责。权责明确的根本在于法治。无论是执政党，还是各级政府及政府的各相关职能部门以及各类的社会组织，都应在法治的框架下行事，在依法治国的原则下实践探索、改革创新。"权"和"责"应以法律的形式界定清楚并明确下来。党政部门在依法施政、依法行政的同时，应完善宪法基础上公民基本权利的保障体制和机制，积极培育社会组织的发展，推动社会自治体系的发育和成长。

（三）培育发展各类社会组织，真正贯彻依法自治，在不断完善宪法基础上的公民基本权利保障体制的同时，推动社会自组织和自治系统的发育及成长。

依法自治的实质是社会重建。不断完善宪法基础上公民基本权利保障的体制和机制，从而推动社会自治系统的发育和成长，是社会重建的核心内容。改革开放以来，建立在全能国家与计划经济基础上、以"单位"和"人民公社"为主要载体的集权社会结构基本瓦解了，市场经济的快速发展和迅猛的城市化进程打破了传统的以"熟人社会"为特征的社会关系结构，人与人之间既有的道德伦理共识、社会信任关系及其网络逐渐失灵，代之以金钱关系、利益关系、博弈关系等，而新的社会关系结构、社会信任网络及其规范系统还远未建立起来。改革与市场经济发展遭遇到一个被称为"碎片化"、"原子化"的急速社会瓦解的社会转型过程。在这个过程中，公民的觉醒及其建立在依法自治基础上的再组织是社会重建的核心，是中国走向现代社会的必由之路。从实践中看，依法自治的社会重建主要包括：改革和创新城乡居民自治体制，探索更加广泛和完善的基层民主实践，培育发展更加普遍和多样的居民自组织体系，保障公民基本的结社权和社会参与权，保障社会组织的基本权益，探索城乡社区基于居民自治的多元共治格局等。

（四）在政府负责和社会协同下，尽快形成结构完整、功能健全的现代社会组织体制。

现代社会组织体制首先是人类社会发展到今天，世界各国在实践中不断积累、不断总结、不断完善所形成的社会组织体制，是在社会组织发展和规制方面具有人类普遍价值的现代的、共性的、体制的和制度的结晶；其次，现代社会组织体制也是我们在实现民族伟大复兴的历史征程上不断积累、不断总结、不断完善所形成的，是改革开放 30 多年来我们通过总结正反两个方面的经验教训，努力适应社会主义市场经济发展，不断探索改革创新，在社会组织发展和规制方面逐渐形成的有中国特色的各种体制和制度的经验总结。从根本上说，现代社会组织体制应当有利于社会组织健康发展及其积极作用的充分发挥，应当是一个结构完整、功能健全的社会组织体制。其内容至少包括六个方面：一是现代社会组织的法治体制；二是现代社会组织的监管体制；三是现代社会组织的支持体制；四是国家与社会组织的合作体制；五是现代社会组织的治理体制；六是现代社会组织的运行体制。

【提案结果】

提案发布后被阅读和转载多次，许多网友以评论方式支持这一提案。《学会》杂志全文刊登这一提案。"两会"后，关于"加快形成现代社会组织体制"的相关内容和报道增多，地方政府很快开始改革试点等探索。提案中提到的若干改革举措陆续得以实施。

【编码】2013-08

【案号】全国政协十二届一次会议第5068号提案

关于加大政策体制支持力度，建设养老服务多方参与体系的建议案

【提案缘起】

2012年，在参加清华和麻省理工学院合作的创新型领导力行动学习计划（IDEAS）中，我和来自浙江的四位同学（褚银良、张振丰、胡纲高、陈才杰）及佳通集团的周晓惠、寿惠多、陈维青组成以关注养老系统改造为主题的学习小组，我们在查阅大量文献和访谈相关专家基础上，先后来到江苏无锡、浙江临安、浙江宁海、海南三亚等地开展实地调研，较为深入地了解我国养老服务存在的各种问题，在学习理论大师彼得·圣吉和奥托·夏莫的指导下，通过深度体验和深入研讨，形成了我们的小组报告《中国养老系统改进方案》。本提案基于这一报告的核心思路凝练而成。

【提案正文】

在不久前中央电视台播出的"2013感动中国人物"颁奖晚会上，一位叫陈斌强的获奖人物"绑着妈妈去教书"感动了亿万观众，向社会传递着"孝文化"的正能量。陈的母亲五年前因患老年痴呆丧失了日常生活能力，为能照顾母亲，陈斌强用一根布条把母亲绑在身后，骑

电动车行驶 30 公里去学校上班。他不愿把母亲送进养老院只因"一个连儿子都不认识的老人，送到养老院被欺负了怎么办？"他的孝行令人潸然泪下。他的质问也让养老服务机构情何以堪！从中折射出我国当前养老服务面临的问题：假如我们的养老机构还信得过、过得去的话，这位孝子何以要"绑着妈妈去教书"？

我国自 1999 年步入老龄化社会以来，人口老龄化加速发展，老年人口基数大、增长快，并呈高龄化、空巢化趋势，需照料的失能、半失能老人剧增。2010 年第六次全国人口普查显示，我国 60 岁及以上老年人口已达 1.78 亿，占总人口的 13.26%。迅速到来的老龄化使得我们本来就基础薄弱、能力低下的社会养老服务体系捉襟见肘、问题丛生：一是缺乏统筹规划，体系建设缺乏整体性和连续性；二是社区养老服务和养老机构床位严重不足，供需矛盾突出；三是设施简陋，功能单一，难以提供照料护理、医疗康复、精神慰藉等多方面服务；四是政府投入不足，民间投资规模有限；五是国家出台的优惠政策落实不到位；六是养老服务行业自律和市场监管有待加强，等等。

面对这些问题，为积极应对人口老龄化，建立起与人口老龄化进程相适应、与经济社会发展水平相协调的社会养老服务体系，国务院于 2011 年 12 月发布《社会养老服务体系建设规划（2011－2015 年）》，提出以居家为基础、社区为依托、机构为支撑，构建社会养老服务体系建设的基本框架。去年以来，各级政府在大力推动这一规划和相关政策的落实。2012 年夏天，我们就规划的落实情况组成调研组，分赴北京、上海、江苏、浙江等省市开展调研访谈，并发放和回收了千余份问卷。结合访谈调研我们提出改进我国养老服务体系的政策建议：应充分调动和发挥政府、企业、社会组织、子女（家人）和老人五个方面的积极性，努力建设养老服务的多方参与体系。具体建议如下：

第一，发挥政府的主导作用，改革现行管理体制，建立统一协调机制，加大养老服务的政策支持力度。目前我国在养老服务事业方面呈现出"九龙治水，多头管理"的局面，在法律、政策和体制层面缺乏有效协调，配套性差，可操作性不高，执行低效。作为世界上唯一的老年人口超过 1 亿的国家（预计到 2015 年，老年人口将达到 2.21 亿，约占总人口的 16%），却没有一个高规格的行政机构来统筹协调政府的相应公共服务及社会管理。因此，建议在民政部设立老龄事业管理局（或司），强化原老龄委承担的部分职能，统筹中央政府并指导地方各级政府各相关部门的涉老公共服务及社会管理职能，并统一规划相关的资源配置、公共政策及制度建设，从而打破部门间的条块分割，尽快形成统一长效的制度、资源和政策保障机制，推进政府主导的养老服务体系建设。

第二，引导企业积极投资，大力培育老年服务产业。地方各级政府可通过提供用地、税收、补贴等优惠政策，打造老年服务集团作为龙头企业，将专业化养老服务送进社区。例如在无锡，"96158"便民服务中心面向老年人和普通居民提供家政、水电维修、信息咨询等近百个服务项目，通过为社区居民家庭安装"安康宝"，向老年人提供一键直拨、紧急上门查看、生活照料等服务的呼叫器，符合相关条件的老人都可免费申请，政府则向服务中心提供补贴。在无锡政府的大力支持下，提供该产品及服务的无锡万家安康科技股份有限公司目前已盈利并进入推广模式和扩大经营阶段。

第三，加大政策支持力度，培育发展养老服务类社会组织。养老服务类社会组织主要有两种，一类是民办养老机构，另一类是社区社会组织。对于前者，政府应加大资金补贴和资源提供。我国的养老机构床位供需矛盾问题应通过大力培育民办养老机构予以解决。但是，养老服务的巨大投入和缓慢收益，使得民办养老机构的发展需要依靠国家配套政策的大力支持，如加大其建安费、日常运营补贴、协调民用水电资源等；同时，还需培育建立养老服务行业协会，建立健全行业管理制度。对于提供养老服务的社区社会组织，政府应加大购买服务的规模和力度，从而使社区社会组织的专业服务能力得到充分发挥。如无锡的养老服务社会组织通过一套专门进驻社区的流程，不仅为居家养老的老人提供卫生、维修、家政等具体服务，还提供心灵关怀等精神层面服务，并结合社区内设施为老年人提供良好的居家养老环境，其模式值得推广。

第四，完善相关立法，呼吁乃至强制要求子女（家人）关怀老人。调查显示，在遇到困难时，近80%的老人会向子女（家人）求助。但在传统式微、世风日下的今天，面对工作和生活的双重压力，年轻人缺乏孝行，往往忽视对老人的关怀特别是精神的慰藉。建议在相关法规中明确子女（家人）关怀老人的义务，对无论是居家或是在养老机构的老人，要求子女（家人）不但须提供物质保障，还应定期看望老人，应规定陪同老人聊天（提供精神慰藉）的时间下限，并鼓励他们积极参与各类"亲老"活动。由此，使享有子女（家人）关怀成为老人的一项合法权益。在专业社工指导下由老人对所得到的关怀做出评价；如有子女（家人）长期对老人不履行关怀义务，老人可直接（或由社工代为）投诉到各级孝老仲裁法庭。在子女（家人）关怀老人的政策方面，建议由劳动人事部门设立子女（家人）带薪陪护老人假（类似于探亲假），如家有70岁老人每年可有3天假，家有80岁以上老人可有5天假，以便子女（家人）能够从容应对老人生病等突发事件；即使老人身体健康，也可用这个假期多陪伴老人，亦有助于激发子女（家人）关怀老人的积极性和培育孝文化。

第五，发挥老人的主体作用，建立老人自主服务和服务社会的公共参与机制。无论老人身居社区还是养老机构，均应鼓励他们以主人翁意识积极参与有关事项（特别是与己相关的服务事宜）的商议、决策、咨询和志愿服务等。同时，政府和社会应为老人多提供一些发挥"余热"和志愿奉献的空间，比如请老人通过口述史的方式分享其人生经验的宝贵资本、成立老人志愿服务协会、鼓励"年轻"老人为高龄老人提供力所能及的志愿服务等（以精神慰藉为主）。或可尝试建立老人代表大会制度，其机制类似各级人代会（但不是权力机关），其代表既可以参与社区（养老机构）的老人事务管理，也可以将基层建议向上层层反映到政府主管机构（如老年事业管理局），并由该机构牵头定期举行政府、企业、社会组织、子女（家人）、老人的五方联席会议，成立具有执行和监管职能的常务委员会。

总之，建设养老服务体系需要全社会的共同努力，方能构建政府主导、企业投资、社会组织踊跃提供服务、子女（家人）关怀老人、老人自主参与的可持续的社会养老服务体系，进而实现参与各方的合作共赢。

【提案结果】

提案发布后，引起强烈的关注和反响。全国多个省市组织进行了养老服务体系的调研和总结，明确在养老服务体系严重滞后于经济社会发展的背景下，按照"政府主导，多方参与"的思路构建新型社会化养老服务体系。2014 年 5 月，民政部发出《关于推进城镇养老服务设施建设工作的通知》。10 月，民政部发出《关于开展养老服务和社区服务信息惠民工程试点工作的通知》。2015 年 2 月，民政部又发出《关于鼓励民间资本参与养老服务业发展的实施意见》，鼓励民间资本参与机构养老服务，支持采取股份制、股份合作制、PPP 等模式建设或发展养老机构，促进民间资本规范有序地参与养老服务业发展。这一时期地方政府也采取多种政策措施营造良好的社会养老服务政策环境。

【编码】2013 –09

【案号】全国政协十二届一次会议第 2611 号提案

更多地关心和帮助读写困难学生

【提案缘起】

2012 年，我带领几位清华学生开展中国 NGO 的口述史访谈，认识了致力于为读写困难学生提供专业辅助和矫治服务的"乐朗乐读"及其发起人兰紫。这一公益组织面对的这个特殊困难人群引起了我的关注。在兰紫的协助下，我进一步搜集了相关信息，完成并提交这一提案。

【提案正文】

读写困难是指儿童智力正常或超常，唯独在阅读和书写能力方面远远落后于同龄人的一种现象，属于神经医学判定名词。据 2004 年北京教育科学研究院的统计，我国 10% 的在校生患有读写困难，仅北京就有 10 万左右的在校生患有读写困难，全国约有 1500 万人患有读写困难。但目前我国公众对读写困难的认知率不及万分之一。

读写困难带来了一些社会问题：

（一）读写困难学生极易出现心理问题。这些学生在校处境艰难，而家长和老师却极少知道。大多读写困难学生被认为是智商问题或不爱学习，不仅受到歧视，也延误了最佳矫治时间。很多学生因长期不被理解和尊重，自信心和自尊心方面受到伤害，严重者因无法完成作业而辍学或被劝退，造成终身遗憾。据调查，14％的读写困难学生需接受心理治疗，2％的学生有自杀倾向。

（二）读写困难学生成为潜在的犯罪人群。有关研究表明，读写困难学生因心理问题而脱离社会，成为潜在的犯罪人群。因读写困难而造成的心理问题使这些学生易出现人格极端，易采取过激行为吸引他人注意。因过早辍学而踏入社会易沾染各类不良习惯，有的甚至走向犯罪。英国第四频道 2002 年曾报道一名研究读写困难的专家在一所少年监狱所做调查，发现少年犯中属于读写困难患者的比例竟高达 50％。在我国，有关机构 2008 年在北京市少管所也做过类似的调查，结果大体一致。

（三）读写困难学生给家庭与学校带来诸多问题。这些学生往往成为家庭之痛，他们常被家人误解。学生与家长之间的代沟和冲突加深。学校往往束手无策，师生之间也产生误解和矛盾。因读写困难而被迫辍学，影响到教育公平的实现，为社会所诟病。

因此，读写困难学生作为一个特殊困难又相对隐蔽的人群，需要全社会的关心与帮助，以使他们走出困境，重树信心。为此提出如下建议：

第一，重视读写困难问题，尽早关注和采取专业的干预矫正措施。读写困难是一种因大脑发育而形成的学习障碍，可通过早期干预和矫正得到治愈。但在我国的社会认知度很低，并伴随不同程度的偏见与误解。应采用各种方式宣传普及有关读写困难的知识，提高社会公众对于读写困难学生及其处境的认知度。家长和老师应学习掌握一定的专业知识，对读写困难学生尽早进行必要的干预矫正。

第二，开展研究和调查，明确标准并进行统一认定。对于读写困难学生的认定，首先要组织力量开展专业的研究，借鉴国际上的成熟经验，形成合乎国情的认定标准。其次应由教育行政部门委托专业服务机构进行统一认定。

第三，培育和支持专业服务机构的发展。读写困难的矫正训练是一种特殊的社会服务，应由专业机构来提供。国际上许多国家和地区近年来先后都成长起一批致力于读写困难矫正训练的专业机构。国内一些发达地区近年来也开始出现类似的机构。各级政府应根据需要有意识地引导一批社会组织投身于读写困难的矫正训练，通过购买服务等各种政策，培育和支持专业服务机构在这一领域的发展。

此外，应通过公益讲座等形式开展面向中小学生家长的普及型培训；可动员和建立包括家长、亲友、邻里、老师、同学在内的社会帮扶支持机制；可陆续出台帮助读写困难学生的各项补贴政策和支持政策。

总之，读写困难因产生了诸多社会问题，已成为一个世界各国都在关注的特殊教育问题，需要全社会的关注和支持，共同帮助读写困难学生走出身体与思想困境，融入社会，以达成教育公平的目标。

【提案结果】

提案发布后，许多网友表示关注和支持。这一提案不仅引导家庭、学校和社会对读写困难学生的实际需求、其学习和生活困境的理解、尊重、接纳和支持，而且还引起学界对特殊困难人群社会保护问题的关注。提案引起政府和社会一定程度的重视，相关媒体也有宣传和报道，但目前家庭、学校和社会对读写困难学生的专业和系统的社会支持体系仍未建立，许多工作还需进一步完善。

【编码】2013 - 10

【案号】全国政协十二届一次会议第 2612 号提案

推进高校转制改革，提升民办大学地位

【提案缘起】

这一提案和上一提案一样，是我和任玉岭老师的合作成果。任老长期担负国家决策咨询的重任，曾任第十届全国政协常委、国务院参事、国家教育咨询委员会委员，我们多次深入研讨教育体制改革问题，并在他的倡议下走访了许多民办教育机构。这一提案是在我们调研基础上多次讨论，经反复修改完成的。我们商定：我在全国政协提，任老则直接上书教育部。

【提案正文】

"为什么我们的学校总是培养不出杰出人才？"这个被称为"钱学森之问"的问题，针对的是我国高等教育和大学运作管理上存在的体制问题。我国现有普通高校 2035 所（包括独立学院），民办高校 836 所。在各种中国大学排行榜中，排在中国大学前 100 名的学校均为公办大学。这些排名靠前的大学中，很多以建设世界一流大学为目标，但扪心自问，谁都无力回答"钱学森之问"。一个重要原因是：我们的大学并非按照培养科学技术发明创造人才的模式来办学，走的是"计划经济"公办高校的老路，因此"冒"不出杰出人才。

在国外，民办学校尤其是民办大学，在各国的教育体制中都发挥着主体性、主力性作用。西方最早的大学，源于苏格拉底、柏拉图时代的民间学园。美国的哈佛大学堪称世界顶尖的私立大学。全美大学综合排名前20强绝大多数是私立大学，包括哈佛、斯坦福、麻省理工、耶鲁等。美国政府1971年颁布高等教育法，要求州和联邦都要对私立大学提供补贴。英国的剑桥大学也是世界顶尖级的私立大学，1976年英国42所综合大学全部是私立，即使在140所师范大学中私立也占了大半。日本尽管有一批著名的国立大学，但私立大学所占比重远远大于国立和公立，私立大学中还有如早稻田、庆应等一批世界一流大学，战后日本颁布了振兴私立大学的法律，政府每年向私立大学提供大量资助。

在我国历史上，先圣孔子最早举办私学。唐宋兴书院，盛于元明清，清末改为学堂，延绵千余年，对教书育人、传承文化、传播思想产生过巨大影响。到了民国时期，民办大学迅速发展，适应了当时中国政治、经济、社会、文化大变革的需要。以上海为例，1949年前，上海的民办大学占绝对优势，比例达70%以上。复旦大学、南开大学、厦门大学等，都是当时全国赫赫有名的私立大学。新中国成立后，教育全部成为国家事业。改革开放以来，民办高校重新起步，尽管目前已经有很大发展，但由于高等教育大一统的思想没变，体制不改，使得民办高校只能在狭缝中生长。我国民办高校目前的突出问题是：在体制上被作为"二等公民"，在资源配置、政策支持、发展机制等诸多方面受到不公正的歧视待遇，遭遇土地、师资、生源、经费、文凭、就业等诸多发展瓶颈的制约，在待遇上与公办高校不可同日而语，也无法开展公平竞争。

为回答"钱学森之问"，借鉴古今中外大学成长规律和办学经验，我们提出推进高等教育改革的一种新思路：将一批公办的名牌大学转制为公办民营大学，推动大学自治，加强政策支持，提升民办大学地位，促进公办和民办两类大学之间的公平竞争，进而带动两类大学的改革发展，加快走向一流大学的步伐。具体建议如下：

第一，推动一批名牌大学转制为公办民营大学。所谓"名牌大学"指的是具有较为悠久的历史和知名度，同时在政策上进入"985工程"和"211工程"等中央和地方一流大学建设工程的大学。在我国当前的2000多所大学中，有100多所大学可称为"名牌大学"。如将其中的一半划出来逐步推动其转制为公办民营大学，就可逐步实现公办大学和民营大学的对等格局。比如在北京、上海、天津、武汉、西安等地，如采用这一思路推进高校转制改革，将会形成相当程度上公办大学和民营大学的对等格局。名牌大学在师资、生源、设施等硬件条件以及知名度等无形资产方面具有强大的自我发展能力，转制为公办民营大学后，只要既有的政策支持不变，资源补贴不变，不仅不影响它们各自的发展，而且会在社会上产生巨大的影响，从舆论上改变社会对民办高校的认识。由于名牌大学的影响力及其自身能力强，到目前为止民办高校在发展中遇到的主要问题可能会随名牌大学的转制而得到缓解或解决。这种"名校转民校"将有可能形成很强的制度优势从而产生"鲶鱼效应"，促进大学之间的竞争并进而带动我国高等教育体制的改革创新，进一步激发大学之间的良性竞争，推动大学完善治理结构，进而从体制上加快建设一流大学的步伐。

第二，通过公办民营促进大学自治。名牌大学转制为公办民营并不改变大学资产的归属和产权。政府是出资人和所有者，但学校成为拥有更大自主权的自治主体。通过转制为公办民营，能够加强包括校长负责制、教授治校、民主办学、学生参与等既有的扩大自主权的改革，进一步推动形成科学、合理的法人治理结构，从而实现更大程度上的学术自由。要研究政府作为出资人对公办民营大学的有效问责、监督并确保国有资产的相应机制。

第三，转换并加强政府的支持与保障。民营不等于民办。名校转制后，其资产仍属于国家，国家享有对国有资产的监督权。国家投入的资源规模应当保持不变，但形式须从原有的拨款改为政府补贴或项目资助等。固定资产增值部分归学校所有，允许其用于教育发展，但不允许挪作他用。转制大学的教职工编制、待遇等，应参照事业单位改革的总体做法和进程，积极稳妥地推进这些大学的人事、工资、社会保障等相应系统的改革。

第四，推进税收待遇、学费等收费标准、科研经费管理等方面政策的出台和完善，逐渐形成公办大学和公办民营大学公平的竞争环境和政策待遇。赋予民营大学更多的运作管理自主权。

【提案结果】

提案发布后，得到许多网友的评论和转发，有网友提问："经济体制都可以那样大胆地改革，为什么高校不可以？"，还有网友说："这个方案好，大学课堂也应该向社会开放，开门办学，在竞争中去发展教育事业。"一些媒体进行了相关报道。提案引起教育部门和一些高校的重视，开始了一些改革探索。

【编码】2013-11

【案号】全国政协十二届一次会议第 3450 号提案

关于建立健全政府向社会组织购买公共服务体制的建议案

【提案缘起】

向社会组织购买公共服务简称"购买服务",是转变政府职能、推进政府改革的重要举措之一,也是改善公共服务绩效的一种创新探索,同时对于社会组织来说,不仅能获得来自公共部门的资源支持,且因参与公共服务,政社关系走向合作,社会组织成为公共服务的提供者,其专业服务能力也随之得到提高。购买服务因此成为 20 世纪 90 年代以来新公共管理运动中最具代表性的全球性浪潮,在我国全面深化改革的实践中,购买服务也得到了广泛应用并取得了很好的实践效果。本提案基于我们多年来的跟踪调研,在总结实践经验的基础上,提出从制度和体制上完善相关政策的建议。

【提案正文】

随着进入发展型新阶段,我国社会呈现出两个新特点:一是全社会公共需求发生显著变化,既有的以行政为主体的公共服务供给及管理体制已无法适应;二是我国社会组织进入新的发展阶段,在社会生活中越来越发挥积极作用。以此为背景,近年来,中央和地方政府都在积极探索向社会组织转移职能，通过购买服务等方式吸引社会组织进入公共服务领域。2012 年和 2013 年中央财政先后安排共 4 亿元专项资金用于支持社会组织参与社会服务，累计 847 个项目，涉及 10 多个省市的社区服务、养老服务、医疗救助、受灾群众救助、教育培训等领域。一些地方政府如北京、上海、广州、浙江等地，自 2003 年以来，向社会组织购买公共服务的探索不断增多，形式多样，购买的领域涉及教育、公共卫生和艾滋病防治、扶贫、养老、残疾人服务、社区发展与矫正、环保、政策咨询等诸多方面，购买资金逐年增加。如 2005~2007 年浦东新区政府购买服务资金累计达 1.24 亿元；深圳市 2006~2009 年共投入 2.12 亿元资助 500 多个社会组织实施"居家养老"等项目。2010 年上海各级政府通过购买服务、补助等形式为社会组织提供资金 37.89 亿元，2011 年更达到 41.02 亿元。一些地方政府如上海、广东、无锡、宁波等，陆续出台了政府向社会组织购买服务的规范性文件，探索相关的制度建设。

与此同时，社会组织登记管理体制改革也在有序推进。尽管现行法规的修订尚未最终完成，但按照"十二五"规划明确的方针，一些地方政府率先探索社会组织统一直接登记的"先行先试"，据报道目前已有 19 个省份启动了对特定领域社会组织的统一直接登记，9 个省份下放了非公募基金会登记管理权限，8 个省份下放了异地商会登记管理权限，4 个省份开展了涉外民办非企业单位登记试点。民政部也于近期开始受理跨地区、跨领域社会组织的直接登记。

这些积极探索已经和正在取得良好的效果。但必须看到，向社会组织购买服务在我国还是一个新生事物，随着实践的发展暴露的问题也越来越多。这些问题突出表现在：一是制度建设方面的问题。尽管一些地方政府在推进购买服务的过程中陆续出台了一些规定、办法，但到目前为止无论中央还是地方，都未将向社会组织购买公共服务纳入法律法规，地方性的规定也各行其是，缺乏统一规范；二是购买主体能力方面的问题，社会组织数量有限，发育不成熟，专业能力不强，缺乏参与公共服务的经验，服务意识、服务能力、服务水平、服务质量、公信力等都有待提高；三是购买机制方面的问题，购买程序规范性不高，合作随意性大，公开竞争并未成为一般原则，购买资金预算与使用信息不公开，服务评价和监督约束机制不完善，购买双方地位不平等，购买行为"内部化"，购买标准不清、责任模糊，购买成本难以控制，等等。

鉴于上述，我们提出如下建议：

第一，健全政府向社会组织购买公共服务的法律和制度体系。修订《政府采购法》，将采购法中的"服务"从后勤类服务扩展到公共服务，形成公共服务购买领域统一的、权威的和具有指导性的法律法规；完善中央层面顶层制度设计，确立政府向社会组织购买服务的基本原则和方向，同时，鼓励各地结合本地区经济社会发展的实际，制定有较强操作性和地方特色的配套政策，建立健全上下结合的政策体系，努力完善与之相应的配套制度，为政府购买社会组织服务提供有力的制度保障。

随着我国经济社会的进一步改革发展，政府向社会组织购买公共服务的数量将越来越多，范围将越来越广，合作程度将越来越深，有必要健全《政府采购法》，建立一套政府向社会组织购买公共服务统一的、权威的法律法规，规范购买行为；完善与之相应的公共财政制度，制定专门的《政府公共服务采购分类与考核表》，逐步将所有公共服务购买纳入政府采购目录和公共财政预算；改革社会组织管理体制，释放社会组织合法性空间，促进服务购买领域竞争，充分发挥社会组织在公共服务体系中的重要作用；加快推进事业单位管理体制改革，建立以公共财政资源支持为主，以事业单位和社会组织为服务主体的公共服务多元参与模式，为社会组织提供公平的资源支持和发展环境。

第二，重构政府与社会组织的关系，明确政府在服务购买过程中的角色和职责定位，鼓励发展契约式合同购买，同时综合运用多种政策工具推动社会组织参与提供公共服务。在调查中发现，不少地方政府向社会组织购买公共服务时不签合同，而是基于熟人关系、感性认知或合作惯性，这一状况造成购买双方地位不平等、购买标准不清、责任模糊、程序规范低等问题，必须予以改变。应建立政府与社会组织法律上平等的契约合作关系，鼓励发展契约式购买，通过契约合同规范购买流程，明确双方的权责范围；把购买服务工作和培育扶持社会组织发展紧密结合，将提升社会组织公共服务能力作为开展购买服务的基础性工作，加大对社会组织的政策支持力度，鼓励各地建立社会组织发展专项基金，综合运用项目资助或以奖代补的形式等多种政策工具推动社会组织参与提供公共服务，为社会组织承接公共服务创造良好的平台和宽松外部环境。

第三，建立和健全政府向社会组织购买公共服务的长效机制。健全公开透明规范的服务购买流程，在参照社会发展总体规划和财政预算计划的基础上，制定具有可操作性的整体规划，确定需要向社会组织购买公共服务的项目、标准和数量，以及购买方式，制定相应的服务购买预算，并向社会公开发布服务需求信息和资金预算信息，鼓励市场竞争，向社会公开招标，严格考核竞标机构的专业资质和综合服务能力，择优选择中标机构签订合同。建立严格、专业、多元的监督评估机制，发展独立、专业、多元的外部监督机制，发展独立的第三方监督机构，如会计事务所、审计事务所等，发挥媒体监督、公众监督和专家监督的作用；完善内部监督机制，建立服务项目实施动态管理与动态监督机制，及时发现问题、追究责任、采取补救措施降低风险；建立严格、专业、多元的绩效评估机制，创建开放性的评估系统，健全绩效评估多元主体参与机制；加强信息公开，促使公共服务提供的相关信息在所有利益相关者之间有效多向流动，建构一个程序透明、过程开放、公众广泛参与的公共服务平台。正确认识我国地区和城乡经济发展水平的巨大差异，充分发挥中央和地方两个积极性，建立中央和地方政府两个层面上的服务购买机制，中央政府需要建立健全相关法律法规，制定相应政策，促进社会组织发育和发展，深化预算制度改革、形成统一规范透明的财政转移支付制度，同时允许地方政府结合本地实际进行创新，制定有较强操作性和地方特色的配套政策；完善中央与地方政府、政府不同部门间服务购买政策协调机制，促进不同层级政府间的纵向合作，以及政府不同部门间的横向合作机制。

【提案结果】

这一提案提交后很快得以立案。这是我迄今为止就购买服务问题提出的第三个相关提案。财政部作了提案答复。答复表示：政府向社会组织购买服务具有重要意义，应建立健全政府向社会组织购买公共服务的法律制度体系和长效机制，加快扶持培育社会组织，积极推动社会组织参与公共服务提供。随着购买服务的推进，不宜再以政府设立专项资金的方式支持社会组织发展。中央和地方各级政府在2013年纷纷出台关于购买社会组织服务的综合性或专门性文件。国务院也于2013年7月31日召开常务会议专门研究部署推进政府向社会组织等社会力量购买服务工作。2013年9月26日，国务院办公厅以国办发〔2013〕96号印发《关于政府向社会力量购买服务的指导意见》，就充分认识政府向社会力量购买服务的重要性、正确把握政府向社会力量购买服务的总体方向、规范有序开展政府向社会力量购买服务工作、扎实推进政府向社会力量购买服务工作做了专门规定。

【编码】2013 −12

【案号】全国政协十二届一次会议第 4159 号提案

关于引导慈善组织有效参与社会救助体系的建议案

【提案缘起】

2012 年，我和清华 NGO 团队承担了民政部委托的慈善组织参与社会救助体系建设的政策研究项目。在民政部社会福利与慈善事业促进司的协助下，项目组在全国各地开展了较为深入的调研、访谈和座谈，获得大量一手材料，在此基础上完成项目报告。本提案根据这一项目报告修改完成。

【提案正文】

中共十六届四中全会以来，中央积极推动建立健全社会保险、社会救助、社会福利与慈善事业相衔接的社会保障体系建设。中共十八大报告进一步提出，完善社会救助体系，健全社会福利制度，支持发展慈善事业。在这种精神指导下，近年来政府救助与慈善事业的相互衔接、相互促进、相互弥补、相互监督的社会救助体系逐步形成。

政府救助和慈善救助是长期共存、不可替代的两种机制，二者相辅相成，共同构成科学、合理的社会救助体系。在社会救助体系中，政府救助的特点包括公平性、法定性、强制性、应急性等，慈善事业的特点包括志愿性、灵活性等。政府救助与慈善事业均发挥着不可替代的作用：政府救助作为社会救助法定责任主体承担着不可替代、不可回避的功能，慈善事业基于其自身的特点如个性化、创新性而具有弥补政府救助的盲点、不足等作用。基于公平和效率，慈善事业对社会救助体系的完善具有非常重要的作用。在英国，时任首相托尼·布莱尔、内政大臣杰克·斯特劳和全英慈善组织与政府合作委员会主席肯内斯·斯通共同签署了一项具有划时代意义的协议——《政府与志愿及社区组织合作框架协议》（COMPACT）。随后，由地方政府协会主席和全英慈善组织与政府合作委员会主席共同签署了一个地方版的 COMPACT——《地方各级政府与志愿及社区组织合作框架协议》。政府与慈善组织之间通过协议的方式明确合作伙伴关系，将大力推进民间公益活动作为一项政府义务制度化。在德国，慈善组织开展的救助活动，根据《联邦社会福利法案》，在联邦政府的指导下进行。联邦政府鼓励志愿服务，通过税收优惠支持慈善组织发展，通过公共服务外包建立与慈善组织的深度合作。

目前，我国已初步建立起以城乡最低生活保障、农村五保供养、灾民救助等基本生活救助制度为基础，涵盖医疗救助、教育救助、住房救助、就业救助、法律救助、临时救助等的综合性社会救助制度体系。与此同时，我国慈善事业在社会救助中也发挥着越来越重要的作用。目前我国的基金会有 3000 多家，每年慈善捐赠达数百亿元，另有很多公益慈善性质的民办非企业单位，提供了大量的社会服务，其中大批组织活跃在社会救助领域。以儿童救助为例，全国有近两百个社会组织主要从事孤儿救助、特殊儿童救助、困境儿童救助、儿童发展救助等活动。据有关调查统计分析，2009 年，我国慈善事业对弱势群体的救助主要集中在扶贫救助、教育救助、医疗救助、灾害救助等四个方面。其中用于基础教育、职业教育、高等教育和其他教育领域的教育救助占41%，用于灾区各种公益活动的灾害救助占26%，用于公共健康、大病救助等医疗救助占21%，用于社会服务、扶贫济困及农村发展的扶贫救助占12%。

从政府救助与慈善事业有效衔接的角度看，我国现行社会救助体系仍然存在诸多问题：一是制度建设滞后。与蓬勃发展的社会救助事业形成鲜明对照的是，我国的社会救助法制建设严重滞后，尚无公益慈善组织参与社会救助体系的法律规范或指导性政策文件；二是社会救助的覆盖面不够。基于政府的局限性，政府救助的对象只限于贫困家庭，且以家庭为单位提供救助，无法做到有针对性地覆盖个人，包括老人、儿童、失业者、残疾人及单亲家庭等，同时，公益慈善组织又无法有效发挥作用；三是不同地区间社会救助存在较大差异，但又不能有效发挥公益慈善组织救助灵活性的优势；四是救助形式不够多元，公益慈善组织参与社会救助的途径和方式需要进一步制度化、明确化。

基于上述，我们提出如下建议：

第一，制定和完善扶植各类公益慈善组织发展的相关政策。通过财政补贴、购买服务和税收优惠等各项政策，鼓励社会组织中的公益慈善类组织和各级政府部门平等合作，积极参与公共服务、社会管理、社会救助等各类社会公共事务。以群众需求为导向，结合实际，制定发展公益慈善类组织的规划，改革社会组织管理体制，探索开通登记绿色通道，切实解决公益慈善组织登记难等问题。通过向公益慈善组织购买服务，引导公益慈善组织按照政府政策、社会需求开展救助活动。落实对公益慈善组织的税收优惠政策，让社会组织享受税前扣除的优惠政策，变目前的"审批制"为"审核制"，凡经过民政部门批准设立的公益慈善类组织，财政、税务部门不再进行个案审批。同时简化税收减免程序，鼓励个人对公益慈善组织的捐赠。

第二，成立社区层面的社会救助协调中心，健全社会救助工作基础网络。社会救助体系在实践中的条块分割，使得不同部门救助执行过程中出现各自分管、各自负责的局面，造成资源的重复与浪费。建议以社区为平台成立社会救助协调中心，充分利用和发挥民政系统的作用，构建救助工作"一口上下"的运作机制和相应的困难救助的"出入机制"，确保救助的准确性和可及性。政府救助确保困难群体的最低生活水平，慈善事业则进一步改善和提高困难群体的生活水平，并进一步扩大社会帮困的覆盖面。

第三，建立社会救助信息库，整合和共享社会救助信息。搜集、挖掘相关政府部门和公益慈善组织的救助信息，搭建政府救助与公益慈善组织的信息共享平台。同时，公开政府与公益慈善组织相互合作的社会救助政策和项目实施情况，接受社会的监督。

第四，建立和完善覆盖面广、高效、灵活、稳定和规范的社会救助志愿服务网络。通过各级各类公益慈善组织，推动志愿服务在社会救助领域的发展，努力建设一支专业化的社会救助志愿服务队伍，动员具有各种专业背景的志愿者参与社会救助，鼓励公益慈善组织组建医疗救助志愿团队、康复救助志愿团队、心理咨询志愿团队等。政府应通过购买服务等措施为公益慈善组织发动和组织志愿者提供购买服务等资金支持和政策支持，积极培育和引导志愿精神，发展壮大社会救助志愿者队伍，让社会救助建立在广泛的公众参与和志愿精神基础上。

【提案结果】

提案发布后，引起众多网友对社会公平与正义的思索，呼吁通过社会救助等途径尊重和保护弱势群体的合法利益，期望政府重视社会弱势群体的生存保障和发展问题，着力解决群众在教育、医疗和就业等方面的实际生活需求。提案一定程度上影响和推动了政府相关社会政策的制定。民政部陆续拟定和发布了系列政策文本，引导和规范慈善组织等社会力量有序高效地参与社会救助体系。2014 年 2 月，国务院发布《社会救助暂行办法》。2015 年 5 月，民政部印发《关于加快推进社会救助领域社会工作发展的意见》。2015 年 6 月，民政部发布《民政部关于指导村（居）民委员会协助做好社会救助工作的意见》。

【编码】2013 – 13

【案号】全国政协十二届一次会议第 4160 号提案

关于鼓励发展社会企业，推动公益创新的建议案

【提案缘起】

"社会企业"一词来自英国，我们从 2004 年左右开始关注和研究社会企业，最早也是主要研究英国、日本和我国台湾等地的社会企业。随着国内社会企业的兴起，我们的研究转向了境内。我们注意到：在境外的社会企业发展中，政策支持是一个不可缺少的机制，而我国境内的社会企业鲜有来自政策的关注和支持。这一提案基于我们的既有研究和实证调研，经反复讨论修改而成，呼吁各级政府关注并从政策上支持社会企业这一重要的公益创新形式。

【提案正文】

近十余年来，为了更好地解决社会问题，一些发达国家乃至发展中国家出现了社会创新的动向。社会企业就是在各国社会创新过程中出现的一朵奇葩。其产生的原因有二：一是来自非营利组织的公益创新驱动，众多非营利组织由于受成本上升、政府拨款或捐赠减少、竞争加剧等因素的影响，亟待找到一条公益创新的路子；二是来自私营部门的社会创新驱动，有着丰富市场经验并积累了财富的私营部门出于企业社会

责任，谋求用市场的手段解决社会的问题。社会企业是一种介于公益与营利之间的多元混合型社会组织，是社会公益与市场经济有机结合的产物。由于社会企业具有专业性、公益性、服务性和非政治性等特点，面对复杂的社会问题，各国政府都很重视从政策层面推动社会企业的发展。如：美国总统奥巴马在白宫成立了"社会创新与公民参与办公室"（SICP），旨在促进政府与私营企业、社会企业家和公众之间的伙伴关系；英国政府相继制定了"社会企业：迈向成功的战略"、"社会企业行动计划：勇攀高峰"等一系列政策措施，规划、推动社会企业的发展，使其居于世界领先水平；孟加拉国的尤努斯创办了专为贫困妇女提供小额贷款业务的社会企业——格莱珉银行，其成功模式几乎推广到世界各国，尤努斯因此获得2006年诺贝尔和平奖。

我国社会企业的发展大体从2004年左右起步，涌现出了如深圳残友集团、杭州携职旅社等一批优秀的社会企业。近年来，一些地方党政部门也开始关注社会企业的发展。如，2011年6月，北京市委在关于加强和创新社会管理的一个文件中提出要"积极扶持社会企业发展，大力发展社会服务业"。2012年，佛山市南海区设立200万元的社会创新基金，探索基于实践的社会企业发展模式。顺德区也建立了企业化运作的法定机构——社会创新中心，探索进行社会企业家培训和社会企业研究，并推动社会资本投资公益项目等。

我国社会企业发展中存在一些较为突出的问题：

一是社会各方面对社会企业认识不足，对其公益性多存疑虑。不仅政府官员，包括学者、媒体和公众，都存在一定程度认识不足的问题。社会企业的公众知晓度低，媒体报道不多，许多从事社会组织、公益事业、社会服务等相关职业的人也对社会企业不甚了解，一些采用社会企业运作模式的组织和个人不能正确把握社会企业的内涵。多年来市场经济不规范导致的社会信任不足及公共伦理危机的消极影响，使得人们难以接受"用市场谋公益"的善意推断，对社会企业公益性产生怀疑。

二是社会企业的市场运作能力和公益创新能力都有待提高。从市场运作能力看，无论依托既有体制的公益创新模式还是积极引进市场机制的社会创新模式，大多数社会企业在激烈的市场竞争中尚未形成可持续的发展机制与核心竞争力，处于维持简单再生产的温饱阶段，难于谋求应有的市场份额；从公益创新能力看，社会企业在资助方式、受益对象与受益程度、激励机制、学习能力改进等诸多方面有待突破。

三是社会企业的发展缺乏相应的政策和制度支持。我国目前尚未出台有关社会企业的相关政策法规，地方政府也多在观望。既有的政策法规中，有许多不利于社会企业发展的规定；理论界也多属探索性研究，有关社会企业发展的战略规划、政策体系和制度建设方面的研究尚未展开。

根据国内外社会企业发展的实践，就促进我国社会企业发展提出如下建议：

第一，明确社会企业作为特殊社会组织的非营利属性，加强对社会企业的监管，促进社会各界的认同和支持。首先，可按照一定的标准对社会企业定期实行公益认证，以界定其内涵、外延及属性。建议先由地方政府（如北京、深圳、佛山等）进行试点制定社会企业的认证标准，再推广成为全国适用的社会企业标准。政府根据标准给予社会企业优惠政策，并鼓励其在一定范围内的有限利润分配，可促进社会资本对社会企业的认同和支持；其次，要帮助社会企业建立自律机制和行业性的互律、他律机制，推动社会企业通过问责和社会监督不断提升公益意识，努力形成公益导向的行业氛围和社会氛围；最后，要建立和健全社会企业的评估体系及必要的政府监管体系。通过定期开展的社会企业评估，奖优罚劣，提升社会企业的公开透明度，获取社会各界的认同。

第二，鼓励社会各界积极推动社会企业的发展。从社会组织推进的角度看，对于那些有条件发展成为社会企业的民办非企业单位或基金会，应鼓励其探索走上社会企业的发展道路；对于那些关注并支持社会企业发展的基金会，要从政策及制度上尽可能给予各种优惠倾斜，帮助基金会支持社会企业的发展；对于那些致力于专业培训、信息网络建设、项目管理等活动的支持型组织，要鼓励它们积极参与对社会企业的专业培训、信息网络建设、项目管理等，并为这些社会组织提供必要的资金和政策支持。从政府推进的角度来看，要加大政府购买服务的力度，推动各级政府向社会企业购买服务，并在有条件的情况下积极探索对社会企业的税收优惠政策；通过政策指定公益性较强的特殊领域，如就业支持、教育扶贫、社区发展等，鼓励社会企业积极进入，给予必要的政策优惠，限制恶性竞争，为社会企业的发展拓宽市场空间。

第三，尽快将促进和规范社会企业发展纳入政策体系。其他国家和地区的经验主要有三种做法：一是颁布专门立法，如韩国；二是通过修改和调整现行法规，把社会企业纳入现行法律框架内，如美国、英国等；三是出台有关社会企业发展的规划、政策或其他相关规定，倡导社会企业的发展，如香港。根据我国的现状，宜尽快将促进社会企业发展提到各级政府工作议程上，有条件的地方政府可组织力量研究制定本地区发展社会企业的战略规划及其制度框架；在条件成熟的地区，可研究制定有关促进社会企业发展的地方法规。组织力量研究梳理现行法规，对那些不利于社会企业发展的现行规定进行必要的调整和修改，努力营造有利于社会企业发展的政策与制度环境。

【提案结果】

这一提案提交后很快得以立案。博文发表后点击量达 480 次，并被推荐至新浪博客。许多网友发表评论支持提案，颇为关心社会企业在中国的发展。一名网友评论道："社会企业是用商业手段解决社会问题的一种社会管理创新模式，它用商业的方式获取资金，却把资金主要用于解决社会问题，这是介于商业和公益之间的一种创新模式，但在中国当前社会诚信水平下，注定要饱受争议。"另有一名网友表示："社会企业在中国注定要走一条饱受质疑、充满艰辛的路。"2013 年 7 月，民政部相关领导肯定了社会企业在满足社会需要、创造就业机会、建立社会资本、推动可持续发展等方面发挥的重要作用，表示将加大对社会企业的关注力度，研究界定社会企业的内涵、外延和属性，借鉴国外社会企业发展经验，了解和掌握社会企业的公益属性、作用及存在问题。

【编码】2013－14

【案号】全国政协十二届一次会议第4161号提案

关于支持我国社会组织"走出去"
战略的建议案

【提案缘起】

随着我国社会组织的发展壮大，特别是中国国际地位的不断提高，社会组织走出国门、积极参与世界公益活动和全球治理，已是大势所趋。但相对来说，无论在社会组织层面，还是在国家政策层面，乃至公众认知层面，对于社会组织走出去的共识不高，准备不够，支持不大，成为制约这一重要战略的掣肘。本提案在我们既有研究和实证调研的基础上，分析了存在的主要问题，并提出了四个方面的政策建议。

【提案正文】

社会组织"走出去"是我国国际战略的重要组成部分。全球化进程中带来的全球性问题日显突出，中国的日渐崛起，均对中国参与全球治理的国际战略提出了更高的要求。社会组织作为参与全球治理的主体之一，随着全球公民社会的力量不断壮大，这些组织日趋活跃，并已经成为影响全球治理的重要力量。它们通过开展公益项目，践行公益宗旨，通过在国际社会的公益实践引领世界范围内的公益价值取向。与政府和企业相比，社会组织的力量是软实力，其影响长久而深远。

　　我国一部分的社会组织已经迈上了国际社会组织的探索之旅。申请获得联合国谘商地位，参与重大国际会议以及开展国际援助项目，是近些年来我国社会组织走向国际的标志性事件。但我国社会组织自身的发展远远不足，且存在体制机制、制度环境、能力建设等诸多方面的制约，在这种条件下探索"走出去"存在许多先天不足。并且，能够"走出去"的只是极少数，绝大多数社会组织面对的挑战仍然都在国内。即使走出去的社会组织，也不能不受到国内种种条件的制约。

　　具体来说，当前我国社会组织"走出去"参与全球治理所面临的主要问题有：一是理念问题。很多中国社会组织"走出去"的理念是狭隘的民族主义和国家主义，没有学会把中国的"国家利益"融合在"全球利益"和全球普遍接受的价值之中。二是人才问题。西方的国际非政府组织的领导人和管理者大都出身于西方的精英阶层，往往学识渊博、经验丰富，对于国际事务和自身的工作领域都了如指掌。和他们相比，当前我国的社会组织无疑缺乏同等水平的人才。三是资金不足。社会组织"走出去"需要强大的资金支持。以美国为例，2011 年美国非政府组织的对外援助已经超过了美国政府的对外援助。而中国社会组织发展的现有水平远远不能支持它们在国际事务中的活动。四是缺乏集体行动机制。为了在国际议题上发挥作用，一个国家的政府、企业界、学术界和社会组织往往需要集体行动。政府关注国家的安全和长期发展，企业考虑现实利益，学界贡献思想，社会组织在第一线推动议程设定。而我国社会组织和政界、商界、学界的互动机制缺乏，这无疑会影响社会组织在国际层面与政府和企业相配合，发挥更大的作用。

　　我国的社会组织不够发达，与西方发达国家社会组织参与全球治理的程度相比明显落后，政府必须采取强有力的措施支持我国社会组织的发展，并引导它们致力于全球性社会和公共事务。对此我们提出如下建议：

第一，充分认识社会组织"走出去"的战略意义，把社会组织的国际化战略纳入国家整体对外战略之中。充分发挥社会组织在全球公民社会发展及全球治理中的话语权，使其成为我国软实力的重要组成部分。在这一战略中，需要保持社会组织的自主性，使其努力寻求扩大自身与外部世界在理念上的共性，将中国特色寓于正在形成中的新型国际共识之中，给新的全球治理理论增添"中国色彩"。

第二，尽快建立支持社会组织"走出去"的协调和支持机制。首先，设立专门与"走出去"的社会组织联络协调的专门机构，宣传政府的主张，与这些社会组织建立稳定的合作伙伴关系和互补关系；其次，把政府一部分对外援助项目以购买服务的方式委托给社会组织，在实现政府目标的同时扩展社会组织"走出去"的能力；最后，定期召开外交部门与相关社会组织的工作协调会，加强政府与社会组织之间的信息交流和沟通。

第三，加强社会组织"走出去"的能力建设。主要包括人才队伍建设和资金支持。在人才队伍建设上，政府通过一定的政策和制度引导，加强部门间人才的流动，争取把一批政府和商业部门的精英人士吸收到社会组织之中。在资金支持上，除上面提到的把部分政府外援项目委托给社会组织以外，还可设立支持社会组织"走出去"的专项基金或基金会，把国家和社会的力量充分动员起来支持社会组织"走出去"。

第四，建立社会组织和政府、企业界、学术界之间的互动机制，共同为中国参与全球治理、实现民族和国家利益而努力。政府相关部门应充分发挥联络、协调、组织、动员各方力量的关键作用。

【提案结果】

　　提案发布后被多次阅读和转载。评论中有支持的，也有思考国内社会组织能力现状的相关内容，认为社会组织"走出去"的实现需要先在国内"名正言顺"，且能力和资源上能够"生长自立"才能"走出去"开拓天地。随着"一带一路"的倡议转换为实际行动，社会组织"走出去"的呼声日高，越来越多的组织开始重视和尝试"走出去"，"走出去"成为当前国内社会组织发展的重要方向之一。

【编码】2013－15

【案号】全国政协十二届一次会议第3803号提案

关于将基金会免税资格与扣税资格统一起来的建议案

【提案缘起】

这一提案针对实践中我国基金会所享受的税收优惠制度存在两种资格不统一的问题而提出，基金会中心网理事长徐永光先生对提案提供了重要支持。提案的主要观点和政策建议经多次讨论修改而成。

【提案正文】

基金会是近年来在我国发展迅速并备受关注的公益组织。据基金会中心网数据显示，截至2013年1月，按照《基金会管理条例》在各级民政部门登记注册的基金会总数已超过3000家，资产总额近600亿元。其中特别值得关注的是2005年开始登记的非公募基金会，目前无论登记注册数量还是资产总额，均已超过公募基金会。

从国内外基金会和公益事业发展的实践来看，税收优惠政策是推动基金会等公益事业发展至为重要的一种制度安排，是做大做强公益基金会的关键所在。我国在这一方面也设立了相应的税收优惠措施。主要有二：一是根据《企业所得税法》、《企业所得税法实施条例》及财政部有关规定，对符合规定的基金会可因获得免税资格享受免缴企业所得税的优惠；二是根据《企业所得税法》、《个人所得税法》及财政部有关规定，对符合规定的基金会可因获得公益性捐赠税前扣除资格（简称扣税资格），对于向该基金会捐赠的个人或企业，准予在计算其应纳税所得额时在法定限额内依实际捐赠额进行税前扣除。

因此，我国的基金会所享受的税收优惠包括免税资格和扣税资格两种。任何一个基金会要想获得税收优惠都需要向登记管理机关和财税管理部门两次递交不同的申请，且由于两种税收优惠的标准差异较大，大多数基金会通常只能获得其中的一种税收优惠资格。由于法律规定的扣税资格标准较高，财税部门审查十分严格，使得大多数基金会无法享受这种税收优惠。这种情况不利于我国基金会的健康发展。基金会，尤其是新设立的基金会，由于不能同时获得免税资格和扣税资格，慈善捐赠者不能享受扣税优惠，而被迫将捐赠交给发展成熟的基金会，致使新生的基金会失去捐赠者，遭遇资源困局。一些基金会为了争取捐赠者，只好挂靠在有扣税资格的基金会名下。获得善款后，它们则需向被挂靠的组织交纳一笔高额的"管理费"。这导致善款被滥用。这种将两种税收优惠资格分开管理的做法，加大了基金会申请税收优惠和主管机关行政管理的难度和成本。

另外，基金会的扣税资格与社会组织评估直接挂钩，即如果基金会不能在评估中获得3A级及以上，将丧失扣税资格。社会组织评估平均为每3~5年组织一次。针对基金会的社会组织评估的组织者为省级以上的民政部门。

为改变上述状况，提出如下建议：

第一，将基金会的免税资格和扣税资格合并，采用统一的申请标准和管理体例。参照国际惯例，基金会等公益组织只需向税务部门提交一次申请，获得批准后，就可以同时享受免税资格和扣税资格。如在美国，慈善基金会可"一次申请，终身受益"。我国也应学习外国的这一经验，尽快将免税与扣税统一，实现两种资格申请标准、管理方式上的统一。为此，需要修订《企业所得税法》和《个人所得税法》，实现立法上的统一。在此基础上改革民政部门和税务部门的行政管理体制，使两部门的税收优惠行政管理权统一。

第二，培育发展有公信力的专业评估机构，逐步将政府的社会组织评估职能转移给专业评估机构。我国社会组织的评估工作始于五年前，因缺少合格的专业评估机构，政府不得不承担原本应由社会组织承担的评估职能。近年来，社会组织评估工作对于社会组织的规范化管理发挥了积极作用，但应加快培育有公信力的专业评估机构，将基金会等社会组织的评估职能逐步转移给这类社会组织。

第三，在上述基础上，逐步将基金会的税收优惠资格与社会组织评估脱钩，降低对基金会税收优惠资格的要求。政府在将社会组织评估职能转移给专业评估机构的同时，应保留对基金会税收优惠资格的审批和认定职能，并使之与社会组织评估挂钩，降低对基金会税收优惠资格的要求和门槛限制，从而尽快做大做强基金会，推动整个公益慈善事业的快速发展。

【提案结果】

这一提案提交后很快得以立案。我的博文发布后被推荐到新浪博客，点击量达540次，得到了网友的大力支持。一名网友说："免税资格应该覆盖全部公益慈善组织，再不能只是基金会和部分社团了，而作为公益慈善事业主体的民非一家没有，情何以堪？"2013年7月，民政部对这一提案做出详细答复：关于两种资格合并申请的问题，由于现行企业所得税法律法规明确规定两种资格分别适用于不同的标准，如果将二者统一则需要修改现行企业所得税的法律规定，今后完善相关法律法规时将借鉴参考这一意见，努力营造公平、合理的税收遵从环境。2013年11月12日十八届三中全会通过的《中共中央关于全面深化改革若干重大问题的决定》在"推进社会事业改革创新"一节中明确提出"完善慈善捐助减免税制度，支持慈善事业发挥扶贫济困积极作用"。2014年10月29日召开的国务院常务会议确定了落实和完善公益性捐赠减免税政策等发展慈善事业的措施。2014年11月24日，国务院印发的《关于促进慈善事业健康发展的指导意见》中明确提出"研究完善慈善组织企业所得税优惠政策，切实惠及符合条件的慈善组织"。

【编码】2013 –16

【案号】全国政协十二届一次会议第 4506 号提案

关于抢救性保护徐霞客旅游文化线路的提案

【提案缘起】

2012 年，清华大学和麻省理工学院合作的创新型领导力行动学习计划（IDEAS）在中共浙江省委组织部的支持下得以实施，我和来自浙江省各地的近 30 位县市级主官一起参加了这一为期 6 个月的体验式学习。学习期间，我们先后到宁海、临安、嘉兴等多个地县考察，在深度体验学习之旅的同时，了解到一些亟待从政策层面关注和推动的问题。徐霞客旅游文化线路的抢救性保护就是其中之一。在宁海市政府相关部门的支持下，我得到了大量基础性资料并与相关专家进行分析讨论，在此基础上形成提案初稿，并在征求多方意见基础上修改完成。

【提案正文】

《徐霞客游记》是中国历史文化的瑰宝，既是系统考察祖国地貌地质的地理名著，又是展现华夏风景的旅游巨篇，还是文字优美的文学佳作，在国内外有着深远的影响，徐霞客也被尊为"游圣"。20 世纪 80 年代末，对徐霞客及其游记的研究就已成为一门独立的学问——徐学。目前在中国大陆、香港、台湾以及新加坡、欧美等地均有徐霞客研究会，徐霞客及其游记在世界各国都享有较高的名望。据游记记载，目前已复原出徐霞客当年的游历线路——徐霞客旅游文化线路。公元1613年5月19日，徐霞客自浙江宁海出西门，历时30余载，游历相当于现在的浙江、江苏、山东、河北、山西、陕西、河南、安徽、江西、福建、广东、湖南、湖北、广西、贵州、云南、北京、天津、上海19个省、区、市。在国务院颁布的第一批44个重点风景名胜区中，有25处留有他的足迹，其中不乏世界级的自然或文化遗产。

徐霞客旅游文化线路涵盖的地区范围广、遗产种类丰富，既有地域的特点，也有相互交流和交融积淀的历史；既反映物质与非物质文化遗产的联系与变化，相互影响与交流，又构成文化带上文化遗存的共性与特性、多样性和典型性，衍生出丰富多彩的面貌和内在的密切关联。2011年以来，江苏无锡、浙江宁海和天台等多个沿线市县联名发起倡议，申报世界线性文化遗产。

然而，徐霞客旅游文化线路正面临多重威胁，主要问题有：

一是线路亟待保护。尽管近年在中央及地方政府的努力下，线路中已有一部分名胜古迹纳入国家级保护的范畴中，但相较于徐霞客所考察记录的1259座名山峰，540多个岩洞、溶洞等其他景点而言，这部分所占比重仍非常有限。再加上由于时代久远，工业化进程日益加速，线路面临严重的自然侵蚀和人为损毁的威胁。当年徐霞客走过的古道及沿线的古桥、路廊、古驿站等古建筑损毁严重。

二是整体保护难度大。作为有记载的历史遗迹，若只保护徐霞客旅游文化线路的一部分，不仅会破坏线路的整体性，更会大大降低其历史文化价值。线路本身跨越19个省份，并且有400多年的历史沉淀，不仅涉及省份多，而且历史悠久，这大大增加了各省份与各部门对其整体保护的难度。然而，目前各城市间并没有形成有效的协调与联动机制，仍处在各行其是的局面下。

三是潜在文化、旅游资源尚待开发。线路有非常明确的历史记载，虽然距今已有 400 多年的历史，但对于自然或文化遗产而言，并不久远。目前学界对线路的研究主要以线路追踪为主；民间则以志愿者或业余爱好者沿线重游以宣传徐霞客精神和探寻徐霞客足迹为主，并没有对其潜在的文化与旅游资源进行更深层地挖掘与开发。

为此提出如下建议：

第一，建立涉及相关省份和部门的全国性的协调、联动与监管机制，落实线路整体保护工作。徐霞客旅游文化线路沿线历史遗迹保护不力的主要原因是各省对线路的保护力度不同，没有统一的战略规划与监管，各行其是。资源不仅得不到有效的分配和利用，还会打击部分省市对保护徐霞客旅游文化线路的积极性，甚至会发生"搭便车"的现象。建议尽快建立全国性的协调、联动与监管机制，发挥相关省份和部门的特长，形成融合效应，落实对线路的整体保护与修缮。

第二，加强研究，组织专家进行相关的研究与学术交流。目前世界各地对徐霞客及其游记的研究十分兴盛，但对徐霞客旅游文化线路的研究大多停留在理论与线路追踪层面。建议由国务院相关部门牵头，组织相关领域的专家对线路各节点进行更深入的实地调研，进一步挖掘其背后的历史内涵与文化底蕴。同时定期开展相关的学术交流活动，积极推动对徐霞客旅游文化线路的研究。

第三，在研究和保护的基础上，条件成熟时积极申报世界线性文化遗产。线性文化遗产由文化线路衍生并拓展而来，主要是指在拥有特殊文化资源集合的线形或带状区域内的物质和非物质的文化遗产族群。申报世界线性遗产不仅能更有效保护线路，而且能进一步挖掘线路的潜在价值。建议在条件成熟时，组建徐霞客旅游文化线路申报世界线性遗产工作组，统筹协调，合理分工，严格按照世界遗产公约操作指南，公开透明地开展以资源价值研究、申报技术资料撰写、保护管理设施建设、环境综合整治为重点的一系列申遗工作。

第四，动员社会力量关心和支持线路的保护与研究。徐霞客旅游文化线路是我国重要的历史文化遗产，不仅需要国家高度重视其抢救性保护工作，更要动员社会力量参与进来共同保护。建议大力宣传徐霞客旅游文化线路的历史意义与文化价值，呼吁社会力量关注和参与线路的保护与研究。同时，建设徐霞客旅游文化线路网站并与沿线城市的博物馆相链接。此外，可于每年徐霞客生日前后在各节点城市的博物馆开展线路展览，加大宣传和传播的力度。

【提案结果】

提案发布后，被阅读和转载多次。一位网友对提案中提到的"公元1613年5月19日"这一时间节点提出质疑：据相关史料辅证，徐霞客1607年离开故乡江苏江阴"开游"时间与《徐霞客游记》以1613年从浙江宁海"开篇"时间并不一致，这样会导致"徐霞客旅游文化线路"的起点存在争议。这其实正反映了提案中提到的现状——目前学界对线路的研究主要以线路追踪为主。一旦"徐霞客旅游文化线路"在条件成熟时积极申报世界线性文化遗产，各市县之间必然产生较大利益冲突，因此需要动员社会力量关心和支持线路的保护与研究；建立全国性的协调、联动与监管机制，发挥相关省份和部门的特长，形成融合效应，落实对线路的整体保护与修缮。国家旅游局经商文化部后对提案进行了答复。2014年11月，徐霞客游线标志地认证工作正式启动，推动形成一条更为清晰、更有代表性地点的徐霞客旅游文化线路。2015年3月，全国政协十二届三次会议上，全国政协委员、江西师范大学教授王东林和 46 名委员联名提交《关于系统保护徐霞客科考线路文化遗存，开展申报世界线性文化遗产研究工作的建议》的提案，进一步呼吁对"徐霞客旅游文化线路"的抢救性保护。

二〇一四年

2014年3月3日至12日，第十二届全国政协第二次会议在北京举行。这是我第十二次出席全国政协会议。会议期间，我正式提交了二十三件政协提案，其中正式立案十九件，转为信息专报四件。

这一年我的提案总数首次超过了二十件。我关于调整人口政策的提案进入了第五个年度，我大声疾呼"全面放开生育"！这一政策主张引起了广泛的社会支持。这一年社会治理创新和社会体制改革成为我提案的重中之重，我集中全力力推改革，十六件提案与此相关。会议期间，我的博客累计点击量超过90万次，许多网友发来了评论感言表达关注和支持。我把接受媒体采访作为参政议政的一个重要形式，先后接受了三十多家媒体的专访和访谈。

【编码】2014 -01

【案号】全国政协十二届二次会议第 X134 号文

关于全面放开生育，加快形成积极人口政策的建议案

【提案缘起】

这是我和刘大钧委员自 2010 年以来就人口政策调整的第五次提案。本提案在连续多年呼吁放开"二孩"的基础上，结合近期我们的调研和思考，呼吁加速计划生育政策改革，全面放开生育，推进面向未来的积极人口政策。

【提案正文】

中共十八届三中全会启动"单独二孩"的"生育新政"，结束了多年来关于"一胎化"的争论，也标志着计划生育基本国策开始进入新的历史阶段。我们认为：我国以严格控制人口数量增长为核心的消极人口政策需要全面调整，人口政策的重心要从控制人口数量转向稳定人口规模、改善人口结构和提高人口质量，从限制生育转向放开生育，加快形成面向国家的未来、民族的未来和人类的未来的积极人口政策。

一 现行人口政策已带来全方位负面影响

20 世纪 80 年代初开始实施的以"一胎化"为标志的严格控制人口

数量增长的计划生育政策，是在整个国民经济面临崩溃、巨大的人口规模不仅没有成为经济发展的优势反而变成了负担的特殊历史条件下采取的消极人口政策。该政策实施 30 多年来，在巨大的人口惯性下，我国人口总量从 9.9 亿增至 13.6 亿，但我国人口占世界总人口的比重却从 22.1% 降至 19.0%，人口形势发生了根本性改变：一是我国年出生人口数量显著减少，总和生育率已长期远低于替代水平；二是我国育龄妇女生育意愿在多重压力下不断下降，妇女累计生育人数逐代锐减，且处于育龄高峰期的女性数量面临大幅度减少，这意味着即使总和生育率不变甚至显著提升，我国的出生人口数量也可能快速减少；三是在长期低生育率下，我国人口快速老化，未来人口急剧衰减，我国有可能成为世界上人口老龄化速度最快、程度最高的国家。

严格控制生育的消极人口政策带来了全方位的负面影响：

一是拖累经济发展。人口的加速老化和未来人口的急剧衰减，使得我国正从人口红利迈向人口还债时代。老年人口比重增加，会降低经济活动人口的比重，并增加社会抚养压力。同时，人口的加速老化必然会影响国民收入的分配，拖累财政，对国民经济发展不利。应对人口老化要求国民经济的各个部门进行重大的改变，由此也会带来新的矛盾和新的不平衡。

二是弱化规模优势。人口的迅速老化和总量萎缩也将削弱我们作为经济大国的规模优势，经济总量增长相对放缓，市场规模效应降低，人口规模和集聚优势将使我们在国际舞台的政治影响力乃至军事影响力受挫。长期持续的低生育率将使"中国梦"被釜底抽薪，中国崛起将如昙花一现之后就迅速成为明日黄花，中国世纪还未真正开始就将落幕。

三是危害家庭幸福。严格控制生育的人口政策产生了人类历史上最大规模的独生子女群体，对人类生活、家庭关系、社会形态和民族心理造成的长远后果难以估量；规模已逾百万的"失独"家庭作为独生子女政策的副产品亟须得到国家和社会的关爱及救助，也使独生子女家庭的风险系数陡增；性别比失衡所带来的数以千万计的"剩男"使得家庭幸福重新定义，也越来越成为社会的不稳定因素。

四是损害社会公平。人口政策的局限性使不同的民族、地区乃至家庭之间在生育控制上待遇不同，政策效应随政策执行的刚性程度也有所不同，这种区别滋长了社会的不满情绪，一方面降低政策的有效性，另一方面引起对政策公平性的普遍质疑。在人口政策所带来的诸多社会不公中，最大的不公平就是遭普遍诟病的对"超生"者征收社会抚养费的政策。

五是削弱国防力量。人口规模和结构的变化不仅导致适龄兵源数量锐减，也可能引起兵源质量的下降。在过去长期的生育政策下，城市实行"一胎化"，而农村的普遍政策是，第一胎生育女孩的才允许生育二胎，因而几乎所有执行政策的家庭都最多只有一个儿子。国防大学刘明福教授估计，我军现役兵员的独生子女率已不低于70%，作战部队甚至超过80%。军队主要由独生子女组成，这将严重影响中国的战争意志。此外，人口老化和锐减会恶化财力，最终影响我国国防装备的现代化。

六是降低人口质量。严格生育控制导致适龄人口锐减，优秀人才的备选基数势必萎缩；生育控制政策对城市和沿海发达地区更加严厉，人为减少那些成长条件更好的孩子的比例；人口老化也从结构上导致平均人口素质的下降。有人分析认为，目前在北京和上海等特大城市出现的超低生育率，使得这些集中了各行业最出色人才的后代以每代人减少约三分之二的速度在消失。

七是滋生错误观念。控制生育的人口政策一味强调人口作为负担的一面，倾向于把现实中的各种问题都归咎于人口过多，从而掩盖了真正的症结，不利于问题的有效解决。资源问题如此，粮食问题如此，城市拥挤，环境污染，房价居高不下，等等问题，往往都被误导为人口过多所致，以为只要控制生育就能解决一切问题，其实大谬不然。

八是危及中华文明。30 多年严格控制生育的人口政策使得我国的人口结构加速老化和人口规模急剧衰减，中国目前占世界人口比例19%，但每年出生人口仅占世界的 12%，生育率仅有世界一半左右。在此趋势下，每隔一代人，我国年出生人口占世界的比例将下降一半，这样到 21 世纪末，中国在世界上的分量将一落千丈，中华文明将彻底衰微。

综上所述，我国现行的以严格控制生育为基调的消极人口政策不能再持续了，亟待全面调整。

二　调整我国人口政策，全面放开生育的建议

针对现行人口政策所带来的上述种种问题，社会各界对人口政策的调整展开了热烈的讨论，一大批专家学者进行了多方面的思考和论证，提出了许多积极建议。党的十八届三中全会对此作出积极回应，启动"单独二孩"的生育新政并明确提出要以"促进人口长期均衡发展"为目标调整我国人口政策。我们认为，我国人口政策调整的方向应当是：从控制人口数量增长转向稳定人口规模和改善人口结构，从限制生育转向放开生育，加快形成面向国家的未来、民族的未来和人类的未来的积极人口政策。为此我们提出如下政策建议：

第一，从数量控制转向稳定规模和改善结构。要解放思想，从根本上改变计划生育就是控制人口数量的陈旧观念，充分认识生育率最终处于替代水平或之上才是维持民族繁衍的必要前提。从当前及今后的人口走势看，即使完全放开也难以避免在可预见的将来我国每年出生人口的

雪崩式滑坡。因此人口政策的长期目标应是稳步提升生育率至替代水平，最终确保每年出生人数基本稳定，维持中华民族的正常繁衍，同时不断促进人口结构优化，提高人口质量。

第二，取消计划生育一票否决制，废止以严格限制生育为目的的社会抚养费制度。要尽快修订相关法律法规，包括《人口与计划生育法》和《社会抚养费征收管理办法》，按十八届三中全会精神从制度上规范生育新政并为人口政策调整提供法律保障，各级地方政府也应尽快对相关法规和政策进行全面梳理；要在去年国务院机构改革的基础上进一步改革调整相关政府部门的体制和职责；要立即停止各级政府以"一胎化"为核心严格控制人口数量的做法及行政绩效考评办法；要大力开展关于生育新政和人口政策调整的宣传教育活动。

第三，密切监测全国和各地实施"单独二孩"政策后的出生人口和总和生育率的变化。针对这一政策变化，有的学者认为它对缓解低生育率的作用是杯水车薪，但也有人认为它会显著提高生育率。其他国家生育政策逆转的经验以及理论分析都表明，限制放开第一年是生育率反弹最大的一年。如果在"单独二孩"实施一年之后，出生人口和总和生育率反弹有限，那就意味着生育率逆转极其困难，下一步要做的是立即全面放开生育，而没有再进一步拖延的理由了。

第四，计划生育的基本国策应该体现生命本位、文化本位和家庭本位的原则。在计划生育工作中，应以人为本，尊重并捍卫人的生命，包括对未出生的胎儿生命的尊重与保护，也包括对生育权的尊重与保护，坚决杜绝任何强制堕胎、强制绝育、强制上环等非人道做法。要把人口的均衡发展目标提高到民族文化传承和中华民族复兴的高度，把生育和教养身心健康的孩子作为民族复兴最根本的战略基础，在税收、教育、医疗、就业等各个方面切实减轻养育家庭的负担，采取积极措施保护孩子和家庭。

第五，加快形成面向未来的积极人口政策。30多年来我国实行以严格控制人口数量增长为核心的消极人口政策，在带来社会经济生活中全方位的负面影响的同时，正在断送我们的未来。人口政策关乎国家的未来、民族的未来、人类的未来，因此人口政策的调整必须着眼于未来。目前，党中央已经做出了调整人口政策的重大决策。决定人口政策方向的是人口结构和规模对经济、社会、国防、环境等的影响，因此人口政策的调整需要各个不同领域的专家及相关部门的共同参与，建议由国务院授权发改委，统一协调相关部委和各领域的专家组成人口政策调整攻关课题组，研究人口政策调整的总体方案，并加快形成面向国家的未来、民族的未来、人类的未来的积极人口政策。

同时，国家应出台相应的政策切实解决独生子女高风险家庭所面临的一系列难题。对于因独生子女政策带来的"失独"家庭，应建立国家基金进行公益救助和社会支持，对此我们将另文提案加以呼吁。

【提案结果】

该提案发布后，引起了广泛的讨论。博文点击量近20万次，有1343人发表评论，511人转载。各大媒体也争相报道。3月3日，《法制晚报》刊登了《委员：亟待全面放开生育 建议监测"单独二孩"实施》的专访报道。3月8日，《光明日报》刊登题为《王名委员：加快形成积极人口政策》的报道。3月11日，《北京青年报》以《全国政协委员：社会抚养费制度是恶政 应该废止》为题做了人物专访。3月12日，凤凰资讯以《王名：建议取消计划生育一票否决制》为题刊登了提案的全部内容。4月16日，《中国青年报》发表了题为《王名：制定面向未来的积极人口政策》的专访报道。

【编码】2014 –02

【案号】全国政协十二届二次会议第 2382 号提案

关于建立国家基金，全面开展"失独"家庭社会救助的建议案

【提案缘起】

这一提案由我和刘大钧委员在去年提案基础上，根据过去一年的实证调研修改补充，继续提出。

【提案正文】

2013 年以来，中央开始调整计划生育政策，继 3 月国务院机构改革方案明确撤并人口与计划生育委员会后，十八届三中全会又决定正式启动"单独二孩"生育新政，标志着我国从严格控制生育转向逐步放开生育的人口政策，这是具有重大历史意义的政策调整。与此同时，我们开始梳理和反思长期"一胎化"带来的负面影响。2013 年 12 月，国家卫生计生委等五部委联合下发《关于进一步做好计划生育特殊困难家庭扶助工作的通知》，提出从加大经济扶助力度、养老保障、医疗保障、社会关怀以及加强组织领导等五方面集中力量，探索解决计划生育特殊困难家庭的诸多社会问题，其中"失独"家庭是备受关注的问题之一。

"失独"家庭，是指因意外、疾病等原因失去独生子女的家庭。关

于"失独"家庭数量,目前国内尚无权威统计。有人口学家估计,在已出生的近 2 亿独生子女中,有 432 万家庭的孩子会在 25 岁前夭折,有 968 万家庭的孩子会在 55 岁前夭折。另据专家估计,49 岁以上死亡独生子女的母亲数量在 2038 年将达峰值(约 110 万),而伤残独生子女的母亲数量在 2017 年将达峰值(约 40 万)。有关专家据此断定,中国在不久的未来将产生 1000 万"失独"家庭。目前社会上较流行的说法是全国老龄办以及民主党派等在去年全国政协提案中提到的"2012 年全国'失独'家庭已超过 100 万,且以每年 7.6 万的数字新增"。最近,有关部门负责同志在公开报道中所使用的数据是:"2013 年,全国领取特别扶助金的特扶对象共 67.1 万人,其中独生子女死亡的特扶对象 40.7 万人。"无论具体规模如何,在这些"失独"家庭中,父母多为 50 岁以上难以再生育或者收养子女的中老年人,独生子女离去,带给"失独"父母的不仅是经济上的损失,更多的是精神上的打击和老无所依的苦果。

当前,"失独"家庭及其增加正在成为越来越突出的社会问题:

第一,"失独"成为独生子女时代具有普遍性和敏感性的社会问题。任何年龄段人口都有一定的死亡率,个别家庭因种种原因孩子亡故也不可避免。但在独生子女时代,大量存在且不断增加的独生子女家庭,使得"失独"家庭成为突出的社会问题而普遍化,丧子带来的不仅是少数家庭遭遇的不幸,更成为所有独生子女家庭都可能背负的恐惧和不安。"失独"意味着家庭失去了传承与保障,对"失独"的恐惧和不安会因"失独"家庭的出现及增加而迅速蔓延到整个社会,从而形成全社会对"失独"问题的普遍关注。

第二,"失独"家庭在心理、经济、医疗、社会保障、养老等方面产生了一系列社会问题。绝大多数"失独"父母因子女去世而陷入自闭、抑郁而不能自拔，甚至产生更为严重的心理疾病。一些独生子女因病去世，导致这些"失独"家庭因病致贫、因病返贫。有调查显示，因子女疾病医疗导致家庭返贫的占到所有返贫家庭的50%以上。目前，我国仍以居家养老为主，"失独"父母缺乏养老保障；即便选择集中养老方式，无子女等监护人的监护，"失独"父母也难以进入养老院等养老机构。

第三，救助措施和试点项目有限，"失独"家庭陷入困境。2006年以来，"失独"家庭救助措施在10个省市试点并逐步在全国推广，特别是去年中国计生协、全国妇联和个别地方政府也围绕"失独"家庭开展试点项目，但救助标准低、试点时间短、投入资金少、覆盖面小，成效有限。不仅如此，截至目前，尚未开展较为全面的关于"失独"家庭现状和基本需求的调查，对"失独"家庭急需的心理关怀、情感帮助、生活照顾以及养老、医疗等方面的救助工作还尚未展开，许多"失独"老人不仅在生活上陷入困境，在精神上和社会生活上也陷入窘境，甚至受到歧视。

随着"失独"家庭的增多，"失独"父母们开始积极行动起来。他们借助移动互联网自我组织起来，在全国联网上呈现出快速发展的态势。目前分析，由"失独"父母发起的社会组织在功能上主要表现在两方面：一是抱团取暖和自我扶助，二是政策倡导和维权。伴随着他们抱团取暖和自我扶助的受挫，形成了带有更多怨气、更加网络化、更强行动力的集体行动。一些"失独"社会组织逐渐成为这一特殊群体反映诉求甚至是群体上访的重要组织平台。据报道，仅从2012年下半年至今，已发生多次"失独"父母群体到国家卫计委上访的案例，地方上访情况则难以统计。

"失独"家庭是以"一胎化"为中心的计划生育政策的产物。没有

"一胎化"及其所带来的大量独生子女，就不可能出现如此大规模的"失独"家庭。我们认为：以"一胎化"为中心的计划生育政策是国家在特定时期推行的特殊人口政策，对这项政策的后果，国家应当承担责任。"失独"家庭的父母在陷入年老、疾病等状况而无所依靠时，国家也有义务提供必要的帮助和扶持。目前，"失独"家庭问题已经引起了社会各界的关注，相关人士提出了一些思考和论证。

结合这些观点，我们提出救助"失独"家庭的建议如下：

第一，重视"失独"家庭问题，明确在"失独"问题上不可推卸的国家责任。"失独"正在发展成具有普遍性的社会问题，"失独"家庭规模不断扩大，所有独生子女家庭均面临"失独"风险。只有停止弊端重生并导致"失独"家庭不断增加的"一胎化"人口政策，才能从源头上防止"失独"家庭的扩散和"失独"问题的社会化。同时，"失独"家庭是"一胎化"人口政策的牺牲者，国家理应承担救助责任。建议总结各地已开展"失独"家庭救助工作的经验，加快修订和完善《人口与计划生育法》、《社会抚养费征收管理办法》，出台国家层面的救助政策，明确国家责任。要充分利用中国计生协会及其遍布全国的组织网络，可由国家卫生计生委委托计生协，设立统一机构，对口管理"失独"家庭工作，落实国家对"失独"家庭的各项责任。

第二，建立救助"失独"家庭的国家基金并以之为基础设立非公募基金会。在各级政府主导下开展"失独"家庭现状摸底调研，掌握"失独"家庭存在的问题和现状，制定相应标准并尽快实施对"失独"家庭的救助政策。建议国家卫生计生委委托中国计生协，对全国"失独"家庭进行全面摸排，充分掌握"失独"家庭现状。在此基础上建立救助"失独"家庭的国家基金，可将历年征收的社会抚养费集中起来作为原始基金，以此为基础成立接受社会捐赠的非公募基金会，其宗旨明确为救助"失独"家庭,按照基金会相关法规纳入依法监管和社会监督的范畴。在调查和综合测算的基础上科学制定"失独"家庭救助的国家标准,尽快启动全面救助。

第三,培育一批致力于"失独"家庭服务的社会组织,尤其是失独者自组织。对"失独"父母的心理疏导与生活援助,有赖于社会组织的工作。当前,网络上已经出现多个"失独者"网络社群,在这些社群中的"失独者"互相支持,抱团取暖。建议在已有网络社群的基础上,根据"失独者"的实际特点与客观需要,出台相应的政策加以引导和扶持,可借鉴上海、深圳等地政府建立公益组织孵化基地的经验,培育、孵化和发展一批条件成熟的组织进行合法登记注册或采取备案制等形式,通过购买服务的方式推动"失独"社会组织的成立与发展,实现对"失独"家庭的心理疏导与生活援助等全方位服务。

【提案结果】

这一提案再度引起了社会对"失独"人群的关注,设立国家基金的建议得到舆论的广泛认可。3月14日,正义网和腾讯网联合推出"两会访谈",邀请我就失独家庭的救助问题发表意见。5月7日《人民日报》发表题为《委员手记:关心关爱"失独"家庭》的报道,详细介绍了提案的内容和意义,呼吁政府和社会采取积极措施关心"失独"家庭的特殊困境。5月26日,《民主与法制时报》刊登了《国家基金救助"失独"家庭》的专访。8月29日,国家卫生计生委协商民政部和财政部,针对本提案的内容做了答复。答复函表示:各地党委政府高度重视计生特殊困难家庭的扶助关怀工作,将其纳入改善和保障民生的重要部署,相关部门协调配合,卫生计生部门积极协调,出台了一系列具体的政策措施，加大了对计生特殊困难家庭的扶助关怀力度。下一步，卫生计生委将协调财政部建立特别扶助金标准动态增长机制，切实抓好计生特殊困难家庭扶助关怀这项民生工程，妥善解决计生特殊困难家庭的实际困难和问题，促进社会和谐稳定。

【编码】2014 - 03

【案号】全国政协十二届二次会议第 2442 号提案

借鉴"伏羲班"经验，从素质教育入手推进义务教育改革

【提案缘起】

本提案由我和刘大钧委员联名提交。去年我们就推广"伏羲班"的经验提出提案，教育部作出回复，表示要调研伏羲班的建设情况，适时开展传统文化教育的试点项目，探索更多更好的做法和经验。这一提案旨在呼吁并回应教育部，希望能重视这一调研，从政策上推动以素质教育为中心的改革试点。

【提案正文】

过去一年来，伏羲班的教育改革实践在国内外产生了很大影响。应越来越多家长的要求，全国各地 50 多所学校开设了 60 多个伏羲班，有超过 2000 名学生在伏羲班就读，包括香港、澳门在内的 19 个省份地区的部分家长带着孩子不远千里到开办伏羲班的学校上学。目前加拿大、美国、南非、牙买加等国家也在积极申办伏羲班。

伏羲班的教育改革实践表明：中国古代优秀的经典教材和成功的教育经验能为今用，以中华传统文化为核心探索基础教育改革不仅是必要的也是切实可行的，这种改革包括以中华传统文化为核心重构中小学教

育课程体系、改变现行义务教育阶段考评机制、减轻学生课业负担和加强品德及人格教育等。

总结借鉴伏羲班的经验，我们提出从素质教育入手，以中华传统文化为核心推进义务教育改革的建议如下：

（一）以中华传统文化中的启蒙教育为基础构建中小学素质教育的课程体系

去年以来，教育部在推进素质教育方面做了许多积极探索，例如，2013年教育新政策就提到要"整体提高大中小学德育的实效"，"全面提高学生体质健康水平"，"提升师生汉字书写能力和学校书法教育水平"，"全面推进学校艺术教育"，还提出要"确保2014年秋季学期义务教育起始年级学生使用德育、语文、历史新教材"等。就教材而言，伏羲班成功的教育改革实践正好证明了：对基础教育来说，课程和教材是第一位的，全面推进素质教育尤其需要借鉴和参考中华传统文化中启蒙教育的构建体系。

传统文化经典是高度浓缩的智慧结晶，是我们中华民族文化的精髓。《弟子规》、《三字经》、《千字文》、《孝经》、《大学》、《中庸》、《论语》、《孟子》等等，都是经过千百年的实践证明非常有效的优秀教材。大量事实也证明，无数成就非凡的历史人物在其童蒙阶段都受过系统的古文经典训练，形成了良好的国学素养，国学大师梁启超、王国维、陈寅恪，文学大家鲁迅、茅盾、巴金，著名科学家钱伟长、钱学森、李四光、华罗庚、杨振宁都是如此。我们应该充分重视这些事实，利用杰出人才成长过程的宝贵的经验，搞好基础教育改革。

具体建议是：让优秀的传统启蒙教材进入广大中小学的课堂，语文教材以经典为主；借鉴伏羲班经验，将书法课作为必修课，加强以书法为主要内容的汉字书写教育，以此培养学生的综合素质；加强以武术为主要内容的体育健身教育；六年级集中开设英语，以情景教学为主，重点训练听说能力。

（二）改变现行义务教育阶段的考评机制

在现行的教育评价体系中，适当增加传统文化的比重，并逐步在推行以传统文化为核心的素质教育过程中探索建立一种新型的考评机制。

素质教育和应试教育最根本的区别不在于要不要考试，而在于课程和教材的素质含量以及考评体系不同。建议在小升初以及中高考语文考试中，国学经典及古诗文的内容所占比例提升到50%以上，使语文教学真正成为"国文"教学。根据各地实际情况加入书法、武术等考核内容，而且要在考评体系中占一定比例。建议书法在高考作文考试中的卷面分数比例能达到20%，在条件成熟时，恢复用小楷答卷的传统。如果不占分或者只占很少分数，将很难真正落实书法教育。这是让全国各地真正落实素质教育的重要措施。

（三）减轻义务教育阶段学生的课业负担，实施全面均衡发展

真正的素质教育，目的在于让学生发挥个人潜能，各展所长，并培养良好的品格，不仅使学生有更多的时间在更广阔的空间里自由发展，也让老师有更多的时间学习和研究。现有的应试教育给学生负担太重，反而压抑了学生的成长，造成未来教育型人才过剩，创新型人才缺失。

具体建议是：借鉴伏羲班的经验，四年级之前不考试，零书写作业。四年级之后单科家庭作业不超过二十分钟。

（四）在农村及贫困地区中小学全面推广以中华传统文化为核心的素质教育

目前全国中小学生总人数为2.08亿，其中农村中小学生占75%，如何真正找到出路，解决农村及偏远贫困地区中小学素质教育问题显得尤为迫切。如果课程和教材的素质含量不高，富裕地区的老师、家长可

以通过各种方式为孩子补充，而贫困地区无法补充，未来的差距就会越来越大。2011年农业大学来自农村的新生比例创下新低——不足三成的事实就充分证实了这一点。伏羲班的教学实践破解了教育改革的诸多难题，在许多人盯住物质条件谈"教育公平"、"教育资源配置"的时候，伏羲班的教学实践告诉我们，真正的优秀资源是课程和教材。伏羲班的实践并不复杂，他们从一年级开始，在不挑学生、不选老师、不增加学时的前提下，学生参加语文、数学统考成绩高于平行班。伏羲班的教学实践是在农村做成功的，为农村及偏远地区提供了解决教育公平问题、落实素质教育很好的参考典范，建议农村地区尽早实施以伏羲班为样板的素质教育。

（五）以中华优秀传统文化为核心，加强全国中小学生品德及人格教育

在全社会尤其是向中小学老师弘扬传统文化理念，学生不仅要从小学习"格物致知、诚意、正心、修身、齐家、治国、平天下"的课程和教材，更需在学习和生活中逐步落实经典学习中的内容。只有全社会包括学校和老师、家长真正重视传统文化才有可能从根本上改变传统的教育体制，建立以传统文化为核心的素质教育体系。

（六）加强对已开展伏羲班教育的学校的调研，选择部分中小学开展试点工作

目前伏羲班已经在部分城市开始了复制，建议各级教育行政部门尽快组织力量调研总结伏羲班的经验，加强以国学经典、书法、武术等为内容的素质教育师资培训，首先在所在地区选择部分中小学开展以中华传统文化为核心的素质教育试点工作，保持加大对其试点工作的支持，并及时总结完善，再全面推广。

世界最早的教育典籍《礼记·学记》开篇即曰："建国君民，教学

为先。"教育关系到民族的未来，落实以人为本的素质教育务必实干、真干、尽早干。只有让素质教育和中华传统文化的传承结合起来，才能真正实现中华民族伟大复兴的中国梦！

【提案结果】

提案发布后，收到了许多网友的回复和支持，有网友说："提案真的是解放中国教育，特别是基础教育的最好方案，如果早日实施，将是国家大幸！可是我们的孩子的教育能等吗？我们还是自求多福，先经典家学！孩子耽误不起啊！"这一提案连续两年提交，引起了相关部门的重视。3月26日，教育部发布《完善中华优秀传统文化教育指导纲要》，提出分小学低年级、小学高年级、初中阶段、高中阶段和大学阶段分学段有序推进中华优秀传统文化教育。

【编码】2014 –04

【案号】全国政协十二届二次会议第 0495 号提案

关于完善政府向社会组织购买服务，建立新型政社关系的建议案

【提案缘起】

这一提案在去年我关于同一主题提案基础上，基于进一步开展的实证调研、项目评估和深入研讨，继续提出并修改完善而成。

【提案正文】

政府向社会组织购买服务作为推进政府职能转变、深化社会改革、创新社会治理的重要突破口，近年来受到中央和地方各级政府的高度关注。在中央层面，国务院办公厅出台《政府向社会力量购买服务指导意见》，这是中央政府首次颁布针对购买服务的专项政策性文件；在地方层面，许多地方政府购买社会组织服务的力度不断加大，领域不断拓展。购买服务逐步被纳入深化政府改革、推动政府职能转变、整合利用社会资源、增强公众参与意识、激发社会活力、增大公共服务多元化供给的总体战略之中。

政府购买服务将市场机制引入公共服务领域，既改变了公共服务的供给模式，也使得政府与社会关系逐渐发生变化。它打破了政府对公共服务的垄断，逐步开放一部分公共领域让社会力量参与进来。其主要贡

献在于：一是，能有效发挥社会组织等社会力量贴近需求、服务为先、灵活便捷等优势，改变公共服务的内容、方式和绩效；二是，能有效改善政府直接提供公共服务带来的高投入、高成本、高垄断和高风险，通过市场机制优化资源配置；三是，能增大社会资本，增进合作共治，增大公共价值，更好地发挥社会组织等社会力量作为治理主体的作用。

但是，在政府积极推动向社会组织购买服务的同时，由于旧的理念、体制、机制的束缚，在实践中也暴露出不少问题，随着购买服务在全国范围内的迅速开展，这些问题有迅速放大和扩张的趋势。在各级政府推动购买服务的实践中存在的主要问题表现在：一是稳定性差，购买服务尚未纳入法律法规，地方性的规定也各行其是，缺乏统一规范的制度保障；二是随意性强，购买服务缺乏总体规划和相应的程序规则，公开竞争未成为一般原则，信息不公开、标准不清、责任模糊，购买成本难以控制，评价和监督机制也不完善；三是工具性强，许多地方重项目不重组织、重形式不重内容、重结果不重过程、重当下不重未来，使得购买服务往往停留在应用的工具层面，难以提升到战略高度。

鉴于上述，为完善政府向社会组织购买服务机制，建立新型政社关系，提出如下政策建议：

（一）通过购买服务发展社会组织，培育公共服务和社会治理的参与主体

从国家治理能力和治理现代化的角度把握政府向社会组织购买服务的战略高度。通过购买服务培育和发展作为公共服务供给者和社会治理主体的社会组织，努力形成社会组织能力建设的体制机制，激发社会组织活力，充分发挥社会组织在提供公共服务和参与社会治理方面的积极作用。

社会组织作为非营利社会服务的提供者是政府购买服务的重点对象，

也是参与各种形式社会治理的重要力量，当前各级政府向社会力量购买服务迅速展开，但是由于种种原因，我国社会组织的发展在总体上尚处在起步阶段，能够承接政府购买服务的社会组织数量不多，水平不高，专业能力不强，需要政府在购买服务时"扶一把"、"推一下"、"帮一阵"，甚至"送一程"，在向社会组织提出明确要求的同时，进行必要的指导、支持、培育和发展，让社会组织能够通过参与购买服务逐步发展壮大起来，真正成长为公共服务和社会治理的参与主体。为此要求：一要努力把提供公共服务和发展社会组织作为同等重要的战略目标，培育和发展积极的社会力量；二要在购买服务全过程中实现社会组织的有效参与，包括购买服务的政策制定、服务提供、社会监督等各个方面；三要在购买资金中安排专项资金培育社会组织，加强社会组织的能力建设。

（二）深化政府改革和社会改革，加快政社分开，厘清政府和社会的边界

深化政府改革和社会改革，加快政社分开，厘清政府和社会的边界，是政府向社会力量购买服务的必要前提。只有加快政府改革的步伐，积极推进和落实政府转移职能，加大向社会放权的力度、深度和广度，才能使购买服务常态化、普遍化和可持续地贯彻下去；而如果没有社会改革的跟进，政社不分，社会组织发展不起来，购买服务也就无从落实。要推进社会改革，必须加快改革现行的社会组织管理体制，改革以事业单位为中心的社会服务体制和以人民团体为中心的社会治理体制，为社会组织的发展及其参与公共服务和社会治理提供空间与平等竞争的环境。

（三）完善政府购买服务机制，重建政府与社会组织之间的合作关系

政府购买服务是在政社分开基础上重建政府与社会组织之间合作关

系的重要机制。首先，政府购买服务以契约精神为基础，要求政府尊重社会组织的意思自治，在对待社会组织与其他公共服务提供者如事业单位上做到一视同仁，从而推动政府与社会组织之间平等关系的建立；其次，政府购买服务要建立健全公开透明规范的服务购买流程，制定可操作的规划、项目、标准和目录，并实行严格的过程与结果评估和监管，从而推动政府与社会组织之间基于法治的合同关系的建立；再次，政府购买服务必然在政社之间形成一种张力，政府要对购买服务提出明确要求，对参与购买服务的社会组织进行竞争性的严格甄别，对购买服务的过程和结果进行严格监管、评估和问责，社会组织则要充分发挥自身优势参与竞争，并努力提高公共服务的绩效，从而推动政府与社会组织之间理性、科学的博弈关系的建立；最后，随着政府购买服务的推进，政府与社会组织之间彼此信任，相互交流，充分表达各自的观点或服务需求，进而相互作用和影响，开展深度合作，达成共识并采取基于共识的集体行动，建立新型政社合作伙伴关系。

（四）建立购买服务监督、评估机制，提高公共资金使用效率和透明度

制定服务购买预算，并向社会公开发布服务需求信息和资金预算信息，鼓励市场竞争，向社会公开招标，严格考核竞标机构的专业资质和综合服务能力，择优选择中标机构签订合同；提高监控技术，建立严格专业多元的监督机制，发展独立专业多元的外部监督机制，发展独立的第三方监督机构，如会计事务所、审计事务所等，发挥媒体监督、公众监督和专家监督的作用；完善内部监督机制，建立服务项目实施的动态管理与动态监督机制，及时发现问题、追究责任、采取补救措施降低风险；建立严格专业多元的绩效评估机制，创建开放性的评估系统，健全绩效评估多元主体参与机制；加强信息公开，建构一个程序透明、过程

开放、公众广泛参与的公共服务平台。

【提案结果】

这一提案提交后很快得以立案。这是我连续两年提出关于政府向社会组织购买服务的建议案。博文发表后点击量达 700 多次。在立案后财政部的答复中，肯定了提案提出的四条政策建议。2014 年，全面深化改革继续推进，新型政社关系的建立开始破冰。购买服务和社会共治、协商民主成为推进社会组织深化改革、建立新型政社关系的重要举措。购买服务的风险管控、精细管理等相关规范性规定和制度建设也开始起步。

【编码】2014 - 05

【案号】全国政协十二届二次会议第 3565 号提案

关于建立社会组织参与全球治理的国家支持体系的建议案

【提案缘起】

这一提案在去年关于社会组织"走出去"的提案基础上,通过进一步的实证调研和分析论证,借鉴发达国家的经验,突出强调在社会组织参与全球治理的过程中,必须建立有效的国家政策支持和保障体系。

【提案正文】

全球化的深入导致全球性的公共问题日显突出,中国的日渐崛起对于中国参与全球治理的国际战略提出了更高的要求。把社会组织的国际化战略纳入国家整体对外战略之中,增强社会组织在全球公民社会发展及全球治理中的话语权,使其成为我国"软实力"的重要组成部分,既能保证社会组织自主扩张的国际化诉求和国家的对外战略相协调,又是将中国特色寓于正在形成的新型国际共识之中,给新的全球治理增添"中国色彩"。

我国长期以来采取的是以政府为主导的对外战略和外交政策。但必须认识到,在当今世界,随着全球公民社会的力量不断壮大,社会组织已经成为影响全球治理的重要力量。这些国际性的社会组织正通过在国际社会的公益实践影响着世界范围内的公益价值取向。与政府和企业相比，社会组织的力量是软实力，但其影响将是长期的、巨大的。

从国际经验看，社会组织参与全球治理主要采取五种形式：一是以社会组织身份参与各种国际会议，发表相对独立于政府和企业的观点并开展广泛的国际交流；二是申请加入联合国体系，获得"谘商地位"并参与联合国体系各种全球性、区域性活动及相关决策；三是社会组织立足本国，逐步发展成为区域性、国际性的社会组织；四是社会组织与国际组织或者属地国的社会组织建立合作伙伴关系，参与国际事务，推动社会组织的国际化；五是社会组织在海外设立不同类型的项目或者行政办公室，使其管理人才属地化。

从我国社会组织参与全球治理的实践看，还存在体制机制、制度环境以及自身能力等诸多方面的制约，在这种条件下社会组织参与全球治理面临种种困难和挑战。所面临的主要问题有：一是在思想观念上，很多中国社会组织"走出去"的理念是狭隘的民族主义和国家主义，没有把中国的"国家利益"融合在"全球利益"和全球普遍接受的公益价值中；二是缺乏政策依据，关于社会团体、民办非企业单位和基金会的三个行政法规中，都没有给社会组织在海外设立办事处或分支机构提供政策依据，而且审批程序和方法也不完整；三是在人才队伍构成上，西方的国际非政府组织的领导人和管理者大都出身于西方的精英阶层，他们有着较强的专业能力和较丰富的实践经验，而我国的社会组织同等水平的人才则相对缺乏；四是社会组织参与全球治理需要强大的资金支持，而中国社会组织用来支持在国际事务中的资金水平大大低于西方发达国家；五是我国社会组织和政界、商界、学界之间缺乏集体互动机制，这无疑会影响社会组织在国际层面与政府和企业之间合作的进一步深入。

为推动我国社会组织参与全球治理和国际公益活动，政府必须采取强有力的措施支持我国社会组织的发展，引导他们致力于全球性社会事务和公共事务。应当看到，社会组织"走出去"是我国国际战略的重要组成部分之一，亟须建立推动社会组织参与全球治理和国际公益活动的国家支持体系。

为此提出如下建议：

（一）尽快建立社会组织参与全球治理的协调和支持机制

建立国家全方位推动社会组织参与全球治理和国际公益活动的国家支持体系，制定具体的协调和支持机制。第一，从国家长远发展战略的视角，应考虑尽快着手社会组织参与国家对外援助的立法工作，形成社会组织实施国际化战略的法律基础，从而保证社会组织"走出去"有法可依。近一阶段，可以将社会组织参与国家对外援助工作的相关内容纳入正在拟定的"对外援助管理办法"，使社会组织参与国家对外援助工作有章可循。第二，建立社会组织国际化战略工作的协调机构，统一协调社会组织参与国际化战略工作的具体事务，并进一步由国家有关部门牵头，建立社会组织和政府、企业界、学术界之间的互动机制，建立与中国社会组织参与国家援外工作的合作机制和交流、沟通平台，推动我国政府、企业、社会组织和学术界在全球治理和国际公益活动中采取集体行动。第三，把政府一部分对外援助项目以购买服务的方式委托给社会组织，在国家援外预算总盘子内单列社会组织援助专项资金或建立社会组织援外基金。而在资金管理上，政府可作为监督机构，保证资金的正确使用和为社会组织"走出去"服务。第四，加强社会组织参与国际化战略工作的政策研究、顶层设计和国别研究，利用国家社会科学基金支持社会组织国际化战略实施。第五，建议商务部、民政部和财政部设立中央支持专项基金，以支持从事国际化事务和海外援助工作的社会组织在海外设立办事处；建议国家外汇管理局对该类社会组织在对外拨款程序和外汇管理等方面减少审批程序，提高工作效率。

（二）加强社会组织的能力建设

建议国家把支持社会组织参与全球治理作为我国整体对外战略的重要组成部分，对这些社会组织的能力建设提供支持。第一，通过制定法规和相关政策以及加强监督等手段，规范社会组织的法人治理结构。第二，在人才队伍建设上，提高专业人员的综合素质，政府通过一定的政策和制度引导，加强部门间人才的流动，争取把一批政府和商业部门的精英人士吸收到社会组织中，也可通过加强国际层面的人才与经验交流来增强能力。第三，在资金支持上，除上面提到的把部分政府外援项目委托给社会组织以外，还可设立支持社会组织参与全球治理的专项基金或基金会，精选一批优秀的社会组织利用官方援助开展国际交流、人道主义援助和人力资源培训事务，并逐步扩大规模和积累经验。此外，还可以鼓励一批新成立的非公募基金会开展国际交流和公益项目合作，同时争取政府的配套资金加以支持。

建立社会组织参与全球治理的国家支持体系，既是提高国内社会组织治理能力的途径，也是向世界显示中国积极履行大国责任和义务的决心和姿态。应加大在政策、资金等方面的支持力度，并发挥联络、协调、组织、动员各方力量的关键作用，让社会组织参与全球治理，为实现中华民族的伟大复兴做出更大贡献！

【提案结果】

在连续两年的呼吁下，这一问题引起了社会上更多的关注和支持。

这一提案发布后，博文点击量达 361 条。随后，有关社会组织"走出去"的讨论渐渐升温，一些媒体开始对此进行专题报道。相关部门也明确表达了对这一提案的关注和支持，并邀请我参会，发表对此问题的政策建议。我也在许多场合表达了这一提案的观点。

【编码】2014 –06

【案号】全国政协十二届二次会议第 1544 号提案

关于加快制定社会组织基本法的建议案

【提案缘起】

多年来，我一直在呼吁和推动社会组织法律体系的建设。深感我国社会组织立法滞后带来的诸多问题，其中最大的症结在于基本法的缺失。这一提案基于我们在实践调研中发现的诸多问题，以及对此形成的基本政策判断。

【提案正文】

改革开放以来，我国社会组织取得了长足发展，在社会建设和社会治理中的主体地位越来越凸显，发挥的作用也越来越大。社会组织的发展既需要党和政府的高度重视，需要激发自主社会力量的广泛参与，更需要相应的制度建设。在依法治国、建设法治中国的背景下，法制建设对于社会组织的发展具有重要意义。法律制度对于厘清政府和社会的边界，为社会组织的发展创造一个宽松的环境，促进社会组织的规范发展具有重要作用。当前，尽管发展和规范社会组织的法律制度在不断完善之中，但是社会组织的法律制度建设跟不上社会组织的发展，跟不上全面深化改革的整体推进，跟不上公众对社会发展的基本诉求，且这方面的不相适应越来越突出，必须加快相关法律制度的建设。

据不完全统计，到 2013 年底，在各级民政部门登记的社会组织已超过 50 万家，备案的以及未在民政系统合法登记但通过种种方式获得各级党政部门认可并实际开展活动的社会组织，总量超过已登记社会组织数量的 5～7 倍。除此之外，我国有各级各类事业单位约 130 万家，提供超过 3000 万的就业岗位，其中绝大部分当属狭义的社会组织。

社会组织的存在和发展，对全面深化改革更具有重大意义和作用，主要体现在四个方面：一是社会组织提高了整个社会的组织化水平，成为多元化社会服务乃至公共服务的供给主体，成为慈善事业的主导力量，对于整个社会和谐发挥举足轻重的作用；二是社会组织和民营经济成为改革开放后新社会力量的代表，构成社会主义经济建设和社会建设的两翼，对改革开放和整个社会转型发挥重要作用；三是社会组织日益成为创新社会治理的主力军，在社会建设和社会体制改革中发挥重要的主体作用，推动着政府职能转变和治理体系变革，也推动着事业单位改革和人民团体改革；四是社会组织作为基层城乡社会治理的参与主体，为公民有序政治参与创造条件，并推动着城乡基层民主和治理水平的提高。

随着社会组织的蓬勃发展，我国规范社会组织的法制建设也在推进。20 世纪 80 年代后期以来，国务院陆续出台了有关基金会、社会团体、民办非企业单位等重要法规，建立了以各级民政部门为主的登记管理体制，近年来相关法规的修订工作也在加紧进行。但必须看到，与蓬勃发展的社会组织相比，我国现行法律法规等制度建设存在突出的问题，主要表现在三个方面：一是法律体系不健全，只有关于不同类别社会组织登记管理的专项法规，在宪法之下缺乏有关社会组织的基本法，因而无法对社会组织的许多一般问题如公民成立社会组织、社会组织法律地位、社会组织内部治理等诸多方面进行统一规范，限制了人们的认识，限制了社会组织作用的发挥，也影响到政府治理方式的转变；二是法律位阶过低，相关的制度规范主要限于行政法规甚至部门规章，且主要为部门立法，导致法律法规政策间缺乏衔接、配套甚至相互冲突，影响了社会组织的定位，也影响了政府的规范管理；三是法律权威性不足，重登记轻监管、重限制轻发展的制度安排，导致大量社会组织绕开法律法规，恶法不改、执法不严又使得社会组织有法不依成为常态。可以说，现行某些法律制度已成为制约社会组织健康规范发展的瓶颈。改变这一局面，既需要尽快修订完善现行法律法规，更需要加快制定社会组织的基本法等新的重要的法律制度。

鉴于上述，建议全国人大将社会组织基本法纳入立法规划，尽快开展社会组织基本法的立法调研和起草工作。具体建议如下：

（一）基于现代社会组织体制，确立社会组织基本法的基本定位

努力形成现代社会组织体制，是中共十八大以来推进社会体制改革的主要目标，社会组织基本法的立法宗旨和定位，应来自现代社会组织体制这一现实的改革基础。

政社分开、权责明确、依法自治是加快形成现代社会组织体制的三大前提。体现在法律体系建设上，需要建设和完善三方面的法律体系，一是关于政社分开的法律体系，其中一方面应逐步明确政府的职能边界，另一方面则应从法律上规范和保障社会组织的基本职能、组织合法性、治理结构、运作和管理规则等诸多方面；二是关于国家与社会关系的法律体系，应从制度上保障国家与社会尤其是社会组织之间逐步形成平等的合作关系，并形成相应的互动、协商机制；三是社会自治的法律体系，应从法律上保障公民基于宪法所规定的结社自由，明确社会组织在社会治理中的主体地位，推动社会组织依法推进社会自治。社会组织基本法作为现代社会组织体制法律体系中不可或缺的重要组成部分，不

应是现行三个行政法规"提取公因式"的简单升级版，而应基于现代社会组织体制，在价值诉求、制度理念、规范架构等方面重新定位，彰显对现代中国社会的洞察力和现代社会组织体制的想象力。

（二）全面总结既有相关立法的经验，深入研究社会组织基本法的基本结构

关于社会组织基本法的起草工作，在 20 世纪 80 年代后期至 90 年代初，国务院授权民政部牵头曾拟定了一个法律草案。此外，中国社会科学院、清华大学、北京大学等相关研究机构也先后起草了有关社会组织基本法的专家建议稿。比较现有的法律草案和专家建议稿可以看出，关于社会组织基本法的目标、结构、内容等方面均存在较大差异，这就要求相关立法部门全面总结既有草案和专家建议稿的经验，根据我国社会改革和社会治理现代化的整体战略，深入研究社会组织基本法的定位和作用，拟定科学、合理的社会组织基本法的框架。

（三）采取单独立法、综合立法形式，注重立法过程中的参与和协商

从形式上看，社会组织基本法应当采取单独立法、综合立法的形式。社会组织的发展规模、社会组织在现代社会中的作用已经决定附着于民法的立法难于适应社会组织规范发展的需要。民法容纳社会组织基本法也较为臃肿。晚近的立法也大多采用组织法与管理法相结合的形式，如公司法。混合立法既有利于保护社会主体的权利义务，又有利于厘清政府部门的边界并规范其管理行为。

从立法的过程看，社会组织作为社会领域的法规，应当摒弃部门立法的旧例，吸纳社会组织和社会力量参与，以提高立法的社会认同和技术水平。

（四）注重基本法内容的完整性并加强与其他法律的配套建设

从内容上看，社会组织基本法主要应包括三方面的基本内容：一是

公民自主设立社会组织的权利和相应的义务；二是社会组织的权利和内部治理准则；三是政府监管社会组织的原则、体制，以及社会自主管理社会组织的方式。

随着社会组织基本法的制定，相关的其他法律法规也要及时加以修订。同时，社会组织基本法的制定应当与事业单位改革、政府机构改革乃至政治改革的相关法律制度的建设结合起来，避免出现立法方面不相协调的现象。

（五）强调政府与社会的新型关系，注重运作中的风险控制

从社会组织基本法的运作机制看，除了传统的法律制度的刚性运作机制外，应更多地引入协商、契约、参与等现代治理的理念和机制。这就要求未来基本法的运作能够跳出固有的自下而上、自上而下或二者结合的思路，更多地采用横向联合的非强制性、非命令性的方式。新的理念和机制应主要具备两个特点：一是体现政府和社会组织之间的平等关系。政府不再简单地以纵向的、居高临下的姿态表现为社会组织的监管者，而应立足于"服务型政府"，努力建构与社会组织间的平等合作关系，通过协商、契约等方式，构建多元参与、协同治理的新型关系。二是将风险控制作为新法运作的主要关注点。政府不再过多纠缠于社会组织监管的微观事务，而应逐步将重心置于通过发展社会组织、解决社会问题具体过程中可能出现的政治与社会风险的管控上，改变以往的对立化甚至敌对化的管理思路，通过风险管理逐步探索对社会组织的行为监管、过程监管的新思路和新机制。

【提案结果】

这一提案提交后很快得以立案。这是继 2011 年提出"关于健全社会组织法律体系的建议案"后，第二次就社会组织基本法提出立法提

案。博文发表后点击量达数百条。民政部对这一提案答复表示：社会组织立法滞后问题比较突出，成为影响社会组织发展的重要障碍。将会积极配合国务院法制办、全国人大法工委等部门，推动社会组织立法工作，争取早日将社会组织立法列入全国人大立法规划，为社会组织建设提供法制保障。《深圳特区报》对此专题报道，中国社会组织网等诸多网络媒体进行了转载。

【编码】2014 –07

【案号】全国政协十二届二次会议第 4280 号提案

关于全面深化社会治理创新、激发社会活力的建议案

【提案缘起】

从社会管理创新到社会治理创新，是近年来中央和地方在深化社会领域改革创新实践中一个具有重大战略意义的政策升华。我带领团队全身心地投入到社会治理创新的实践调研和政策研究中，深感社会活力不足、参与不够、能力不强是最大的瓶颈。本提案基于调研所感，强调激发社会活力是全面深化社会治理创新的关键。

【提案正文】

中共十八届三中全会明确提出创新社会治理，激发社会活力，推进国家治理体系和治理能力现代化。在我国现阶段，激发社会活力的关键在于推进政社分开，重点在于激发社会组织的活力，让社会组织真正成为社会治理的主体。近年来，北京、上海、浙江、广东等地的各级党政部门积极探索社会治理创新，推动政府机构改革和职能转变，也通过各种方式探索社会组织管理体制改革和社区治理体制的改革，努力培育发展社会组织并尝试建立政府与社会组织的新型合作体制，积累了一定的经验。去年以来，民政部大力推进社会组织管理体制改革，并按照中央

的部署积极推动现代社会组织体制的建构，取得了初步的成效。

贯彻中共十八届三中全会精神并总结近年来各级党政部门在推进社会治理创新中的实践经验，我们认为：现阶段我国社会治理创新的关键在于进一步推进政府职能转变，加快并下大决心落实政社分开，努力实现向社会放权和释放更多的公共空间，同时积极扶植和支持社会组织开展能力建设，努力培育健康开放的社会组织良性生态，推动社会组织激发自身活力，广泛参与各个层面的社会治理创新实践活动。同时，应在政府引导、社会协同之下，营造健康、开放的社会组织良性生态，搭建广泛合作关系，激发社会组织系统的活力。

第一，落实政社分开，厘清政府职能，激发社会活力。

政社分开的实质是改革，指的是随着政府改革的推进和落实，厘清政府职能的边界，逐步向社会放权以激发社会活力，在改革中建构政府与社会合作共治的社会协同局面。"政社分开"是深化政府改革并推动社会体制改革的核心，也是全面推进社会治理创新的重要前提。只有实现政社分开，政府在社会领域的职能才能界定清楚，才能从无限政府转变为有限政府，政府统揽社会、包打天下的传统体制才能得到改革；而只有界定政府的职能并改革旧的社会体制，大社会的格局才有可能出现，各种形式的社会组织才会有发展和发挥作用的广阔空间。

需要强调的是，"政社分开"不是削弱政府的公共管理能力，不是政府退出社会，而是要在继续深化政府改革并推动社会体制改革的同时，解放思想，创新体制，厘清政府职能的边界，把政府该管的事情管得更好，把政府该提供的公共服务做得更加充实有效，同时，把那些政府管不了、管不好、管不到、不该管的事情坚决地剥离出来，通过培育发展、孵化支持、购买服务等多种机制，大力培育发展多种形式的社会组织，鼓励社会创新，推动社会组织积极参与到公共服务和社会管理等公共事务中来，在改革中建构政府与社会组织合作共治的社会协同局面。

要实现政社分开，有两个关键环节需要引起重视：其一，政府在剥离一部分公共事务的过程中，要将支持这些公共事务所需要的公共权力和相应的资源也同时转移给社会组织，要避免政府只转移职能和责任，不转移公共权力和资源，使得社会组织无力承担这些职能和相应责任，降低服务质量，导致更多的社会矛盾和问题的出现。其二，要积极培育社会组织的发展和能力建设，应在社会组织得到一定发展、有能力承担相应的职能及责任的条件下，逐步将一定的公共权力和资源转移给他们。培育支持社会组织的发展，是在推进政社分开过程中政府所应承担的重要职责之一。

第二，构建支持体系，开展能力建设，激发组织活力。

激发社会组织自身活力要以组织发展为目标，即以培育社会组织的能力、扩大社会组织的规模、充分发挥社会组织的积极作用、促进社会组织发展为主要目标，构建培育扶持社会组织的政策体系，引导社会力量支持社会组织的发展，督促社会组织提高自身能力建设。这一方面要求政府和社会力量积极鼓励和培育社会组织在社会领域的广泛参与，建立起一套有利于社会组织发展的支持体系；另一方面亦要求社会组织自身应开展能力建设，提升内部治理水平，改善服务质量。

这套支持体系首先是指国家关于社会组织培育发展、扶植推动、优惠补贴等各种支持性政策和制度的总和，包括社会组织的培育发展制度、优先参与购买服务等扶植推动制度、优惠税收制度等。这是国家行使公权力并动用公共资源培育社会力量、加强社会建设、推动社会组织健康发展的一种国家制度。在我国，政府改革和社会转型的巨大压力使得社会组织的发展远远满足不了需要，培育发展社会组织成为各级政府面临的紧迫任务，构建现代社会组织支持体制是社会治理创新的重要环节，唯此才能激发社会活力，开拓社会空间，充分发挥社会组织的正能量，从而推动和谐社会的建设。

这套支持体系还包括其他社会力量对社会组织的支持。除了国家公权力之外，其他社会力量也会与社会组织之间形成各种关系，例如公民的志愿服务、企业和大型基金会的捐助与资助、社会力量创办的社会组织培育孵化平台等。这些社会力量对社会组织的支持也需要纳入法治化的轨道之中，使得社会组织的支持体系能够规范而健康运作。因此，社会组织的社会支持体系还是一个完整的包含企业、社会组织、社会大众、传播媒介之间跨界合作的体系。在这种社会支持体系之下，可以为社会组织拓展出更多的社会资源，一方面与其他社会主体建立起长效合作机制；另一方面可以与企业合作开发新的产品和服务，亦可以利用各种媒介的宣传，建立起一个有效吸引社会大众的捐资平台，以实现社会组织的增量发展。

同样，社会组织自身亦应开展相应的能力建设。这可以包括四个方面：其一，社会组织需要通过开展培训、学习与交流，建立专业的人才队伍，以提高参与公共服务的专业服务能力。具体来说，社会组织要具有专业的知识技能优势、专业的人才队伍和专业的管理能力，不断提高服务社会民生、服务行业发展、服务政府与公众的专业素质和能力，以提供尽可能多的公共产品。其二，社会组织需要提高公开透明的自我约束能力，以提升社会信任和公信力，即社会组织应自觉遵守公共道德行为标准，以实现自我奉献、道德承诺及公共责任；应以其对公众负责、公开和诚实的社会形象取信于社会，取信于公众，取信于政府。为此，要加快建立完善社会组织的自律他律机制，通过健全规范的自律、他律标准和相对完善的内部治理结构，以制度约束的方式来保证社会组织的规范有序运行，不断提高社会组织的自身建设水平。其三，社会组织迫切需要提高对社会责任和民生诉求的社会支持能力。尤其是在培育公民意识、提高公民素质、培养公共秩序、倡导合作精神、增强社会信任、提升社会资本上，社会组织具有不可替代的优越性。当前，社会组织要发挥特有的社会性、公益性、服务性、志愿性等社会职能，为政府和公众提供公益慈善、环境保护、社区服务、社会救助等社会问题及民生诉求的社会支持，不断提高社会组织的社会信任与社会认同。这对于社会整体的价值、利益和制度整合，协调社会关系、规范社会行为、解决社会问题、化解社会矛盾、促进社会公正、应对社会风险、保持社会稳定等，具有不可估量的功能作用和社会影响力。其四，社会组织迫切需要提高社会治理创新能力。在以社会改革和社会建设为背景的形势下，社会组织必将成为我国社会治理创新的重要力量。因此，社会组织要依托国情党情社情，加快民间化进程，调整功能定位，增强独立性和自主性，立足社会，服务民生，不断提高社会组织的生存发展能力，努力探索一条具有中国特色社会组织的创新之路。

第三，营造良性生态，发展合作关系，激发系统活力。

在政府引导、社会协同之下，可以在各种不同类型的组织之间建立一种重叠强度低的组织生态位，这将增强组织之间合作的可能性，因而有利于促进组织的设立与发展，即在国家与社会之间、社会组织之间、社会组织与公众之间建立一种广泛的合作关系，构建健康、开放的社会组织生态系统。

首先，应强调国家与社会之间的共存与合作，应在现代国家与社会组织之间建立起合作体制。现代国家与社会组织的合作基础在于政府与社会组织都是具有公共性的组织，能够共享公共性价值，因而在很多涉及公共性话题的领域中可相互协作，共同行动。这种合作体制主要是社会组织反哺公权力和社会力量的一种国家制度，强调的是行政公共性乃至政治公共性对社会公共性的包容、共存、共生与共荣。具体来说：一是，政府与社会组织在公共服务供求上的合作体制，主要是基于政府向社会组织购买服务等各种外包项目，形成政府与社会组织之间围绕公共服务供给所建构的合作伙伴关系及相应的制度形式；二是，政府与社会组织在政策制定及执行上的合作体制，主要是在各级政府推进政策民主化、专业化、规范化和合理化进程中，社会组织利用其广泛的民意基础和深厚的专业基础，发挥政策倡导功能，积极影响政策的制定和执行，并与各级政府之间建构起制度化的各种恳谈会、座谈会、委员会等政策咨询机制；三是，公共部门与社会组织在相关政治话题上的协商互动、联合行动等合作体制，在现阶段主要是通过社会组织负责人加入各级政协、人大及党代会，积极建言献策、协商议政，也包括一些社会组织通过申请联合国谘商地位，在国际治理体系中与政府进行协调配合并采取合作行动等。

其次，社会组织之间应针对共同的社会问题，搭建共治的合作平台，即可以在同一服务领域的社会组织之间建立一种跨地区的合作平台，以进行资源共享、信息传递、合作互动、交流展示。这一方面有利于社会组织之间形成合力，提升服务质量；另一方面可以避免社会组织之间重复提供相同服务，造成资源的反复使用与浪费。

再次，社会组织与公众之间应建立公共参与的合作机制。社会组织是公民自由结社的产物，是基于非营利原则运行管理并致力于一定社会事务的具有较强公共性的社会力量，也是较多吸纳来自社会的公益资源或共益资源的社会共同体。尽管各种形式的社会组织彼此之间有很大不同，但一般而言，社会组织作为一种自愿结合的社会力量，可以通过会员制、志愿者制度等形式形成广泛和开放的公众参与机制，以实现公众规范有序的社会参与，切实保障利益表达和民生诉求平台的畅通无碍，增加社会成员对中国改革目标的认同与支持，并通过信息公开、财务透明等接受来自社会公众和媒体的广泛的社会监督。

最后，社会组织与其他主体之间建立一种网络化合作模式。网络化合作模式是在协同基础上形成的更高程度的多元化合作体系，通常由多个具有自治能力的组织按一定宗旨及程序构建起来，其主体包括社会组织、政府和企业等，它们以特定的契约关系结合起来，利用各自的资源优势相互协作，以实现共同追求的公共价值。社会组织的网络化合作模式强调的是社会组织作为网络化合作的参与方之一，在与政府、企业等其他相关组织的深度合作中创造社会组织特色的网络化组织（群），这种组织（群）以项目为导向，以契约为联结基础，以跨部门协商、共同参与和共同行动为基本行为模式，努力实现公共利益、协调互动和互利互惠。

【提案结果】

提案提交后很快得以立案，一些媒体对提案进行报道、评论和专访。3月5日和6日，《中国社会报》、《中国社会组织》的记者在专访后，发表《全国政协委员、清华大学NGO研究所所长王名：把"组织""服务""治理"还给社会》、《把"组织""服务""治理"还给社会》两篇文章给以报道，阐述了这一提案的基本观点和政策主张。《光明日报》记者在专访后，发表《2014年：社会治理如何创新》的文章报道提案的内容。

【编码】2014 -08

【案号】全国政协十二届二次会议第 X559 号文

统筹社会体制三大改革，推动事业单位和人民团体深化改革

【提案缘起】

近年来我持续关注和积极参与社会领域的深化改革实践，形成了对社会体制改革的总体认知，并在各种场合大声呼吁推动社会体制三大改革。这一观点得到了广泛的认同和支持。这一提案集中表达了我对社会体制改革的基本判断和加强顶层设计、全面统筹推进的政策建议。

【提案正文】

十八大以来中央明确提出，加快推进社会体制改革。在社会体制改革这一整体战略中，包含三个相互关联的重要方面：一是改革现行的社会组织管理制度，加快形成"政社分开、职责明确、依法自治"的现代社会组织体制，把"组织"还给社会；二是改变社会服务由政府垄断性供给的格局，改革现行事业单位体制，建构主体多元、机制灵活、覆盖广泛、开放竞争的现代社会服务体制，把"服务"还给社会；三是改变用政治动员手段、阶级斗争方法、无产阶级专政工具解决各种社会治理问题的统治理念及做法，改革现行的人民团体体制，逐步建立基于法治、人民本位、社会主体、协调利益、化解矛盾的现代社会治理体

制，把"治理"还给社会。社会体制改革的这三个方面，可以分别简称为社会组织体制改革、社会服务体制改革和社会治理体制改革，改革的目标，应当是不断激发社会组织的活力，使社会组织真正成为提供社会服务的主体和参与社会治理的主体。

社会体制改革的上述三大方面是密切联系、相互衔接、彼此制约的，必须有顶层设计、统筹协调和整体推进。当前，改革社会组织管理制度并加快形成现代社会组织体制的行动已经全面铺开，事业单位和人民团体的改革尚未展开，使得我们在社会服务体制和社会治理体制方面相对滞后。十八届三中全会明确提出全面深化改革的总目标是国家治理体系和治理能力现代化，将社会治理体制建设提到了议事日程上来。为此我们建议：加强统筹协调和整体推进，尽快启动事业单位和人民团体的改革，全面深化社会体制改革。具体建议如下：

第一，建立统筹全局的社会改革领导新体制，加强顶层设计，为社会建设释放更大的体制空间。

社会体制改革不仅是社会组织管理体制的改革，也包括以事业单位为核心的社会服务体制改革和以人民团体为核心的社会治理体制改革，社会体制改革的这三个方面是密切联系、相互制约的，必须要有顶层设计、统筹协调和整体推进。如果只有第一个方面的改革，没有社会服务体制和社会治理体制的改革，即使社会组织能够成长起来，在社会服务和社会治理上也发挥不了多大作用，无法真正成为社会建设的主体。因此，社会体制改革作为一个整体，需要站在全面深化改革的全局进行顶层设计、全面统筹和整体推进。由任何一个部门比如民政部或者发改委，来担当社会体制改革的整体推进，不仅势单力薄，难以做到统筹协调，而且也受制于部门的眼界、职责和利益的局限，很难形成统揽全局的顶层战略。因此，建议在新成立的中央全面深化改革领导小组统一领导下，组成社会体制改革委员会，请中编办、国家发改委、民政部、人社部、教育部、国家卫计委等相关部门都参加进来，按照全面深化改革的总体部署和战略思路，尽快启动社会体制改革总体方案的顶层设计并全面统筹，统一协调。只有这样，才能确保社会体制改革全面推进，为社会建设释放更大的体制空间。

第二，转变政府职能，加快政事分开，改变社会服务由政府垄断性供给的格局，为推进事业单位改革扫清道路。

我国事业单位改革并非始自今日，也形成了若干不同的方案。多年来进展缓慢的一个主要原因是政府职能转变不到位，政事不能分开，没有从根本上改变社会服务由政府垄断性供给的格局。在全面深化改革的形势下，政府职能正在转变，政府向社会力量购买服务已蔚然成风，事业单位作为政府提供社会服务的主渠道其存在的体制基础已经动摇；随着社会组织的蓬勃发展，多元主体的社会服务供给格局也基本形成。全面推进事业单位改革的条件正在逐渐成熟起来。

事业单位改革的目标，是改变社会服务由政府垄断性供给的格局，开放社会服务的资源、空间和体系，将庞大的各类事业单位通过改革分类转型，除少量事业单位转为行政机构外，一部分适合市场运营的事业单位改制为企业，绝大部分事业单位应通过改革转型进入现代社会组织体制，逐步建构起主体多元、机制灵活、覆盖广泛、开放竞争的现代社会服务体制，把"服务"还给社会。我国的事业单位体制本身就建立在全能国家和计划经济基础上，科教文卫体等一切社会服务，在传统体制下都属于政府职能的范畴，由财政统一划拨预算，用国有资产建立事业单位，通过自上而下的计划体制和干部人事制度进行资源配置和统一管理，由政府垄断性地供给社会服务并进行计划分配。改革开放以后，随着市场经济的发展和社会转型，社会服务供给由政府一统天下的格局被打破，一部分社会服务进入了市场，出现了大量在工商部门登记的营利性的社会服务中介机构，也产生了一大批登记为民办非企业单位的非营利社会服务机构，庞大的事业单位体制也在不断探索分类改革的实践中发生分化。但时至今日，在教科文卫体等社会服务的各个主要领域里，政府垄断性供给社会服务的格局仍然没能从根本上改变。究其原因，还在于政府职能转变不到位，政事不能分开。因此，要推进事业单位改革，首先需要加快政府自身的改革，进一步转变政府职能，加快主管部门与事业单位之间脱钩的"政事分开"；其次要大力培育发展各类社会组织，向社会组织开放社会服务的资源、空间和体系，充分发挥市场在资源配置中的决定性作用，更好地发挥社会力量在提供社会服务中的主体作用，运用购买服务等市场机制推进各种社会力量公平参与社会服务的供给；最后要明确并重新定位政府在社会服务供给领域的职能，尽快从社会服务的垄断者和直接供给者，转变为规则制定者、监督者、仲裁者和委托者，从根本上改变社会服务由政府垄断性供给的格局，为全面推进事业单位改革扫清道路。

第三，转变统治理念，落实群众路线，推动人民团体参与社会治理创新并发挥其枢纽型社会组织的作用，为人民团体改革摸索经验。

工青妇等人民团体又称群众组织，是从战争年代就开始形成的社会动员和社会治理体制，是在中国共产党的领导下发动群众、组织群众、联系群众的桥梁和纽带。长期以来，人民团体建立了遍及全国城乡的庞大的组织网络和体系，在贯彻党的群众路线、联系各主要阶层的人民群众、开展全面的社会动员和社会治理中发挥了主渠道的作用。改革开放以来，随着市场经济的发展和社会转型，我国社会阶层结构发生了巨大的变化，社会关系和社会矛盾的格局发生了前所未有的改变，对人民团体既有的体制和格局提出了重大挑战。近年来，中央和地方各级各类人民团体适应新的复杂形势和社会需要，积极参与社会治理创新的实践，形成了许多改革转型的成功案例和经验。

人民团体改革的目标，从根本上说是要逐步改变用政治动员手段、阶级斗争方法、无产阶级专政工具解决各种社会治理问题的统治理念及做法，改革现行的人民团体体制，逐步建立基于法治、人民本位、社会主体、协调利益、化解矛盾的现代社会治理体制，把"治理"还给社会。为此首先要转变统治理念，变"统治"、"专政"为"治理"，真正落实群众路线，使人民团体成为人民群众表达诉求、协调关系、化解矛盾的群众组织；其次要大力推动各级各类人民团体积极参与社会治理创新实践，面对社会问题，不断改革创新，在社会治理的实践中找准定位，发挥枢纽型社会组织的作用，不断探索自身的改革转型。

【提案结果】

提案发布后，被网络媒体和平面媒体多次报道。《学会》杂志全文刊登了这一提案。会议期间媒体对我的多次采访都提及这一提案的主要观点。我提出的三大改革中，尽管事业单位改革和人民团体改革难度很大，但后来陆续启动，表明这是整个社会改革中不可缺少的重要内容。

【编码】2014 - 09

【案号】全国政协十二届二次会议第 4981 号提案

关于深化与港台地区合作，探索设立"社会治理特区"的建议案

【提案缘起】

中共十八届三中全会提出推进国家治理体系和能力的现代化，这一目标中包含了社会治理现代化的内容。本提案基于我们多年的研究，总结了近期围绕同一主题在广东、福建等地开展的实证调研，提出加深与台湾、香港地区合作，探索设立"社会治理特区"的政策建议。

【提案正文】

中共十八届三中全会首次提出，推进国家治理体系和治理能力现代化，并将其作为全面深化改革的总目标。国家和社会的治理现代化包括两个大的方面，一是国家治理的现代化，二是社会治理的现代化。两者既相区别，又相辅相成。从全面深化改革的意义上来说，国家治理体系的改革是社会治理得以有效推进的必要前提，只有全面深化作为公共治理主体的政府改革及其职能转变，才能逐步展开并深化社会领域的诸多改革。但同时更要看到，社会体制的改革及社会治理现代化，比之国家治理体系将更加广泛、复杂和艰难，需要更加渐进乃至反复的过程，加之经济体制改革在总体上已经成功，其揭开和积累的大量社会问题，使

得这一过程具有更为强烈的现实性和紧迫性，在一定意义上可以说，社会改革及社会治理的现代化，乃是继经济改革之后中国改革走向全面深化的第二个主战场。

社会改革和社会治理现代化，为深化大陆和港台的合作提供了新的可能性。近年来，大陆和港台地区的经济合作在全球化和区域经济一体化的形势下不断深化，经济合作的规模、领域、形式等空前发展，在制度和机制建设上也取得了可喜的进展。在社会领域和政治领域，尽管大陆和港台地区交流不断加深，但囿于政治制度的巨大差异，在深度合作上难以取得实质性进展。香港的社会治理在 20 世纪 70 年代以来取得很大进展并得到国际社会的普遍认可和高度赞扬。台湾自"解严"以来，在政治民主化不断发展的同时，社会治理现代化进展迅速，各种形式的社会组织蓬勃发展，基层自治体系不断完善，社会企业等社会创新空前活跃，政府和社会组织的各种合作机制也日渐完善起来。香港和台湾社会治理现代化的经验教训，对于我们来说极具参考借鉴意义。

参照改革开放初期我们在沿海开放地区建设"经济特区"的做法，我们就大陆和港台地区在社会治理方面的深度合作提出如下设想：探索建立"社会治理特区"，在大陆和港台地区经济合作取得初步成功的基础上，划出一定区域，全面重构社会治理系统，在建立大陆和港台地区合作新体制的基础上借鉴香港和台湾社会治理现代化的成功经验和模式，全面深化我国社会领域的改革，在"一国两制"框架下走出一条中国特色社会治理现代化的发展道路，为新一轮改革找到另外一个伟大的"支点"，探索两岸深度合作的全新路子。具体建议如下：

第一，改革行政体制，构建单一职能的独立行政体。

社会体制的改革与社会治理现代化要求全面深化政府系统和行政体系的改革，也要适当推进政治体制改革。为探索以特区形式推进大陆和港台地区社会治理合作，需要在坚持中国特色社会主义道路前提下，改革既有行政权属及其运作方式，改革社会管理和公共服务的体制和模式，并适当推进政治体制改革，在特区内探索统治权、行政权和治理权的适当分开。这种改革需要充分的想象力：在坚持党和国家对特区领导的前提下，在特区内实行特殊的行政体制，探索特区政府行政职能单一化，以社会管理为核心重构特区政府。尝试建立以社会管理为核心职能甚至唯一职能的全新意义上的"小政府"，将特区政府的其他职能，如财政税收、经济调节、市场监管、公共安全等职能上收至中央政府。特区政府全权负责特区内的社会管理事务，实行财政完全意义上的转移支付，特区财政只支不收，财政预算和决算经中央政府报全国人大审批。严格控制特区政府的财政规模，切实落实"小政府"。

以社会管理为核心职能的特区政府，将成为一个完全不同于其他地方政府的新型行政体。作为特区，该行政体不隶属于其他地方政府，也不直接隶属中央政府，而作为向全国人大负责的独立行政体。以此为平台，可大胆设想大陆和港台地区合作的新体制，并积极探索大陆和港台地区共同推进社会治理现代化的合作创新机制。

第二，探索大陆和港台地区合作新体制，创新社会管理和公共服务运作机制。

所谓大陆和港台地区合作新体制，指的是将构想中的作为独立行政体的特区，作为大陆和港台地区合作的全新平台，邀请香港当局和台湾当局组团前来特区，与特区当地政府一起协商共治，在法治框架下接受全国人大的委托，共同组建特区的独立行政体。

在有限财力基础上，特区政府应大胆创新社会管理和公共服务的运作方式，大力精简公共组织，深化社会体制改革，探索公共服务的委托、授权、外包、招投标等市场化的购买服务方式，大力发展社会力量，在实践中重建政府和社会的合作伙伴关系。

第三，借鉴香港和台湾的社会治理模式，全面推进社会治理创新。

构想中的特区将积极借鉴香港和台湾的社会治理模式，邀请香港和台湾的各类社会组织参与特区治理体系的总体设计、规划及具体实施。在引进和借鉴的基础上，逐渐形成具有中国特色的特区基层社区治理、行业治理、职业治理、族群治理、宗教治理及公益慈善等社会治理体系。大力发展各类社会组织，开放社会组织的登记注册，鼓励各类国际NGO、大陆和港澳台地区各类社会组织落地特区，积极参与特区的社会治理创新实践。

改革特区现行体制中不利于社会创新的方面，全面重构基层自治制度，改革特区内的事业单位和人民团体，转为社会组织进行统一登记监管，全面推进包括社会企业、公益创投、微公益等社会创新实践活动。

"社会治理特区"的构想是在"一国两制"框架下探索大陆和港台地区在社会治理现代化方面的深度合作。目前这一构想尚停留在虚构阶段，无论其名称、定位、条件，还是内容、战略及实际推进的可能性等诸多方面，都很粗糙甚至经不起推敲。但我们衷心希望这一构想能够引起各方面的关注和重视，特别是引起大陆和港台地区有识之士的关心和参与，共同完善这一构想，从而推动大陆和港台地区的合作从经济领域扩展到社会领域，为大陆和港台地区的社会发展，进而为中华民族的社会治理现代化贡献力量。

【提案结果】

提案发布后，网友广为阅读、评论与转载，一些评论对比借鉴深圳特区及美国华盛顿特区等的经验开展讨论，颇具启发。提案的内容也被一些媒体转载。《中国社会报》5月安排了专访。随着社会治理创新的实践推进，社会治理特区的政策实验思路引起了许多地方党政部门的关注和重视。2015年8月，民政部确认40个全国社区治理和服务创新实验区，涉及全国25个省份和地区，开启了社区治理创新的实验探索。

【编码】2014－10

【案号】全国政协十二届二次会议第 2387 号提案

关于加快完善社会组织专业人才职业系列的建议案

【提案缘起】

随着我国社会组织的蓬勃发展，人才不足的问题越来越成为制约因素，相关部门开始从政策上重视这一问题并陆续出台若干重要措施。这一提案基于我们的实证调研和对此问题的讨论思考，提出专业人才职业系列建设的命题，希望从制度上和政策上加大力度推进这一建设。

【提案正文】

《国家中长期人才发展规划纲要》明确要求将社会组织的人才开发纳入各级政府的人才发展规划。专业人才队伍建设是社会组织能力建设的重要方面，也是激发社会组织活力的重要保障。加快建设一支数量充足、素质优良、结构合理的社会组织专业人才队伍，不仅对于社会组织自身的发展，对于整个社会建设、社会治理乃至全面深化改革，都具有十分重要的战略意义。结合当前我国社会组织专业人才队伍的问题与特点，根据相关政策，本提案建议加快完善社会组织专业人才职业系列，以提升社会组织的专业化服务能力，更好地发挥社会组织在社会治理和社会建设中的作用。

随着社会组织的蓬勃发展，对专业人才的需求日益多样化，社会组织内部的人才队伍也开始专业分化，形成许多新的职业门类。因此需要将职业序列的完善与社会组织对专业人才的需求和发展结合起来，逐步增添新的职业门类，推动社会组织人才队伍的专业化和职业化进程。从2006年9月起，我国对社会组织和其他社会服务机构中从事专门性社会服务的专业技术人员实行职业水平评价制度，纳入全国专业技术人员职业资格证书制度统一规划。2008年，社会工作师、助理社会工作师被正式纳入国家职业序列，为社会组织从业人员获取职业资格、提升职业素质提供了新渠道，加快了社会组织人才队伍的专业化和职业化建设。目前，我国已初步建立起以社会工作人才队伍职业资格认定为主的社会组织人才评价制度。

尽管如此，相对于社会组织的发展及其对专业人才的需求来说，我国社会组织专业人才职业化建设不仅远远滞后，还存在许多突出问题：一是职业认定体系单薄且职称结构不合理，使得社会组织中大批专业人员尚未纳入职业和职称系列。除社会工作者职业认定体系之外，我国目前还未建立其他面向社会组织专业人才的职业认定体系和相应的职称系列，特别是缺乏社会组织自身的职称系列，使得大批在社会组织从事专业工作的人员无法进入相对应的职业系列和专业技术职务评价体系；二是社会组织专业人才职称评审渠道不畅，社会组织的专业技术人员必须到其他领域参与职称评审，受单位性质、户籍、档案、身份等限制，程序烦琐，渠道不畅，限制了社会组织高端人才的成长；三是因无相应的职业和职称系列，社会组织的人事制度不规范，员工待遇不公平，薪酬福利不合理，且在户籍、档案管理等方面均受影响，限制了社会组织专业人才队伍的发展；四是社会组织人才流动受限，渠道不畅，缺乏发展平台和上升空间。

针对上述问题，提出加快完善社会组织专业人才职业系列的政策建议如下：

第一，健全社会组织人才职业系列。

进一步完善社会工作者的职业资格考试和认定工作，加快制定社会工作员和高级社会工作师职业水平评价办法和评价制度，开展社会工作员和高级社会工作师的职业资格考试和认定工作，从而形成初、中、高级相衔接的社会工作专业人才职业水平评价体系；加快开展会员管理师、劝募师的职业资格考试与认定工作，进一步明确会员管理师、劝募师的考试内容、考试方法、培养体系、资格认定方式等内容；在科学论证和实践检验基础上，争取把社会组织管理师、项目管理师等逐步纳入国家职业大典，并不断开发新的职业序列。

第二，建立社会组织专业人员职称序列。

社会组织专业人员职称序列不仅是对社会组织专业技术人员能力的承认，也是反映其专业技术或学术水平的等级。为此，打通职业资格认证和专业技术职务管理制度，将取得职业水平证书的专业人才纳入专业技术人员管理范围。鼓励用人单位根据工作需要聘用持有职业水平证书的专业人才。并且，要畅通社会组织职称评定通道，使国有企业、非公企业、社会组织、事业单位人员，在同一条件下评定职称，互相认可。

第三，完善社会组织人才评价机制。

制定社会组织人才评价工作的相关法规及相应的实施细则，制定相应的评价标准，以确保评价工作的规范化和健康有序发展；建立高素质的社会组织人才评价队伍，通过有关院校和科研机构来加强对社会组织专门人才的培养，要开展学术交流、经验交流、业务培训等活动，积极创造条件提高评价水平；加强评价手段建设。根据社会经济发展对社会组织人才评价工作的要求，积极持续地开展人才评价基础理论、方法等方面的研究工作，建设评价信息系统和专家库，充分利用并不断创新科学的评估工具和方法。

第四，完善社会组织人才制度保障。

从坚持"以人为本"的角度，推动社会组织人才职业建设相关立法，逐步建立健全法律法规、部门规章和政策性文件相配套的社会组织人事政策法律体系，保障和维护社会组织人才的各项合法权益；建立和完善社会组织工作人才的户籍管理、社会保险、绩效评价、劳动合同等方面的政策制度和与职业序列相互配套的具体措施，夯实制度基础；督促社会组织采用现代企业管理制度建立员工工资协商制度、员工代表大会制度等员工利益维护保障机制，保障社会组织人才队伍稳定。

【提案结果】

提案发布后，网友点击量达 511 次，引起了较为广泛的关注与支持。9 月，人力资源和社会保障部对这一提案分别就关于健全社会组织人才职业系列、职称序列问题和关于完善社会组织人才评价机制及制度保障问题作出了答复。2014 年 11 月 24 日，国务院印发的《关于促进慈善事业健康发展的指导意见》中明确提出"加强慈善从业人员劳动权益保护和职业教育培训，逐步建立健全以慈善从业人员职称评定、信用记录、社会保险等为主要内容的人力资源管理体系，合理确定慈善行业工作人员工资待遇水平"。

【编码】2014 – 11

【案号】全国政协十二届二次会议第 1993 号提案

关于建立健全社会组织人才培养体系的建议案

【提案缘起】

这一提案着眼于社会组织的专业人才不足问题，呼吁建立健全社会组织人才培养体系，动员各方面力量，加快培养多层次的、面对需求的社会组织应用人才。

【提案正文】

加强人才建设是贯彻落实科学发展观、更好实施人才强国战略的重大举措，社会组织人才是我国人才队伍的重要组成部分。《国家中长期人才发展规划纲要》提出"实施鼓励非公有制经济组织、新社会组织人才发展政策"，提出"把非公有制经济组织、新社会组织人才开发纳入各级政府人才发展规划。制定加强非公有制经济组织、新社会组织人才队伍建设意见"。本提案根据现阶段我国社会组织人才培养的现状和存在的主要问题，基于《人才规划纲要》的核心思想及要点，就建立健全社会组织人才培养体系提出若干政策建议。

经过改革开放三十多年特别是最近十余年的发展，我国社会组织已逐渐走出了起步阶段，开始进入一个相对成熟和稳步发展的新阶段。社会组织服务民生、表达民意、维护民权、倡导民主等功能开始逐渐具备，社会组织在改革中创新、在创新中发展的组织和制度优势逐步彰显出来，一个以各类社会组织为主体的社会管理创新与社会建设新局面正在形成。然而，我国社会组织的发展仍然面临各种制约因素，其中，缺乏健全、合理、可持续的社会组织人才培养体系是核心症结。当前，我国社会组织人才培养体系发展存在很多突出问题，集中表现在三个方面：一是社会组织专业的学历教育培养体系尚未形成。学历教育是专业人才培养的传统模式，具有长效性、影响面大等特点，目前，国家学历教育高职、本科及以上专业目录里尚没有"社会组织"相关专业，仅有几所院校在"公共事务管理"专业下设立了"社会组织管理"方向，开展社会组织方面的人才培养探索，面向高职、本科、硕士及博士等其他学历的多层次人才培养体系远未形成。二是社会组织从业人员的职业培训体系不健全。目前，以民政部和人社部为主体的政府部门、以高校及研究机构为主体的教育部门、以支持型机构为主体的社会组织均不同程度地参与社会组织的人才培养与培训，初步形成了社会组织在职培训体系，但仍存在很多急需解决的问题，各培训主体在培训内容、培训时间、培训方式等方面缺乏协调、对接机制，也没有建立起对培训效果的追踪检测与评估体系，造成普遍的重复培训或无效培训，极大地浪费了社会组织人才培养、培训的各种资源。三是社会组织人才的学历教育培养与在职培训间的通道尚未建立。学历教育以理论体系学习见长，在职培训以实践锻炼见长，学历教育需要在实践中验证与提高，在职培训离不开体系化的理论学习，二者互为支持、互为补充。当前，社会组织人才的学历教育体系缺失，在职培训体系建设不规范，二者间还没有形成相互支持、相互补充的社会组织人才培养体系。

鉴于上述，为建立健全社会组织人才培养体系，提出如下政策建议：

（一）落实社会组织人才培养中长期规划

按照《国家中长期人才发展规划纲要》要求，在改革社会组织管理制度的大背景下，以"人才规划"为契机，着力体制、机制和政策创新，培养造就规模适当、结构优化、布局合理、素质优良的社会组织人才队伍，把社会组织人才纳入各地人才培养的统一规划，纳入国家专业技术人才知识更新工程和国家高技能人才振兴计划，制定《国家社会组织人才发展规划》，力争在未来十年内，形成一个辐射宽广的社会组织人才网络，为更好地发挥社会组织在促进社会管理创新中的积极作用提供人才保证和智力支持。

（二）设立"社会组织"相关专业，完善学历教育培养体系

社会组织人才培养是个系统工程，可依托多元途径实现。学历教育是传统的人才培养模式，具有周期长、传授知识系统等特点。通过修订与完善国务院学位委员会、教育部制定的《学位授予和人才培养学科目录》，在我国高等学校本科教育专业设置中的"管理学"门类一级学科"公共管理"下设立二级专业目录"社会组织管理"，逐步建立社会组织专业的高职、本科、硕士、博士等不同层次的人才培养体系。完善以能力培养为本位，以专业教学为基础，以工作过程为主导的"岗一课一证"相融通的项目化课程体系。

（三）规范和完善社会组织在职人员培训体系

除了高校学历教育以外，职业培训是社会组织专业人才培养不可或缺的有机组成部分，具有周期短、频率高等特点。不同于高校教育，以机构为主体的职业培训更侧重实践性，可以满足社会上从事社会组织相关工作人员的需求。建议逐步规范和完善培训课程开发管理、培训认

证、培训绩效管理等制度建设，避免重复培训以及无效培训。同时，志愿实践是社会组织专门人才培养的有益补充，热衷于公益事业的人员可通过志愿者培训、志愿实践与体验实现公益理想。应进一步探索志愿者管理、开发志愿基地建设，使志愿基地成为社会组织专门人才培养的摇篮。

（四）健全社会组织职业资格认证体系，推进持证上岗和职称评定等工作

目前，与政府机关、企事业单位相比，社会组织行业准入门槛偏低、身份认同意识淡薄，科学规范的社会组织资格认证机制缺失，极大地影响了社会组织人才的职业发展前景与职业吸引力。建议进一步规范与明确社会组织专职人员岗位设置、建立社会组织职业制度、健全社会组织人才继续教育制度，实现专业人才培养与职业资格的衔接。在2013年《职业大典》新增社会组织方面的"劝募师"、"会员管理师"职业基础上，进一步补充和完善社会组织方面的职业资格认证体系。应尽快协调相关部门，推动社会组织人才职称评定工作，增强社会组织从业人员对职业的认同感，在工资待遇或社会福利方面对持证上岗人员给予倾斜。在一些具备条件的社会组织先行开展社会组织职称评定试点，逐步摸索取得经验，为将来在全国社会组织中推行职称评定工作奠定基础。

【提案结果】

这一提案很快得以立案，博文发表后得到了网友的关注与支持，访问量达514次。2014年9月，民政部对提案从落实社会组织人才培养中长期规划、完善学历教育培养体系、规范和完善社会组织在职人员培训体系、健全社会组织职业资格认证体系等方面给以答复。2014年11月

24 日，国务院印发的《关于促进慈善事业健康发展的指导意见》中明确提出"完善慈善人才培养政策，加快培养慈善事业发展急需的理论研究、高级管理、项目实施、专业服务和宣传推广等人才"。全国多地针对社会组织专业人才培养进行了积极的尝试与探索。

【编码】2014－12

【案号】全国政协十二届二次会议第4931号提案

关于构造和大力发展"三位一体"农村合作协会的建议案

【提案缘起】

此提案的动议和基础来自陈林博士多年实践推动和深入的政策研究，他在清华我的指导下从事博士后研究期间就开始关注这一问题，后来赴温州挂职副县长，在实践中力推农村合作协会，形成关于这一战略的整体思路并不断完善。我在调研基础上与他多次深入讨论，形成这一提案并修改完成。

【提案正文】

中共十八届三中全会提出鼓励农村发展合作经济，中央农村工作会议进一步指出：加快构建以农户家庭经营为基础、合作与联合为纽带、社会化服务为支撑的立体式复合型现代农业经营体系。本提案在总结浙江瑞安多年来探索农民专业合作、供销合作、信用合作"三位一体"的实践经验基础上，响应中央农村工作会议的号召，提出：大力推进农村合作与联合，积极构造"三位一体"的枢纽型社会组织——"农村合作协会"，从而调动亿万农民的积极性，真正发挥农民在新农村建设中的主体作用，促进城乡统筹发展。

我们认为："三位一体"的构想是借鉴和超越北美模式与东亚模式，结合中国实际经验，植根中国本土的新型合作化道路。"三位一体"首先是指农民专业合作、供销合作、信用合作三类合作组织的三位一体，又指金融、流通、科技三重合作功能的三位一体，还可引申为三级合作体系的三位一体，乃至经济合作组织、群众自治团体与行政辅助机构的三位一体。

为此提出如下五个方面的建议：

第一，明确特殊社团地位，实行统一登记。

农村合作协会作为社会团体，应当在现行《社会团体登记管理条例》的框架下，作为特殊类别的社会团体出台一个专门法规，按照社会团体的法律框架、合作组织的基本原理以及中国国情，将其构造成一种特殊的社会团体法人，并实行统一登记制度。这种特殊社团法人要比一般的社会团体更紧密，又比合作社稍松散，而且要利于开展经济合作活动，以此促进农民专业合作、供销合作、信用合作的发展、规范与改革。

对于该特殊社团的名称，之所以要统一登记为"农村合作协会"，而非"合作社协会"、"合作组织联合会"，一为区别于以往诸多不规范，甚至是假的合作社；二为保障基层农民直接进入通道，从而获得广大农民会员的授权，为整合供销社、信用社提供法理基础；其三，信用联社很多已经改制成为"农村合作银行"，与之相应，"农村合作协会"也较易为金融部门接受；更为重要的是，相较于"农业合作协会"、"农民合作协会"等名称，"农村合作协会"更能体现出着眼于农村整个系统联动的内涵。

第二，建立双重会籍制度，进行分级管理。

所谓双重会籍制度是指当合作社加入合作协会时，合作社的内部成员也同时加入合作协会。如果只是合作社加入合作协会，那么合作协会仅仅是一个合作社的行业协会。一般的行业协会好比"独联体"或"联邦"，但农村合作协会与合作社之间需要建立一种类似"联邦"的紧密关系，这在法理上需要双重会籍制度作为支持。双重会籍制度的作用在于既尊重现有利益格局，又建立农协直接联系农民的通道，不断巩固和扩大农协的群众基础，反过来促进农民专业合作社的规范化建设以及供销社、信用社和其他涉农部门的深化改革。

县域内农民专业合作社、村经济合作社、资金互助社进入农协，成为其基本会员。供销联社、信用联社（合作银行）及其他农民专业合作社联合社（专业协会）或区域性联合社作为核心会员。一般农户可作为联系会员。对不同级别的会员进行分级管理，不同级别的会员也享有不同的权利。

第三，建构三社联动机制，推行普惠服务。

"三位一体"的新型合作组织要建构多层次、全覆盖的三社联动机制，确保农民的主体地位和普惠性质，避免改革沦为少数富人的金钱游戏。

农协既是合作社的自律组织，又可按照法律授权和政府委托开展工作。应明确政府通过农村合作协会对于农民专业合作社给予指导、扶持和服务。鼓励专业合作纵向延伸，按照产品或服务类别成立挂靠农协、覆盖全市的各种专业委员会，以较低成本实现较大范围内的组织化；鼓励社区合作重心下移，汲取乡土资源，发展综合服务；鼓励为基层合作嫁接金融、流通、科技等功能，并在乡镇层级大力培育中心合作社，增强其辐射和带动作用。

依托农村合作协会，促进和深化供销社、信用社改革。供销社、信用社原有社员进入合作协会，成为联系会员，相应的权益由农村合作协会或其供销部、信用部进行托管、维护。供销社、信用社本身仍可维持其原有法人地位，资产、人事、业务不受直接影响。

信用联社（合作银行）转而依托农村合作协会、合作社开展信用评级、小组联保等业务，拓展营销网络，增强社区服务，既控制银行风险又放大农村信用。对于原有社员股金已被清退的供销社，更要推动其开放重组融入农协，发挥骨干作用，从根本上保障供销社的回归三农与回归合作制。

第四，开展县级试点推广，尝试区域联合。

挑选不同情况的县进行农村合作协会试点，在县级农村合作协会发展取得一定规模和经验后，以县农村合作协会为基本会员，成立区域性的农村合作协会联合会。

试点要重点解决以下突出问题：县级涉农部门资源如何整合进农村合作协会结构；农协内部的基层区域性组织和专业性组织的类别和相互关系设定，专业合作和社区合作如何互相促进；金融合作、流通合作、科技合作乃至生产合作的衔接和内部利益联结机制设计；农协利润分配方案；农协经营的风险控制等。

在区域性农村合作协会结构里，可以重点就各农村合作协会间的合作方式和内容（如以依托块块发展和强调纵向协调的合作金融作为农村合作协会间合作的关键内容）、各农村合作协会进入城市市场等方面进行试验。

另一方面，还需要制定相关财政扶持政策，必要时启动有关地方立法，以确保县级农村合作协会和区域农村合作协会联合会的试验。这样，从县级试点——区域联合——全国推广，逐步扩大综合性合作体系的覆盖范围，做到改革的稳步和有效。

第五，突破条块分隔体制，做实三位一体。

以农村合作三位一体建设为契机，进一步推动农村综合改革，打破条块分割，进一步沟通、协调、整合现有涉农体制和资源，促进县乡机构改革和政府职能转变特别是涉农部门的职能转变，实现农村行政体系与农村合作体系的相互补充，统筹城乡发展。

在农村金融方面，要求把合作金融、资金互助纳入农协体系。借鉴美国"社区再投资"的方法，探索各种涉农保险的整合，如农业保险、农村合作医疗、失地农民保障、农村养老保险以及新近推出的政策性农村住房保险等。

在农村流通方面，要求推广使用农产品集体商标，鼓励联购联销，发展连锁服务。农村流通问题也包括土地流通问题（土地流转问题），而农协或乡镇中心合作社也可以是一个土地流转中介载体。

在农村科技方面，要求以合作社为科技支农的主要媒介，科技特派员与合作社结对，加大关键技术的攻关力度，确保"三位一体"建设的科技支撑。县乡农技推广体系的改革也可以探索"政府买单、农民（农协）点菜"和"有限竞争，存量激活"的办法。

中共十八届三中全会提出：转变政府职能必须深化机构改革，积极稳妥实施大部门制。改革开放三十多年来，农口体制一直没有大的改革，在实践"三位一体"的过程中也出现了各涉农部门消极无为、争权夺利、互相掣肘等问题，正如整个市场经济改革，农村改革和新农村建设也需要改革整个农口体制，进行系统性重组。因此在顶层设计上，"大农协"体制还需要国家推动"大农政"的改革与之相配套。

早在 2006 年 12 月，时任浙江省委书记的习近平在瑞安召开的全省现场会上就提出如下要求：各级政府要把发展农村新型合作经济作为促进政府全面履行职能和加快转变职能的良好机遇，切实加强对新型合作经济组织的公共服务，并在认真界定政府相关部门职能的基础上，创造条件将部分服务职能转移和委托给新型合作经济组织来承担。如今重温当年的这一讲话精神，可以说这也正是中共十八届三中全会提出的关于"创新社会治理体制"、"激发社会组织活力"的题中应有之义。

【提案结果】

提案在博客上发布后，被阅读、评论转载多次。相关部门在这个方面也做了不少试点和探索，和我的提案不谋而合。2015年3月，《中共中央国务院关于深化供销合作社综合改革的决定》发布。2015年3月，江苏省镇江市供销合作总社三届五次理事会（扩大）会议上确定，全市供销合作社系统将牢牢把握供销合作、生产合作、信用合作和村社合作这四大农村合作方向，构建新型农村合作网络，适应甚至引领现代农业发展。2015年9月，浙江温州诞生全国首家农村"三位一体"公司——温州瓯海农合实业发展有限公司最近领到了工商执照。这些积极的探索和尝试令人鼓舞，也清楚地表明：农村发展合作经济需要不断探索创新，整合多方资源，才能成体系地解决农村发展的实际问题。

【编码】2014 –13

【案号】全国政协十二届二次会议第 X147 号文

创新基层治理，运用移动互联网技术探索开放的公权监督体系

【提案缘起】

这一提案基于我们对四川彭州市开展"民心通"工程所做的实证调研及其调研报告，经过分析讨论和总结提高，凝练修改而成。

【提案正文】

中共十八届三中全会明确将国家治理体系和治理能力现代化作为全面深化改革的总目标，为我国未来发展规划了振奋人心的宏伟蓝图。在国家治理体系和治理能力现代化的建设中，以城乡社区为基础的基层治理创新是重中之重，是全面深化改革的基础工程。近年来，随着市场经济的发展和社会转型的深入，新的社会问题和矛盾不断涌现，在城乡社区的基层治理层面，公共权力运行中的不公开、不透明、无约束、无制衡等问题日益凸显，并成为滋生特权腐败的温床。由此，强化基层行权监督逐渐成为各级地方政府创新基层治理的主要抓手。

四川省彭州市在灾后重建过程中遇到了类似问题。面对问题，彭州市以"通民心、顺民意、创和谐"为宗旨，运用移动互联网技术平台开发了"民心通"工程，该工程主要以智能手机为载体，利用 APP 应

用程序将 13 种涉农工作和 200 多项业务流程进行整合，开发出"远程视频"会议管理系统、"基层廉情"财务预警系统、"廉诚攻略"培训考核系统和"有话要说"民意采集系统四个功能模块，建立起"四横三纵"的基层权力运行防控监督体系，形成了创新的基层治理模式。经过一年多的探索实践，彭州市基层治理取得了显著成效，干部作风明显改善，权力约束刚性增强，基层群众的参与度和满意度显著提高。

彭州市"民心通"工程的探索具有重要的实践意义。他们不仅在改革思路上实现了互联网技术与公权监督的有机结合，在改革目标上也走出了一条探索治理体系和治理能力现代化的新路子，为基层治理创新提供了宝贵经验。彭州的做法不是孤立的，在广东的南海和珠海，在同一时期，也在运用移动互联网技术探索基层治理创新的实践，并取得了显著成效。

地方创新的实践至少提供了三点值得思考的经验：一是基层治理创新的重点和难点，往往在于权力运行的防控和监督，自上而下和自下而上的双向监督、双向约束和双向互动，有可能实现权归本位；二是移动互联网技术可以运用于基层治理创新，在规范基层行权、塑造新的治理结构中可扮演重要角色，在成为创新基层治理重要基础设施的同时，也可起到有效化解改革阻力并推动系统升级的作用；三是"制度性滞后"的存在，使技术创新应用往往受政府认识局限、观念障碍、利益樊篱和制度瓶颈的制约，但技术同时也会倒逼改革，促使政府不断丰富治理手段，探索行之有效的治理模式和机制，从而提高治理水平。

据工信部的统计，我国目前有超过 10 亿部手机，手机已成为现代信息社会海量数据的重要来源，一个以移动互联网技术为治理工具的新时代正在到来。首先，移动互联网技术是一种社会治理工具。在目前中国社会转型期，阶层的迅速分化与断裂，多种制度缺失，基层行权监督经常性缺位等原因，使得移动互联网技术对调动社会各个阶层的广泛参与，建立政府与其他社会主体的协同治理机制，达成公共政策目标具有十分重要的意义。其次，移动互联网技术也是一种社会赋权工具。从某种程度上说，信息是一种权力，信息的公开也是权力的公开，基层群众对信息的接触和传播能力标志着权力的重要转移。通过移动互联网技术，基层群众成为新型传播工具的制造者、管理者和拥有者，实现个人心理、集体参与、社群意识等各个层面的增权赋能，并由弱势的被组织逐渐形成基于共同体的自组织。可以说，技术推动治理创新的发展历程同时也是中国公民主体意识和权力的发生、发展过程。最后，移动互联网技术还是一种社会创新工具。智能手机作为便携式终端，其随身性、随时性的特点，更便于信息自由地流动和交互，在这一过程中，更多的问题被发现，更多的细节被讨论，更好的方案被激发，更多的创新被催生。通过为传播和信息共享提供功能强大又成本低廉的基础设施，移动互联网技术在社会创新方面扮演了催化剂的角色。

为此我们提出：在全面深化改革和创新社会治理的实践中，要大力推动和改善与移动互联网相关的组织、工具及技术，出台相应的公共政策，把握新时代的脉搏和机遇，不断推动社会的发展和进步。具体建议如下：

第一，建立党委领导的基层治理创新统筹与协调机制，发挥党委在社会治理格局中总揽全局、协同各方的领导核心作用。

在监督部门下设置专门的信息化管理办公室推进互联网技术应用，并成立以党委为核心的领导小组进行全面统筹、组织、协调和推动各项工作；搞好顶层设计，合理配置党政部门在治理实践中的职责权限，切实解决技术创新面临的组织和体制障碍；积极出台相关政策文件，理顺移动互联网技术介入基层行权的相关工作制度，形成配套的工作机制；

充分发挥基层党组织和党员在社会治理中的表率作用，积极公开自身行权的相关信息，自觉接受并配合监督。

第二，政府要充分重视移动互联网技术在探索开放公权监督体系中的重要作用，完善治理创新的制度保障，推动移动互联网技术与治理创新的一体化。

政府要推广"数据治国"的理念，减少利用个人的经验、判断和长官意志来处理一些特殊情况的机会，形成依靠系统数据进行决策的组织文化；监督部门要协同其他有关部门采集业务数据、环境数据和民意数据，并通过不同系统之间的数据整合，打造全息、多源和精确的掌上数据库，实现基层行权的全景监控；加大舆论宣传，将移动互联网技术的相关知识纳入公职人员的培训内容，强化权归本位的行权意识，并建立相应的绩效考核体系。

第三，通过社会协同调动社会力量参与，整合社会治理资源，积极推动协同治理创新。

鼓励、扶持基于移动互联网技术应用的治理创新，通过科技孵化器、社会创投、政府购买服务等多种方式支持社会力量从事移动互联网技术的开发与应用；拨款支持信息开源社区、程序员协会等民间组织的建设，快速推进新技术、新理念在全社会的传播和普及；举办应用程序开发大赛，向全社会征询移动互联网技术创新的建议，通过政府、企业或基金会出资，奖励最优秀的应用程序，激发民间蕴藏的创新力量。

第四，充分发挥基层群众在国家治理中的主体作用，培养公民意识，引导公众参与治理创新。

增加与基层群众进行直接互动的机会，主动征集基层群众的意见，了解群众对基层权力运行的看法，并及时给予响应；探索建立社会监督员制度，鼓励志愿服务组织积极参与权力运行重点环节的现场监督，通过社会介入完善技术监督；在不断完善监控系统的同时，开发各种行政服务应用程序，利用公众账号向群众推送相关便民服务信息，提升群众对政府行权的关注度。

第五，以法治方式打造社会治理创新安全网，推动行权信息公开的同时有效保护个人信息安全。

修订后的《中华人民共和国政府信息公开条例》，进一步加大政府信息公开的力度和范围，逐步实现信息公开、信息开放和信息公布，通过建立透明开放政府，赢得公众的信任；尽快制定专门的法律，对个人信息安全和隐私权的概念、特征、范围、内容、侵权构成要件以及侵权责任、救济制度等做出具体、详细的规定；建立以告知与许可为前提的执行隐私政策的共识性基础，规范涉及个人信息的搜集、保管、处理、利用及公开行为，保护和平衡基层干部与基层群众的合法权益。

【提案结果】

提案发布后，引起了许多关注。有网友评论："支持！清华大学应首先引导群众参与网上互动，给全国人民做个样板。"也有人质疑："不会使用手机的人会不会因此而被孤立，反而使信息渠道变窄？"2014年3月8日，《人民政协报》以《双向监督基层行权 科技助力治理创新——全国政协委员王名谈四川彭州"民心通"工程带来的启示》为题报道提案，认为提案中彭州市个案对社会治理创新带来了新思路，呼吁有关部门重视和推广这一做法。提案在启发地方政府探索新的治理实践方面起到了积极作用。云南省保山市创立网格化服务信息管理平台，将基层社会治理、综治维稳和服务民生的触角延伸到基层单位和每家每户。贵州省凤冈县永安镇依托数字电视网络搭建电视点播平台、信息服务平台和领导干部联系直通，为群众提供最直接的民生服务。2015年7月14日，中共宁波市委发布《关于创新社会治理全面加强基层基础建设的决定》，提出加强信息系统运用，要求"推进社会服务管理综合信息系统在村（社区）的应用，充分运用移动互联网、新媒体等手段，及时收集和反映民意，推进村（社区）服务便利化、管理智能化、生活现代化"。

【编码】2014－14

【案号】全国政协十二届二次会议第 X398 号文

关于推动社会福利企业深化市场化
改革的建议案

【提案缘起】

社会福利企业是计划经济体制下推动社会福利事业的一种重要形式，随着市场经济的发展许多社会福利企业面临发展困境。本提案基于我们对此问题开展的实证调研，结合方兴未艾的社会企业实践探索，提出深化社会福利企业市场化改革的政策建议。

【提案正文】

据推算，我国目前残疾人总数为 8502 万人，约占总人口的 6.4%。残疾人的生活、就业和权利保障已成为重大的社会问题。自新中国成立以来尤其是改革开放以来，我国涉及残疾人的相关法律法规和政策体系不断完善，相关职能部门和服务体系越来越健全，推动残疾人事业发展的各类组织形态也越来越丰富和增多。其中，社会福利企业通过集中安置残疾人就业，帮助残疾人实现工作权，提高其自我价值的实现，在整个残疾人事业中发挥着重要作用。然而，随着市场竞争的加剧和政府优惠政策的改变，近年来社会福利企业生存状况愈发艰难，整体发展趋势不容乐观。

在我国，社会福利企业的前身是烈军属和贫民生产自救单位，其产生、演变的历程与共和国同步。作为一种政策安排，社会福利企业在近70年的发展过程中，在解决残疾人就业、推动福利事业、带动经济发展等方面发挥了重要作用。时至今日，社会福利企业早已不再是最初的生产小组，国家针对社会福利企业制定的政策也几经变迁。在激烈的市场竞争中，社会福利企业由于定位不准、优势不彰等原因逐渐被市场边缘化，近年来从整体看更愈现颓势。当前社会福利企业的发展困境主要表现为：一是数量迅速缩减。从2008年底到2012年底我国社会福利企业的数量从23780个减少为20232个，年均减少710个。二是整体增长缓慢，功能缩减。从2008年底到2012年底社会福利企业固定资产和利润增长缓慢，吸纳残疾人就业数量不涨反降。三是缺乏核心竞争力。没有充分发挥残疾人的特点与优势进而实现弱势人群的优势就业，缺乏核心产品和创新的商业模式。四是市场化程度不高，政策依赖性强。对政策的高度依赖使得政策一旦有调整社会福利企业的发展就会举步维艰。

社会福利企业的困境是由多种原因导致的：首先是市场经济的冲击。在迅速发展的市场经济面前，社会福利企业历史包袱过重，往往反应迟缓，落在疾驰的市场经济列车的后面。其次是政府政策的调整。社会福利企业产生于特殊的政策，其发展亦受政策影响大，一项政策往往决定一批社会福利企业的生存状况，而一旦政策转变，社会福利企业马上面临生存的危机和挑战。再次是社会福利企业自身能力不足。社会福利企业存在的主要理由是依托政策和体制解决特殊的社会问题，对政策和体制的过度依赖往往制约了其专业性和多样性的发展，难以形成核心竞争力，在市场竞争中就很难可持续发展下去。

但也要看到，有少数社会福利企业很好抓住了残疾人就业的机遇优势，适应了市场经济发展的规律，从而取得了巨大的成功。深圳残友集团就是其中最具代表性的一例。20 世纪末，"残友"由郑卫宁等几位残疾人抱团创业起步，经过十多年奋斗，发展成为一个涵盖数十家高科技企业及基金会、社会组织的企业集团，成功为数千名残疾人搭建了高端就业和创业的平台，获得"英国社会企业国际大奖"等国内外诸多殊荣，也形成了巨大的市场优势和可持续的发展能力。

"残友"的经验告诉我们：首先，残疾人在当今以移动互联网技术为核心的科技竞争和知识密集型产业发展中能够实现优势就业，关键在于如何变劣势为优势，如何凝聚优势、发挥优势？其次，社会福利企业的发展需要政府和社会的支持，关键是如何在充分利用各方资源的同时实现资源整合，形成核心竞争力？最后，社会福利企业发展的成功之钥在于牢牢把握市场，如何靠市场化发掘人与组织的潜力，改变群体心态与体制生态，从而激活社会福利企业？

借鉴"残友"的经验，我们提出深化社会福利企业市场化改革的建议如下：

（一）转换视角，修正定位，改变低端就业思路

在传统对待残疾人事业发展上，问题视角和劣势视角占重要位置，关注上帝对残疾人关闭的那"一扇门"。问题视角和劣势视角以问题为切入点，以残疾人本身的劣势或缺陷作为认知残疾人、开展残疾人工作和事业的出发点，立足于残疾人的脆弱性，强调其"残障"与弱势的一面，把残疾人看作是缺乏能力或没有用的人，是存在问题的个体，应该作为被帮助对象。这种视角既影响了公众对残疾人群体的判断和认识，又导致了残疾人对自身认知缺乏自信，更导致了在残疾人工作和事业中更多的是把残疾人置于工作面来对待。而优势视角更强调残疾为残疾人打开的另"一扇窗"。从人的尊严和价值出发，充分认识到每个人包括残疾人都有自己解决问题的能力。

在对待社会福利企业发展问题上更应采取优势视角。从本质上来说，社会福利企业就是要使残疾人弱势群体实现优势甚至强势就业，是依赖特定政策、充分发挥残疾人另"一扇窗"给他们带来的优势和资源，运用商业化、市场化手段发展和生存的组织形态，其强调的既有福利性，更有竞争性和自我发展能力，能够通过自己的比较优势在市场中获得生存和发展。因而必须改变传统的低端就业思路，在分析残疾人员工比较优势的基础上，选择合适的产业介入，创新市场运作能力，建立核心竞争力，实现残疾人的优势就业。

（二）科学分类，发挥优势，制定支持政策体系

在残疾人群体中，视力、听力和肢体残疾占我国残疾人总数的68%。在信息化、数字化时代，他们从事就业的障碍被大大减小，其残疾为其带来的时间优势、精力集中优势、其他器官发育更强等优势，为实现残疾人的优势就业提供了可能。这就要求必须对社会福利企业进行分类，根据企业产品特征、在其中就业残疾人的能力和优势制定不同的发展支持体系。一是针对能够在市场中进行竞争、具有核心能力的社会福利企业和残疾人，加大公益创投力度，针对不同残疾人的能力和优势促进其自主创业，提高残疾人自我发展的能力。二是出台科学、合理的政策支持体系，针对不同的社会福利企业制定不同的能力发展、财政支持、购买服务等相关政策。三是对认定为具有市场竞争力的社会福利企业，根据其营利程度、盈利分配比例制定不同的税收优惠政策。四是完善和改革对被认定为具有市场竞争力的社会福利企业财政支持方式，通过竞争性的购买服务、公益创投、财政资助等方式，增强其自身的竞争意识和竞争能力。

（三）增权赋能，创新模式，提高市场运作能力

中共十八届三中全会明确提出，市场在资源配置中发挥决定性作

用。这意味着社会福利企业面临的竞争压力越来越大，必须增权赋能，提高其市场化水平和核心竞争力。这就要求：第一，在对社会福利企业进行分类的基础上，有针对性地制定社会福利企业能力提升计划，通过人才培养、信息化、技术化等手段促进其不断提高自身能力建设。第二，引进境外包括我国香港、台湾地区社会企业发展模式，进而推动社会福利企业向社会企业的转型，促进社会福利企业市场化能力的提高。社会企业这类组织秉承商业组织高效、专业、灵活的特征，同时又以解决社会问题、实现社会价值为目标，既能够保证自身可持续的发展，又能够积极有效地参与到社会发展的进程之中。与传统的社会福利企业相比，社会企业在市场中表现得更为灵活，能够将社会目标与市场目标进行整合，通过扬长避短、优势集聚，形成其特有的竞争优势。对有条件和有能力的社会福利企业创造条件、提供能力建设资源推动其向社会企业转换，将其对社会目标的追求转化为竞争优势，充分实现社会福利企业的社会价值，提升其社会投资回报。第三，对现有社会福利企业进行优化重组。参考国企改革模式，可以考虑对社会福利企业进行分类改革：一部分继续存在，一部分进行优质资产重组，一部分人、一部分资产进行强强联合。第四，积极引进社会价值投资，积极引进、吸收社会资本，通过公益创投甚至是风险投资迅速提高社会福利企业在资本、技术、理念等方面的提升。

（四）功能分离，使命融入，建立绩效评估体系

实现社会福利企业传统的福利功能和市场经营功能的有效分离，由不同的组织体和组织形态提供，实现社会组织的福利功能和社会福利企业的市场经营功能在分离的基础上实现有机衔接。同时，社会福利企业可以把其解决残疾人就业和发展的社会使命充分融入市场运作当中，创新运作模式，如充分运用公益创投、价值投资等社会化资本，推动道德

消费等消费理念和消费方式的形成。

在对社会福利企业进行科学分类、引入竞争机制增强市场化能力的基础上，在重视投资回报——包括货币投资回报和社会投资回报的基础上，建立科学、合理的社会福利企业绩效评估体系。社会福利企业的绩效评价既区别于企业以盈利能力、资产质量、债务风险和经营增长等为重点的绩效评估体系，又区别于政府以经济指标、效率、效果、行政能力和公正等为重点的绩效评估体系。对此，针对那些具有核心竞争力、能够在市场经济中独立生存和发展、能够按照社会企业标准来界定的，可参考国际上流行的社会投资回报工具来设计社会福利企业的绩效评估体系：以价值为核心，以利益相关方为参与主体，通过一定的指标体系测量社会福利企业带来的社会、环境和经济成果并用货币价值来呈现。这样既能改变社会上对社会福利企业绩效忽视、模糊甚至是带偏见的状态，又能真正通过绩效评估使得社会福利企业真正得到社会认同并真正实现自我价值。

【提案结果】

提案发布后，多次被阅读、转载和评论，人们普遍关注残疾人支持性就业这一难题。2015 年 3 月，凤凰网专访《议案受关注比回复更重要》提到该提案，"社会组织动态"微信公众平台、中国发展简报、中国义工网等媒体也做了转载。2015 年 7 月初，在第五届全国残疾人职业技能竞赛期间，李克强总理就残疾人就业创业工作作出批示。7 月 8 日，中国残联与国家发展改革委、财政部等七部委联合印发了《关于发展残疾人辅助性就业的意见》（残联发〔2015〕27 号），对辅助性就业和辅助性就业机构进行了界定，提出了发展目标，明确了扶持政策和相关部门的职责。

【编码】2014 – 15

【案号】全国政协十二届二次会议第 4965 号提案

关于推动公益创投，鼓励在金融创新中探索成立公益银行的建议案

【提案缘起】

近年来，公益创投等多种形式的公益创新蓬勃发展，各种市场机制积极参与和推动公益创新。这一提案在我们此前就此开展的实证调研基础上，关注实践中的公益创投，希望从政策上鼓励和支持公益银行等创新形式。

【提案正文】

中共十八届三中全会明确提出鼓励金融创新，发展民间银行。长期以来我国基金会从事金融活动既没有得到明确的认可，也没有得到规制，其风险控制和收益方式均处于放任与限制的张力之中。为解决我国长期以来存在的基金会的金融机构性质的定位不明确、基金会从事金融活动及其规制模糊、公益领域生态链不完善等问题，本提案依据十八届三中全会精神，针对我国当前公益组织尤其是基金会发展生态、公益创投的发展以及存在的问题，就推动公益创投、鼓励在金融创新中探索公益银行提出若干政策建议。

改革开放以来，特别是近十余年来，我国公益慈善事业蓬勃发展，

参与主体大量增加，慈善资源显著增大，公益活动不断创新，统一直接登记、捐赠减免税、政府购买服务等体制和政策层面的改善也日益明显，我国公益事业的发展逐渐走出起步阶段开始向跨越式发展的新阶段迈进。在这个过程中，有三个因素对公益事业的制约越来越凸显出来：一是制度供给不足，相关法律法规滞后，管理规范和标准不健全、不统一，公共服务短缺；二是创新能力不够，无论在组织、项目还是活动方面，创新能力不强，专业团队缺乏，组织公信力不高；三是公益生态不佳，尚未形成公益产业链，组织及项目处于离散状态，支持系统缺乏，社会资本和公共伦理普遍不足。这些问题集中表现为公益领域的人才缺乏和资金缺乏两个方面。在资金方面，随着我国经济的持续增长，公益事业的潜在资源也不断增加。但是，由于公益领域人才尤其是筹资人才匮乏、公益组织能力不足、公益产业链尚不完整，公益融资存在困境，公益事业的潜在资源并未得到充分的运用。例如我国公益领域融资方面存在的问题主要有融资结构不合理、公益组织缺乏资金运作能力、闲置资金难以增值、新融资方式没有得到充分利用等方面。

在社会创新和公益创新的大潮下，针对上述问题的新型公益模式应运而生，公益创投就是其中一种。所谓"公益创投"，就是把经济生活中的"风险投资"或"创业投资"的理念运用到公益领域。公益创投模式的出现，标志着新型公益伙伴关系的诞生。公益创投的投资主体可以包括政府，包括企业或者基金会，也可以包括个人。在运作方式上，公益创投类似于商业投资行为，它与商业投资本质的区别在于其投资目标的非营利性：公益创投并不以利润最大化为最终目的，而是兼顾投资回报与公益目标。最近几年，公益创投的实践开始在各地兴起。具有金融机构属性的基金会也积极参与公益创投，如广东省政府联合香港李嘉诚基金会共同开展的"集思公益幸福广东支持妇女计划"、四川省城乡统筹发展基金会设立弘毅公益创投专项基金支持四川省公益事业、城乡统筹发展，友成基金会联合气候组织、绿色创新实验室设立了社会价值投资基金等。

但公益创投在我国迅速发展之时，受到体制、机制和制度环境的影响，以及各方参与主体由于开展公益创投历史不长所导致的经验和能力的限制，存在诸多突出的问题。主要包括下面四个问题：第一，在公益创投中，社会组织尤其是基金会的主体地位未得到凸显。在各地进行的公益创投活动中，虽然多数地方政府在进行公益创投时一般是委托社会组织或与社会组织共同开展，但行政主导依然过强，这突出表现在公益创投的社会参与度的不足。第二，公益创投资金来源的闭锁性，由此也导致了公益创投新型承载体创新的不足。除部分由基金会和企业开展的公益创投以外，政府参与公益创投的资金主要来源于各级民政部门的福利彩票公益金，而福利彩票公益金使用的相关规定导致公益创投的资金投向、使用范围、使用方式严格受限。这种闭锁性使得政府必须把公益创投纳入自己的掌控范围，对建立新型公益创投承载体无疑具有较大障碍。第三，公益创投的变异。在由政府主导的公益创投中，资金的支出一般是无偿的。公益创投通常结合多种投资工具，伴随着清晰完善的退出计划，这样可以有效地拓宽支持的对象并延长支持时间。因此退出机制的设计，对公益创投而言至为关键。而在实践中，我国多数地方政府公益创投活动普遍采取无偿的现金资助方式，缺乏对其他社会投资工具的使用，更没有建立起相应的退出机制。第四，过于强调公益创投社会生态的开环，对公益创投社会生态的闭环重视不够。所谓强调公益创投社会生态的开环是指过于强调对外部力量和外部资源的使用，而对其形成自身闭环亦即能够自我支持、自我运作、自我发展的生态链还仍然缺乏。

中共十八届三中全会明确提出允许具备条件的民间资本依法发起设

立中小型银行等金融机构。这一制度突破意义重大，从此基金会等公益组织通过公益创投进入金融体系进而设立金融机构、民营银行进入公益领域开展公益创投，乃至构建整个公益性金融体系成为可能。

构建现代社会组织体制、发展公益慈善事业是社会体制改革的重要目标与方向，如能与经济体制改革中的金融体制改革相结合，将有助于"发挥经济体制改革牵引作用，推动生产关系同生产力、上层建筑同经济基础相适应，推动经济社会持续健康发展"。鉴于此，提出如下政策建议：

（一）重视基金会的金融机构属性，充分发挥基金会在公益创投中的金融功能

基金会的金融机构属性主要表现为：一是募集资金，具有资金动员和集中中介的功能；二是作为财富聚集、汇集机制，具有基金聚集、分散财富的功能；三是资金的储存性，基金会的资金从募集到使用要经历较长的、复杂的过程，这种储存性赋予基金会较强的金融属性和金融功能；四是作为投资主体，具有保值、增值和资金融通等功能；五是资金主要来源于捐赠，具有了资金信托功能。

在我国基金会产生初期，基金会本有银行功能，也被当作特殊金融机构来对待，其业务主管单位也包括中国人民银行。20 世纪 90 年代，我国乡镇普遍设立农村合作基金会，试图解决农村贷款难的问题。遗憾的是，农村合作基金会发展不久，由于产权不清、管理不善等原因于 1998 年 7 月被国务院明令取缔。但这并不是对基金会金融属性和金融功能的否定。在新的历史阶段，必须重新重视和发挥基金会的金融机构属性，尤其是要充分发挥基金会的在公益创投中的金融功能。

（二）形成完整的公益创投生态链，有效建立公益创投领域的闭环生态链

公益创投既离不开政府、企业的力量，更离不开作为社会治理主体

的社会组织尤其是基金会的参与。政府可通过制定相关政策、制度来促进并引导公益创投的战略发展方向。企业尤其是商业性银行在承担社会责任时，可以把公益创投作为一种重要的参与社会建设与社会治理的方式，实现多方共赢的局面。因此，需要鼓励商业性银行、政策性银行践行企业社会责任，参与公益，推动金融创新，为公益创投事业融资提供便利。银行业金融机构对其股东、员工、消费者、商业伙伴、政府和社区等利益相关者应承担企业社会责任，鼓励银行业金融机构参与公益创投，探索金融创新，有助于其企业社会责任的实现。作为资源提供方的基金会除了募集资金、增值保值以外，还可以建立商业实体包括金融机构，为对公益事业长期、稳定提供资源。

（三）借鉴国际经验成立公益银行，形成完整的现代金融体系

商业性银行与政策性银行是我国统一金融体系中并行、互补的两大重要金融机构。政策性银行乃至政策性金融的出现，其本身是对市场在资源配置过程中出现的"失灵状况"的一种合理补充，是市场经济条件下政府资源配置的一种手段。但政府也存在失灵，仅有政策性金融作为补充仍然没有对现实中的"市场失灵"做出有效回应。公益事业发展的融资困境，其根本症结在于公益性金融体系的缺失。公益性金融不同于商业性金融。商业性银行以安全性、流动性、效益性为经营原则，其主要目标是盈利，公益性金融的原则是非营利性，即不以营利为目的。公益性金融不同于政策性金融。政府性金融以国家信用为基础，运用种种特殊的融资手段，以优惠的存贷款利率条件，直接或间接为贯彻、配合国家特定的经济和社会发展政策服务。公益性金融并不以国家信用为基础，资本金来源也不来自政府，其更主要的是通过市场手段来解决社会包括公益领域存在的金融问题。

在公益性金融体系中，基金会由于其产权、绩效评价、投资回报和

增值保值等方面的自身特性和固有不足使其难以取代银行，商业性银行承担企业社会责任进入公益性金融体系也存在着股东利益回报、营利限制等固有约束。探索、设立公益银行，不仅必要，而且有一定的可操作性。公益性银行可针对公益领域中市场机制、政策机制的盲域不断发掘新机会。将相对"落后"的公益事业与较为成熟的金融市场进行有效融合，一方面可以通过金融手段实现基金的保值增值，从而促进公益事业的独立、健康发展；另一方面可以利用公益的价值约束去规范金融市场逐利的惯性，从而引导金融功能与价值的本位回归。

关于公益银行，国际上有不少实践经验值得我们借鉴。孟加拉乡村银行又称格莱珉银行，专为穷人提供小额贷款服务，在扶贫领域取得了巨大成功。伊斯兰银行为部分阿拉伯、伊斯兰国家依据《古兰经》禁止利息的原则在国内建立的金融信贷机构的统称。此类银行不以营利为目的，贷款不收利息、存款不付利息，以发展伊斯兰国家的民族经济和文化教育事业为目标，在调动一国国内经济资源、促进金融体系方面起到了巨大作用。在国内，一些地区也进行了相关探索。四川省城乡统筹发展基金会拟成立四川统发银行，为四川省城乡统筹发展及公益事业进步提供服务，得到了有关部门的重视。

（四）建立科学有效的监管机制，建立对公益银行的绩效评价机制

推动公益创投，鼓励在金融体系创新中探索公益银行，必须基于公益创投、公益银行自身的特性建立科学、有效的监管机制，保持公益创投、公益银行的公益属性和商业手段之间的平衡。探讨出台法律，对商业性金融、政策性金融与公益性金融进行协调，构筑不同金融领域之间的防火墙，推动我国金融体系改革，构建完整的现代金融体系。

建立对公益银行绩效的科学评价体系。基于公益银行在金融体系中的特殊性以及其自身的使命，在其绩效评价体系上应区别于商业性银行

和政策性银行。其中，社会投资回报是对公益银行绩效评价非常有借鉴和参考意义的工具。社会投资回报不仅关注其经济效益、政策效益，更关注由投资带来的对社会、社区的改变。

【提案结果】

提案发布后，博文点击量达 407 次，得到众多网友的支持。2014年 6 月，中国银监会对这一提案作出答复。答复认为：通过金融方式支持公益事业的发展是积极方向，基金会可采取公益信托的方式发展公益事业。但目前成立公益银行时机和条件还未成熟，需进一步进行理论研究和实践经验积累。银监会将鼓励通过金融方式支持公益事业发展，进一步研究论证设立公益银行的必要性和可行性，合理引导民间资本进入公益事业。2014 年 9 月，民政部表示进一步研究探讨公益创投合理的承载模式，引导基层公益组织加强能力建设，引导基金会遵照公益宗旨和业务范围依法依规开展公益创投项目。2014 年 10 月 29 日，国务院总理李克强主持召开国务院常务会议，明确"以扶贫济困为重点，引导公众捐款捐物、开展志愿服务，推进股权捐赠、慈善信托等试点"，"地方政府和社会力量可通过公益创投等方式，为初创期慈善组织提供支持，积极探索金融支持慈善发展的政策"。同年 11 月 24 日，国务院印发的《关于促进慈善事业健康发展的指导意见》中提出："倡导金融机构根据慈善事业的特点和需求创新金融产品和服务方式，积极探索金融资本支持慈善事业发展的政策渠道"。与此同时，地方政府及社会组织积极实践公益创投，借力金融创新发展慈善事业。

【编码】2014-16

【案号】全国政协十二届二次会议第 4304 号提案

关于培育发展志愿银行，大力推动全社会志愿服务的建议案

【提案缘起】

这一提案关注并倡导"志愿银行"。这一概念早在十多年前我就开始关注，并开展了相关的跟踪和调研。随着志愿服务的蓬勃发展，许多地方出现了类似的创新尝试。我们希望从政策上加大培育发展的力度，完善和规范这一有效的创新机制。

【提案正文】

2008 年"汶川地震"和北京奥运会，激发起全民的志愿服务热潮，被称为"中国志愿者元年"，各种形式的志愿服务在全国范围内迅速发展起来。目前，我国已形成主要包括社区志愿组织、青年志愿组织、红十字志愿组织、民间志愿组织、网络志愿组织在内的多层次志愿服务组织体系。截至 2011 年 12 月，全国按照《中国注册志愿者管理办法》进行规范注册的志愿者人数已达到 3392 万人，建立各类志愿服务站（服务中心、服务基地）17.5 万个。在各级民政系统登记备案的社区志愿者组织，截至 2012 年 12 月已达 28.9 万个，注册社区志愿者人数达 3100 万人，参与社区志愿服务活动超过 5000 万人次。

尽管组织和志愿服务发展迅速，但仍存在诸多不足：一是志愿服务的普及程度不高，相比于英美等发达国家1/3以上的成年人每周都稳定地参与志愿服务，我国的普及程度远远不够；二是志愿者结构不合理，不仅在职人员参与少，且长期、稳定、专业的志愿者远远不够；三是志愿者组织以体制内为主，主要集中在党政群团和社区层面，非营利组织和企业的志愿者参与较少；四是志愿参与的形式较单一，以各级共青团或单位组织的集体性活动居多，个性化、选择性、规律性的志愿参与很少。

从国际社会的经验看，政府在推动志愿服务上发挥着重要作用：一是为志愿服务提供法律制度保障和体制推动，政府虽不是志愿服务的组织主体，但政府是制度供给者，能够从立法上和体制上积极保障和大力推动全社会的志愿服务；二是从政策上支持志愿者组织的发展，包括提供税收减免等优惠政策、向各类志愿者组织购买公共服务，以及提供必要的财政补贴等资金支持；三是从机制上不断推陈出新，探索跨域合作、搭建平台、衔接系统，努力使志愿服务与企业、金融机构等市场机制相结合，与慈善、公益创新等社会机制相结合，与社会信用、社会保障等社会系统相结合，为人人参与志愿服务创造更加宽松和可持续的发展环境。

"志愿银行"便是在政府大力推动下涌现出的一种支持志愿服务的创新机制。"志愿银行"英文为 Time Bank，又称"志愿服务时间银行"，20世纪80年代由美国人埃德加·卡恩提出。在这个特殊的"银行"里，会员的志愿服务会作为资本以时间为单位"储蓄"起来，积少成多；当自己需要帮助时，可以从银行提取储蓄的志愿服务时间，免费获得他人的志愿服务，从而实现志愿服务之间的时间交换和流通，甚至还可扩展出更多的交换产品。志愿银行需要在政府、志愿者组织、信用系统、银行系统、相关企业乃至社会保障系统之间建立合作机制。目前在我国，常州、北京、深圳、大连、南京、重庆、合肥、西安等许多城市都已出现了类似的志愿服务推动机制。

基于中国目前志愿服务发展现状，借鉴国际经验，提出以"志愿银行"为切入点，大力推动全社会志愿服务的如下政策建议：

第一，总结经验，推广"志愿银行"机制，推动志愿服务的发展。

近年来，常州等许多地方在社区志愿服务中引入"志愿银行"机制，取得了初步成效。各地的名称各异，做法不同，实际效果也有很大差异。建议在认真总结各地实践经验的基础上，尽量采用统一的适当名称，形成规范的操作流程和机制，在政府相关部门的指导下积极推广。需要注意的是：志愿银行并非真正意义上的银行，无法经营运作，也不是独立的非营利组织，而只是在政府支持下用来发展志愿服务的一种合作机制，只有志愿服务的时间总量和累积量达到一定规模并不断持续下去，志愿服务的时间才有储蓄的价值，"志愿银行"才能有效运转起来。为此必须大力发展各种形式的志愿者组织，让志愿者参与志愿服务更加容易、更加便捷、更加自愿、更加主动、更有积极性，使志愿服务成为越来越多的人实现其社会价值的途径，志愿服务的总量才会不断增大，志愿银行才能做到"为有源头活水来"。

第二，完善政策，搭建合作和参与平台，完善志愿银行信用机制。

志愿银行在本质上是一种跨部门、跨领域、跨层次、跨地域的社会信用体系，离不开政府的政策支持和保障。千差万别的志愿服务以时间为单位储蓄起来并流通和交换，需要得到政府的信用担保和支持，政府应建立与个人诚信体系挂钩的激励机制，同时制定政策不断促进志愿银行在不同地域、不同政策体系跨时间的流通性，特别是与养老服务等公益活动对接，以逐步实现志愿服务时间的信誉兑换体系，并鼓励企业等相关市场主体的参与，引入竞争机制，完善志愿银行机制，从而达到志愿银行在全国范围内的通存通兑，以及个人对未来服务需求的时间存储，进而保证志愿银行的公信力，吸引更多人参与。

第三，加强信息平台建设，推进志愿服务评估和积分体系的标准化。

目前全国志愿服务信息化的工作重点还只停留在志愿者（义工）的信息化，下一步，应该通过现代化科技手段，尤其是新传媒及智能服务设备等应用，建立志愿服务对象的信息化，实现志愿服务的自动对接机制。江苏省常州市义工联已经在尝试这一模式，并首先在钟楼区实践。这一模式有进一步扩展和推广的价值。志愿服务信息化管理的另一个重要问题是志愿服务积分的标准化，从而实现志愿时间作为"货币"流通的可扩展性。政府以政策支持和激励志愿信息平台的整合，支持志愿活动的信息化、平台化、流程标准化。

第四，将志愿服务纳入学生社会实践课程，鼓励以家庭为单位参与志愿服务。

青少年是志愿服务的中坚力量，参与志愿服务也是青少年成长不可缺少的社会实践之一。在世界上许多国家，无论中小学还是大学，都把鼓励学生参与志愿服务作为社会实践的重要内容之一，学校在招生、毕业等重要环节往往向学生提出明确的志愿服务学分要求，各种学生社团更成为动员和推进学生参与志愿服务的主力军。在我国，近年来高等教育和中小学教育中都越来越重视社会实践活动，应将学生参与志愿服务作为其中的重要内容。既然是志愿服务，应避免自上而下由党团组织来发动，那样反而失去了志愿的本意，应鼓励学生们自我组织、自己寻找、自由选择，学校可以协助提供信息和资源，以利于普及志愿精神。同时，应鼓励以家庭为单位参与志愿服务，将志愿服务作为家庭教育的重要内容之一。

第五，建立志愿服务协调机制，完善志愿服务需求反馈和导向机制。

在当前的社会治理创新实践中，各级党政部门越来越重视对志愿服务的组织指导。但在实践中，党政部门对志愿服务的组织指导往往政出多门。多方动员资源在现行体制下不失为一件好事，但各个部门自立门户，各自建立体系，独自注册，独享数据，甚至发展不同的"志愿银行"机制，不利于共享和集中资源。应明确党政部门不是志愿服务的组织主体，要大力发展自下而上的社会志愿者组织，通过购买服务等方式探索党政部门与志愿者组织的合作机制，尽量将志愿者的动员组织和管理等社会事务交给社会组织去做。

同时，为了更好地反映全社会对志愿服务的需求现状，特别是弱势群体对志愿服务的需求，应建立和完善自下而上、上下互动的需求反馈和导向机制。大数据挖掘方式为捕获这些信息提供了可能性，应积极鼓励这方面的社会创新。

【提案结果】

提案发布后，引起了广泛的关注和讨论。《公益慈善周刊》2014年第8期对此进行了详细报道。有网友对此高度赞同，认为"公益也需要社会企业，具有社会企业家精神的来推动"。但也有人对该提案在现行社会的落实表示担忧："早就听说过'志愿银行'，中国也有人践行，但后来就无声无息了，大概是因为'水土不服'吧。""'志愿银行'对社会管理和人的素质要求都比较高。现在的中国，连官员财产公开都难以落实，这就难有高质量的社会管理了。"这一提案也受到了地方政府和社会组织的积极响应与实践。2014年10月，南京首家社区"志愿时间银行"在大光路街道大阳沟社区开通。山东淄博市"'微时间·微心愿'时间银行"于 2014 年 11 月正式上线运行，通过爱心时间存取和各种激励机制让志愿服务真正流动起来。2015 年 7 月 28 日，江苏省在《江苏省养老服务条例（草案）》中首次明确拟建立"时间银行"制度。2015 年 8 月，天津纯公益也成立"时间银行"，不断创新社会志愿服务。

【编码】 2014 –17

【案号】 全国政协十二届二次会议第 3475 号提案

深化学会改革创新，增大学术共同体对国家创新体系贡献度

【提案缘起】

近年来，我们承担中国科协委托的关于科技类社团改革创新的课题研究，并受托撰写年度报告。通过较为全面的实证调研和深入研讨，我们形成了关于学会改革创新的战略思路。这一提案基于相关调研及形成的这种战略思路完成。

【提案正文】

国家创新体系的建设与发展离不开学术共同体，而学会是学术共同体的关键组织形式和载体。学术共同体无论作为科研工作者的群体组织，还是作为科研中介组织，都应在国家创新体系中发挥重要作用。作为科研人员基于学科或科研的关联性开展学术交流与合作的会员制社会组织，学会具有跨行业、跨部门、跨区域、跨国界、跨学科等组织网络优势，在开展活动上更加强调公共性、公正性和公益性等特征。学术共同体借助学会这一载体，推动学者与学者的交流，即学术联合；推动学者与决策者的交流，即参政议政；推动学者与公众的交流，即科普宣传。因此，没有学术共同体广泛参与的国家创新体系是不完整的，而不

参与到国家创新体系之中的学术共同体也是没有存在价值的。不断深化学会改革创新，强化和提升学术共同体作用和机能，是国家创新体系良好运转的必要条件，也是国家创新体系建设的重要方面，需要从国家发展战略的高度加以关注。

以中国科协所属全国学会为例，200家学会共有432万会员，团结和凝聚了学术共同体中最活跃、最具创造力的成员。这些学术共同体除注重学会内部活动的公共性外，同时关注学科价值和功能的公共性。通过举办学术交流活动和科技期刊，提供交流平台，整合学术资源，推动学科发展；通过客观中立的同行评价与学风道德及学术诚信建设，改善学术生态建设；通过开展科技评价、奖励、人才评价、标准制定等，开拓社会化服务职能，服务于政府职能改革；通过参与决策咨询，促进决策科学化，加强产学研合作与转化；通过科普活动，服务于全民科学素养的提升。

然而，囿于现行体制，我国学会发展实践中也存在许多问题。这些问题突出表现在四个方面：一是制度缺失。学会作为特殊的社会团体，无论其法律地位、治理结构，还是在国家创新体系中的职能定位，都没有明确的法律依据和相应的制度规范，因而无法可依、规则不明，使得学会往往无所适从。二是独立性不足，政会不分、院会不分、企会不分等现象还不同程度存在，学会与政府之间、学会与科研院所之间、学会与企业之间的关系尚未理清理顺，使得学会难以发挥其作为学术共同体的应有作用。三是治理结构不完善，能力建设跟不上。一些学会理事会构成不合理、运行不充分、职能不到位，不能发挥应有的治理中心作用，学会能力建设跟不上形势，专业性不强，创新力不足。四是公共性不够，影响力不大。不少学会对承接政府职能缺乏认识，动力不足，许多应由学会承接的政府职能没能转移出来，学会的话语权不够，公信力不高，对学术不端等行为也缺乏应有的干预。

中共十八届三中全会作出全面深化改革的总体部署，学会改革发展面临难得的机遇和挑战。如何抓住机遇迎接挑战？我们提出如下建议：

第一，推进学会承接职能，向上延伸学术共同体的公共功能。推动政府机构改革和职能转变，将一部分原由政府承担的科研管理、科研服务等政府职能下放到学会，特别是科技部等相关部委在深化审批制度改革方面转移和下放的部分职能，鼓励学会向上延伸学术共同体的政策倡导功能，提升其公共性，积极参与公共管理和公共服务，主动承接政府转移职能。为此要将学会的改革创新纳入国家创新体系建设的顶层设计和总体布局中，与政府职能转变、科技管理体制改革密切协调配合。学会的改革创新，如管理体制的改革、政社分开、承接政府转移职能等都涉及诸多相关部门和行业，不仅是业务主管单位中国科协的任务，为实现学会改革的突破与落实，目前有必要成立由中央和国务院牵头的、不同部门参与的领导小组或工作小组。

第二，推动学会深化改革，向下延伸学术共同体的共治功能。重构国家创新体系，鼓励学会向下延伸作为学术共同体的共治功能，如由学会牵头组建联合攻关课题组，实现跨领域、跨学科、跨机构的跨域合作研究；制定学术领域的行业公约、共同约定、联合行动方案等。学术共同体承担起促进学科发展、推进自主创新、传播科学文化、规范学术行为、提供服务和反映诉求等推动学术领域社会共治的重要职责。

第三，加强学会自身建设，提升学术共同体的治理水平和专业能力。加强不同学会在国家创新体系中的不同行为主体的积极作用，促进各种非正式的知识流动的机会。营造良好的创新文化的外部环境，推进学会人才建设。学会管理人才既要了解并认同学会所在学科，又要懂得学会运行与管理的基本规律；既要是专业人才，也要是领导之才。建议由政府财政支持，对学会管理骨干进行全国轮训，并支持学会吸纳优秀的高校、科研院所、政府相关部门的人才进入学会工作。打通学会优秀骨干人才进入政府交流或工作的渠道。学会的功能和机制与国家创新体系有着天然的联系。学会完全能够通过发挥学术交流、成果评价、人力资源评价、规范导向等方面的功能，促进知识流动，推动国家创新体系的建设和完善。

第四，建立学会发展基金，发挥学术共同体的社会服务功能。学术共同体并非一种实体性的社会机构。然而，它却像一只"无形的手"，实实在在地影响着学术人才的成长、学术知识的发展和一个国家的智力财富和国际竞争力。在政策支持、资源分配上，强化学会服务会员、服务学术共同体的意识，加强学会从学术共同体汲取可持续发展资源的能力。建议在国家财政支持下建立一个学会发展基金，支持学会的改革发展和创新转型。应大力支持各级学会在机制创新、创新项目试点、经验交流等方面研究的合作。努力改变当前科协学会能力提升专项覆盖面窄、资金分配不均衡的局面，力争学会能力提升支持专项的常态化和长效化。

【提案结果】

提案发布后，被阅读、转载和评论多次。中国科协经商科技部、财政部对提案作出答复。2014 年 9 月，"学会改革发展论坛"（第二期）在京举行，会议讨论了学会自身现状和存在的问题，科技评价中专家队伍的遴选机制、奖惩机制建设等有关问题。2015 年 4 月，中国科协学会学术部发布《关于确定 2014 年度学会改革发展基础工程项目的通知》。2015 年 5 月，中央全面深化改革领导小组会议通过《中国科协所属学会有序承接政府转移职能扩大试点工作实施方案》，7 月 7 日，中办国办联合印发了这一方案。

【编码】2014 –18

【案号】全国政协十二届二次会议第 1219 号提案

关于激发社会活力，完善社会救助体系的建议案

【提案缘起】

这一提案在去年同一主题的提案基础上，经过进一步开展的实证调研和政策讨论，将政策重点放在多元主体共同治理的社会救助体系的建设上，经再三修改凝练而成。

【提案正文】

社会救助工作是一项长期复杂的系统工程，需要调配社会资源广泛参与，形成政府主导、部门协作和社会力量参与的救助体系。近年来，我国社会救助事业发展很快，以城乡低保、农村五保为基础，以医疗救助、住房救助、教育救助、城市生活无着人员救助等专项救助为保障，以临时救助、社会帮扶和慈善事业为补充的新型社会救助制度体系基本建立，救助范围不断扩大，社会救助资金逐年增加，社会救助水平稳步提高。截至 2013 年 9 月，民政部门直接实施救助的经常性救助对象为 7967 万人，约占全国总人口的 6%；城乡最低生活保障标准分别达到每月 362 元和 196 元，分别比 2010 年提高了 44% 和 67.5%；2012 年各级财政投入的城乡低保、农村五保和医疗救助资金达到 1741 亿元，较

2010 年增长了 45%。在社会救助事业发展取得显著发展的同时，也要看到，当前我国的社会救助体系仍然存在许多不足，突出体现在：一是宣传力度不够，实施过程缺乏透明。在各地调研中我们发现，很多基层困难群众对有关救助政策知晓程度低，一些群众符合救助的条件却没有申请；而另外一些群众认为自己应该得到救助但实际上却不符合政策条件。此外，个别基层部门在实施救助过程中也存在行权不规范问题，由此引发的上访问题也屡见不鲜。二是社会救助范围有限。在救助实践中，为节约行政成本，政府救助多以最低生活救助为基础，各种单项救助普遍与最低生活保障进行捆绑，虽减少了部门工作量，提高了办事效率，却容易造成社会救助的"悬崖效应"，致使社会救助的供需矛盾日益尖锐。三是社会救助方式单一。政府救助主要采取现金直接资助方式，难以覆盖到人的权利、精神和能力等方面的救济，无法满足救助对象的多样化需求。并且，单纯的"输血式"救助容易导致"养懒汉"现象滋生。

对百姓急困，我国历史上素有"官方赈济"与民间互助相结合的传统，早在宋代就出现了官方赈济与建康府城的"行院"和江西部分州府的青云约、魁星约等同业和士人群体等民间救助活动并存的社会救助格局。世界各国的发展实践也充分表明，随着经济社会复杂性的提高，任何单一部门都难以成功应对日益复杂的现代社会。建立多层次社会救助体系既符合我国现阶段的基本国情，也顺应了国际趋势。在多层次社会救助体系中，政府是社会救助的第一责任主体，代表国家力量；社会慈善事业是社会救助的重要主体和补充，代表社会力量。社会力量救助是公众自愿对社会弱势群体进行无偿帮助行为的总和，包括企业社会责任、非政府组织提供的资金和服务以及个人的慈善捐赠行为等。相对于政府救助的公平性、法定性、强制性、救急性等特征，社会力量救助具有灵活性、志愿性和多样性等特征，形成政府救助有力的补充。社会力量的补充作用主要表现在三个方面：一是社会力量面向救助对象开展相关救助政策的宣传，可增进社会公众对相关政策法规的理解，减少认知失调的产生；社会力量参与救助还可对政府行权开展有效的社会监督，督促政府依法履责，保障社会救助工作的公平、公正。二是企业、基金会和个人等以捐赠等形式向社会救助领域投入大量资金，可有效缓解政府救助资金紧张的局面，扩大社会救助受益群体的范围和领域。三是社会力量可从物质需求和精神需求出发，采取捐赠、物质帮困、沟通交流、心理疏导、精神抚慰等方式，从社会法领域实现对特定群体基本权利的有效保护。

近年来，我国社会慈善力量迅速兴起，社会救助的参与主体不断增加，救助资源不断拓展，救助方式不断创新。然而，在向新的发展阶段过渡之时，社会力量参与社会救助面临不少障碍。首先，我国支持社会力量参与社会救助相关法规、政策和标准还不健全，政府对公益事业的支持措施、管理服务机制还不完善；其次，社会力量参与社会救助的专业能力和公信力有待进一步增强；最后，社会救助的生态链、产业链尚未建立，整个社会救助体系还未能形成有效的、功能完备的支撑系统。

针对上述问题，提出进一步激发社会活力，完善社会救助体系的如下建议：

第一，以法治方式推进多层次社会救助体系建立，织牢保障困难群众基本生活的安全网。加快社会救助法治进程，规范各类社会力量在社会救助中的义务，鼓励发展社会救助志愿者队伍，为其提供各种便利条件，让社会救助建立在广泛的公众参与和志愿精神基础上；在现行《关于在医疗救助领域加强社会慈善与政府救助衔接机制的指导意见》

基础上，进一步出台相关政策，延伸和拓展社会力量参与社会救助的领域和范围；联合有关部门起草制定财政、税收和社会管理等方面的优惠政策，鼓励、引导和动员慈善组织、志愿者、企业等各方力量通过多种方式参与社会救助，充分调动社会力量参与的积极性。

第二，以为人民服务宗旨促进社会救助主体多元化，引导和规范社会力量参与社会救助。相关部门要解放思想，充分意识到社会力量参与社会救助的必要性和可行性，站在为人民服务的立场上，以积极开放的心态鼓励社会力量参与社会救助；大力发展各类公益慈善组织，尤其鼓励和欢迎具备社会工作、心理咨询、特殊教育等专业工作能力和资质的社会组织参与社会救助，提升社会救助工作专业化水平；规范社会救助程序，明确社会救助相关标准，提升社会救助工作管理水平，确保社会力量参与社会救助的规范性和合法性；推动企业、社会组织等社会力量在参与社会救助过程中信息公开，有效保障群众的知情权、参与权和监督权，确保公开、公平、公正、公信。

第三，探索政府向社会力量购买服务等多种合作方式，建立慈善事业与政府救助的衔接机制。在准确把握困难群众需求的基础上，明确社会力量参与社会救助的领域、层次和方式，厘清政府和社会力量在社会救助事业中的角色与职能划分；全面梳理并主动提出购买社会力量救助服务的内容和事项，明确购买的服务种类、性质和内容；研究制定承接政府购买服务的社会力量所需具备的条件，引导、规范具有专业工作能力和资质的企业、社会组织等社会力量参与救助服务，建立和维护长期有效、严密细致、相对稳定的可持续发展的社会救助体系；积极探索直接外包、内部交易、购买者自由选择等与社会力量合作的多种方式，在平等合作的基础上建立社会慈善事业与政府救助的衔接机制。

【提案结果】

　　提案提交后，国家税务总局和财政部对提案作出答复，明确表态以积极开放的姿态鼓励社会力量参与社会救助，一是通过贯彻落实《社会救助暂行办法》，引导社会力量参与社会救助；二是通过税收扶持政策，鼓励社会组织参与社会救助。减轻非营利组织的税收负担，鼓励捐赠，形成公益氛围；三是加大财政投入，支持社会组织参与社会救助。下一步，国家将指导和督促地方落实相关政策，继续用好中央财政支持社会组织参与社会服务资金，鼓励和引导社会组织等社会力量参与社会救助工作；符合条件从事社会救助类公益活动的公益慈善组织可依法申请登记；加快推动慈善立法，研究建立慈善与社会救助制度衔接机制。继续总结和优化政策体系，充分发挥政策作用，倡导形成良好向上的社会公益氛围。

【编码】2014 - 19

【案号】全国政协十二届二次会议第 1873 号提案

激发社会组织活力，探索安全生产体系的治理创新

【提案缘起】

过去一年，围绕社会治理创新和社会共治，我们关注并开展了社会组织参与安全生产方面的实证调研，积极参与到《安全生产法》的修订之中。借鉴国内外的经验教训，我们提出要发挥工会、相关协会与学会、相关社会中介服务机构，以及社会应急救援体系四个方面的作用。

【提案正文】

安全生产归根到底是要保障生产经营过程中人的生命财产安全，如总书记最近批示所强调的："安全生产工作要始终将人民群众生命财产安全放在首位。"以安全生产法治为核心的安全生产体系的建设，是增强全社会安全感、实现经济社会安全治理的基础工程和关键环节。当前，新的《安全生产法》也正在加紧修订。为了在修法过程中更好地体现中共十八届三中全会提出的"激发社会组织活力，创新社会治理，推动整个国家治理体系和治理能力现代化"的精神，我们建议：在安全生产立法和执法过程中，应进一步激发社会组织的活力，努力探索安全生产体系的治理创新。

围绕正在讨论修订的《安全生产法》，我们认为：激发社会组织在安全生产工作中的活力，主要集中在如下四个方面：一是发挥工会组织的作用；二是发挥相关协会与学会的作用；三是发挥相关社会中介服务机构的作用；四是发挥社会应急救援体系的作用。为此提出如下建议：

一　发挥工会组织作用，推动安全生产主体治理

工会是代表职工权益的社会组织，安全生产工作应充分发挥工会的主体作用，包括工会在安全生产立法中的推动者作用、工会在安全生产现场工作中的监督者作用、工会在安全生产宣传教育中的组织者作用、工会在安全生产事故调查处理中的参与者作用、工会在安全生产劳动争议中的协商者作用等。

在安全生产中发挥工会的主体作用，要求我国各级工会本身深化改革创新，真正站在职工的立场，真正维护职工的合法权益，真正成为代表职工权益的社会组织。

发挥工会在安全生产中的作用，需要建立工会参与的若干重要机制并提供制度保障。借鉴英国等发达国家的经验，可主要考虑如下机制：一是在立法上增加工会组织的发言权，就法律条文的修订征求工会的意见并接受工会组织开展的专题调查；二是设立由工会组织派遣的生产经营单位安全生产委员制度；三是建立由工会组织、生产经营单位和相关协会等社会组织代表三方参与、共同协商的安全生产管理委员会制度。

二　发挥相关协会和学会作用，促进安全生产有效治理

安全生产不仅要求从事生产经营的企业承担主体责任，也要求相关的行业协会和学会等社会组织承担安全生产的行业共治及自律责任。安全生产的行业共治及自律主要包括：组织开展行业安全生产方面的调查

研究；参与行业安全生产法律法规、发展规划、标准规范的研究和制定；收集、分析、交流行业安全生产信息；开展安全生产方面的行业检查、行业评比、行业公约等自律活动；组织行业性的安全生产新技术、新产品、新成果的研究、鉴定、评定、展销和推广应用；承担行业内的安全评价、安全培训的资质认定、资格认可等工作；开展行业内安全生产方面的公益性活动和咨询服务；开展行业内安全生产的国际合作和交流活动；为会员服务，维护职工的合法权益等。

目前我国在安全生产方面已成立国家级和地方级的各类协会、学会数百家，绝大多数都是在主管部门的领导下发起成立的。在安全生产中发挥相关协会和学会的作用，要求相关社会组织加快政社分开的改革步伐，完善社会组织内部治理结构并加强社会组织的能力建设。

此外，为了发挥相关协会和学会在安全生产中的共治与自律作用，还需要建立和完善协会和学会参与的若干重要机制并提供制度保障，例如购买服务机制与协商共治机制等。

三 激发社会中介服务机构活力，提高安全生产的专业化水平

安全生产需要大量从事相关社会中介服务的社会组织及中介服务企业参与，以提供专业化的相关社会服务乃至公共服务，提高安全生产工作和管理的专业化水平。这些社会服务及公共服务主要包括：安全生产评价，安全生产的技术支持、技术改造和咨询服务，安全教育培训，安全认证，安全设备、设施、器材、用品的检测检验，以及其他咨询服务等。

在安全生产中发挥社会中介服务机构的作用，要求加快事业单位改革的步伐，完善社会中介服务机构的治理结构并加强能力建设。多年来，在中央和地方各级安全生产相关主管部门的支持下，我国已成立了

一批致力于安全生产的专业服务机构，包括科研院所、研究中心、教育培训中心、咨询中心、认证中心、检验中心等事业单位，也包括一批工商注册的营利性咨询服务公司。随着政府机构改革和事业单位改革的深化，这些致力于安全生产的专业服务机构将逐步分化为两大类别，一类是具有较强公益性的非营利社会服务机构；另一类是具有较强市场性的营利性中介服务机构，分别承担安全生产领域相应的公共服务和市场化的社会服务。

发挥社会中介服务机构在安全生产中的作用，需要建立社会中介服务机构参与的若干重要机制并提供制度保障。其中最重要的是两个机制，一是购买服务机制，二是市场化的竞争机制。同时，政府相关部门要加强对社会中介服务机构的指导、监管和问责。

四 发挥社会组织作用，建立社会应急救援体系

在安全生产体系建设中，高效的应急救援体系至关重要。在应急救援体系建设中，不仅要发挥各级政府的作用，相关社会组织和志愿者的作用也十分重要。通过动员各种社会力量建立社会应急救援体系，应成为探索安全生产体制治理创新的重要方面。

汶川地震以来，基金会等各类社会组织积极参与应急救援，一方面动员了大量社会资源；另一方面也逐步建立起社会化的应急救援体系，在各类重大灾害救援中发挥了不可替代的重要作用。从安全生产体系建设角度看，社会应急救援体系主要包括四个方面：一是用于安全生产的社会资源动员和协调中心；二是与安全生产和应急救援相关的社会信息中心；三是由社会力量发起组建的专业化应急救援团队；四是面向公众的应急救援教育培训基地。应努力将发挥社会组织作用，建立社会应急救援体系，将之纳入安全生产体系法制化轨道，在新的《安全生产法》

及相应的实施条例中明确相关内容。

　　总之，安全生产体系建设关乎人民生命财产的安全和全社会的安全感，只有全方位地激发社会活力，发挥各类社会组织的作用，探索安全生产体系的治理创新，才能从根本上建设一个人人安全、事事可靠的和谐社会。

【提案结果】

　　提案发布后，被阅读、转载多次，《公益慈善周刊》2014 年第 8 期对提案做了报道。一些地方党政部门在实践中积极探索。2014 年 3 月 25 日，浙江省召开安全生产体系改革新举措新闻发布会，强调要理顺政府和市场的关系，探索改革创新的新办法。要求突出市场主体的主体地位和主体责任，改变政府大包大揽社会事务的传统做法，通过购买方式将政府不能做、不便做和做不好的公共安全服务转移给社会组织承担，形成政府、企业和社会良性合作互动的共同治理模式。

【编码】2014 - 20

【案号】全国政协十二届二次会议第 2308 号提案

关于呼吁停止怒江水电开发，建立生态系统示范区的建议案

【提案缘起】

此提案的动议和基础来自"绿家园志愿者"和我的好友汪永晨老师围绕怒江水坝建设开展的一系列调研和持续的抗争活动。

【提案正文】

关于怒江水电开发的争议由来已久，上届政府在温家宝总理的干预下搁置了怒江水电开发。但目前怒江水电开发前期工作又重新启动。本提案根据相关专家的实地调研和研究论证，呼吁立即停止怒江水电开发，转而在云南怒江建立中国完整生态系统示范区（以下简称"怒江示范区"），加强流域内独特生态系统和民族文化资源的保护，同时改变怒江流域经济社会发展长期滞后的局面，使怒江成为一个生态资源保护与经济社会协调发展、内地与少数民族地区同步发展的先行区和示范区。

一　怒江建坝易诱发地震和地质灾害

云南"三江并流"区是新生代第三纪中新世至上新世喜马拉雅造

山运动时形成的地层，怒江峡谷所处的地质构造为印度板块与欧亚板块碰撞挤压及俯冲而形成的板块缝合带伴生的褶皱带，大断裂带之上，是"三江并流"纵向岭谷区著名的"怒江大断裂"的中心地带，所处地层变质岩带内断裂极为发育，动力变质和挤压十分强烈。地层活动十分活跃，是亚洲著名的地震高发区。一旦建坝后水位上升，地层水压加大，使原本动力变质和挤压就十分强烈的断裂带又增加巨大的额外水动压力，其后果可诱发这一地区的地震。近年四川地震频发，极有可能与当地的大型水库有关。

同时怒江峡谷不同于河谷，其两岸山体十分陡峻，平均坡度大于45度，是世界峡谷中切割最深，"V"形谷发育最典型的峡谷之一，同时还发育有"障谷"、"隘型谷"等多种峡谷形态，是峡谷景观多样性最集中的地区。梯级水坝的建设将不仅彻底破坏怒江峡谷多样性景观，而且水位的上升，河谷与山体之间过渡带的消失，水体对山体陡坡压力将骤增，是诱发峡谷两侧山滑坡的主要因素。怒江流域温差大、降水量高、土层瘠薄，两岸山体地层岩石的物理风化强烈，沿谷地两岸布满了众多的滑坡体，随时都有可能发生山体滑坡。1972年原怒江州府所在地的碧江县就位于怒江东岸怒山山脉两坡的巨大滑坡体上，由于滑坡濒发，不得不搬迁州政府至现在的六库镇，原碧江县也因此而撤销。这是新中国成立以来，因地质灾害而搬迁州府并撤销县级设置的唯一事例。原怒江州府变为怒山滑坡体上的"都"。可见地质灾害对怒江流域的影响是巨大的。

二 怒江梯级水坝将对怒江生物多样性造成严重危害

怒江水电开发最大最直接的影响是对生物多样性的全面破坏。

其一，从景观层次上，在世界著名的汹涌澎湃、纵贯南北、奔腾而下的怒江峡谷上建起数座大型水坝，进而蓄水成一连串人工水库，将彻底改变怒江峡谷的自然生态景观，是对"三江并流"世界自然遗产奇特的景观多样性的根本性破坏。在组成"三江并流"中下切最深、"U"形谷发育最典型、坡降和年径流量最大、最为壮观、最神秘的峡谷还没有被充分认识之前就将不复存在。同时，构成景观三大要素中最重要的"廊道"，即河谷形成的"生物走廊带"或"南北生物相互渗透的通道"，也将随大坝建设将被彻底阻断。

其二，大坝建设对怒江峡谷生物地理景观的根本改变，带来的是对怒江江河生态系统不可逆转的破坏。蓄水位沿江上升，急流水变缓流水或静水，河床两侧的河漫滩、阶地及台地生态系统将沉入水底，河谷与山地之间的过渡带将完全消失，支流也将改变或消失，整个河谷子生态系统多样性将遭受到最严重的破坏，必然会导致区域性生态系统环境的不稳定或劣变。生物地理上最著名的"南北生物的走廊"将被分割，从南到北的水汽通道将被阻隔，不少起源于第四纪以前的动植物最后的栖息地将消失。在 434 个高黎贡山特有植物物种中，一些珍稀物种将消失。

其三，怒江峡谷建坝将造成栖息于怒江流域的水生生物物种及其种群的消亡。怒江繁衍生息着无数的水生生物，仅云南境内的鱼类约 50 余种，并有近 20 个怒江特有种。2001 年中国科学院昆明动物研究所与美国加州科学院鱼类联合考察组在怒江中上游捕到了世界上最大的鳗鱼——云南鳗鲡，是印度洋怒江水系典型的大型洄游性鱼类，洄游距离超过了 1500 千米。沿江干流及支流水溪栖息着大量的两栖类、爬行类和水栖兽类（如水獭等），这些水生和两栖动物在与峡谷江河的演变过程中，形成了彼此相互作用、协同进化的紧密关系，它们储存着喜马拉雅隆起、第四纪造山运动以来整个东喜马拉雅地区地质历史演变和自然地理环境发生变化的所有信息和证据。怒江干流多级大坝的建成将使整个怒江流域的水环境发生根本改变，印度洋与青藏高原之间的水系网络将被彻底切断，急流型和底栖型的水生生物将失去生存环境，印度洋的洄游性鱼类也将无法再进入怒江峡谷。环境和栖息地的改变必然导致大部分怒江原生水生物种的消亡。

三 怒江建坝将对怒江峡谷民族多元性产生重大冲击

怒江峡谷地处边远，地势封闭，交通不便。峡谷从南到北、从谷底到山峰环境变化多样。地理隔离和自然环境的多样孕育了峡谷内部从谷地到大山丰富和多元的民族传统文化。在怒江峡谷居住着景颇族、傈僳族、怒族、独龙族和普米族等多种原住少数民族，他们依山傍水，与峡谷相互依存、生息相关、协同发展，形成了多民族、多文化、多种经济结构并存的格局，是怒江峡谷特有的"自然—文化景观"和丰富的多元生物文化。梯级大坝建设将迫使世居峡谷的多民族原住居民迁出谷地，他们失去的不仅是家园，还有在其生存环境中创造和发展出的多元峡谷文化。文化多元性的丧失与生物多样性的丧失常常相伴发生，而后果也同样严重和不可逆转。怒江是世界"生物—文化"多元性最丰富的地区之一，是"三江并流"世界自然遗产的重要组成部分，是怒江峡谷的宝贵财富，其多样的物种和多元的民族文化都不应该因为建设大坝而在地球上永远消失。

四 怒江建坝对旅游发展的不利影响

怒江是一条纵贯南北、落差巨大、水流湍急、两岸景色奇异、变化多样的河流。峡谷形态多样，以典型的"V"形谷为主，同时还有嶂谷、隘型谷等大型峡谷，是世界峡谷形态种类最多的峡谷之一，而且两岸山体千姿百态，大理岩、白云岩广泛出露，大小瀑布、溪流以及从谷地到山峰植被垂直带景观发育完整，景观相交化十分明显。生态系统多样性、生物地理区系的复杂性，植被类型和物种的丰富性使得这里自18世纪以来就是中外探险、科考、标本采集者神往之地，如今则是生态旅游发展中最具潜力、最具前景的理想地之一，尤其是漂流和峡谷探险是怒江目前切实可见、潜力巨大的生态旅游资源，然而一旦建坝，这些旅游资源都将彻底消失。

五 怒江建坝将对中国国际形象产生严重负面影响

怒江是世界自然遗产"三江并流"的重要组成部分，怒江水坝的选址就在世界自然遗产保护区的范围内。生态系统的山水一体性使得水体的变化将对植被、水生生物、景观和文化产生直接冲击，怒江建坝不可避免地会破坏世界自然遗产及其生态系统。一旦怒江建坝成为事实，联合国教科文组织会认为中国政府对保护世界自然遗产缺乏诚意，有可能据此取消"三江并流"世界自然遗产的称号，这将对我国的国际形象产生负面影响。另外，怒江水坝将对下游缅甸的农业和渔业产生不利影响，如果不顾邻国的反对，一味强调自己的利益，中国"负责任大国"的形象将难以建立。

鉴于以上五方面的理由，我们认为：怒江流域不适合水电开发，应立即停止怒江水电开发。

六 关于建立完整生态系统"怒江示范区"的设想与建议

停止怒江水电开发的同时，可研究探讨在怒江地区建立中国完整生态系统示范区，加强流域内独特生态系统和民族文化资源的保护，同时改变怒江流域经济社会发展长期落后的局面，使怒江成为一个资源保护与经济发展协调、内地与少数民族地区同步发展的先行区和示范区。

由于怒江是目前仅存的两条没有被水电大坝截断的河流，其生态系统相对完整，文化多元性未遭到破坏。但怒江地区地理封闭、交通不便，与外界的社会、经济、文化交流受到很大限制，当前怒江流域经济社会发展滞后，保护与发展的矛盾十分突出。主要表现在四个方面：一是人地矛盾突出，有限的耕地承载过量的人口，全州耕地仅占土地总面积的 12.5%，林地则占到 62.7%，但农业产值达 63.9%，林业产值仅占 8.1%；二是保护和发展的矛盾突出，全州 58.3% 的区域面积纳入了国家的自然保护区范围，因未建立生态补偿机制，保护义务远超当地承受能力，因此环境生态保护压力大；三是旅游资源多样，但开发程度偏低，怒江州普查的 400 个景点景观中，未开发的景点多达 320 个，开发利用率仅为 20%；四是教育、科技发展滞后，科技推广应用迟缓，据人口普查资料，怒江州 12 岁以上的文盲和半文盲占同一年龄段人口的 46.3%，流域科技推广力量薄弱，部分地区生产经营方式粗放，良种良法和一些与之配套的实用耕作技术难以推广。

鉴于怒江流域生态系统的重要性、地域和文化的独特性，以及目前怒江的社会经济发展状况，建立"怒江示范区"有多重意义：一是有助于解决土地资源的合理利用与生态环境的保护治理的矛盾，有效保护怒江流域完整的生态系统，同时加强流域可持续发展的能力，大幅度提升当地社会生产发展水平，使当地居民改变贫穷落后的面貌。二是有助于为国内类似流域的发展和保护起示范作用。在"怒江示范区"流域内将进行生态恢复，选择合适的发展产业，实行国家生态补偿政策，提升可持续发展的能力。在怒江流域取得的经验能够为类似地区提供借鉴和示范，通过国家生态补偿体系，帮助和促进这些地区的保护与发展。三是有助于彰显中国政府对生态环境保护的决心和行动，同时对改善中国和东南亚国家的关系，提升怒江地区的国际知名度有很大的帮助。

关于建立"怒江示范区"的主要工作，我们有以下建议：

第一，编制怒江流域经济开发与生态环境保护整体规划。首先需要在全面了解怒江生物资源特征和经济发展状况的情况下，制定怒江流域经济开发与生态环境保护整体规划。确定生态系统和文化多元性保护的重点，提出流域发展与保护的总体战略、流域产业结构构建、发展优先顺序和资金投入机制等，提出近期、中期和长期目标，以及具体项目和活动。规划形成后，将报国家发改委和云南省政府批准并实施。

第二，项目实施。整体规划得到批准后，将开始实施规划中的项目和活动。可能的项目和活动包括：在国家生态补偿的支持下，加大退耕还林还草的规模，实现生态经济系统良性循环；开发旅游资源，建立配套系统，发展旅游产业；加大生物资源的开发力度，培养新型生态产业；引进高素质的科技和商务人员，同时对当地居民进行技术培训等。

第三，总结经验并推广。在示范区取得初步成果后，及时总结和宣传，并将经验推广到国内类似地区。"怒江示范区"的建立将需要十年左右的时间，可分为两个阶段：前五年的主要工作包括制定整体发展规划，实施近期发展项目，阶段性总结和经验推广，后五年将实施规划中的中期项目。"怒江示范区"建成后，怒江地区将成为生态系统完整和独特、区域经济发达、民族和睦团结的样板，同时该地区的国际知名度将大大增加，怒江将成为国际生态旅游的热点、美丽中国的明珠。

总之，怒江峡谷是地球精心呵护的一个宝藏，历经数次沧海桑田的变化，大陆漂移，板块碰撞和无数次造山运动以及火山冰川，仿佛都是为了造就这里神奇的自然景观——四组山脉夹着三条大江，群山高耸，峡谷深切，在地球表面塑造了横断山脉最深峡谷的主体——"三江并流"。"三江并流"是中华自然文化的瑰宝，是地球上最美的自然公园。

"三江并流"保留着许多地球漫长变化的重要信息，是"美丽中国"的重要组成部分，我们没有权利也没有理由让她消失在我们这一代人的手里，但通过在怒江地区建立中国完整生态系统示范区，加强流域内独特生态系统和民族文化资源的保护，同时改变怒江流域经济社会发展长期滞后的局面，将会使怒江成为一个资源保护与经济发展协调、内地与少数民族地区同步发展的先行区和示范区，也是我们为后代所留下的一个完整、可持续发展的美丽怒江。

【提案结果】

提案发布后，被阅读转载多次。2015 年 7 月，"中国环保在线"发表题为"环境经济兼顾借旅游脱贫，怒江争建国家生态特区"的文章，建议"寻求在保护环境的前提下让百姓脱贫致富，借助生态旅游提高居民收入，同时争取建立国家生态特区以获得更多的绿色发展前景"。然而对怒江的开发并没有停止，尽管在科学规划方面也做了大量工作。这些开发行为即使是创新性的开发，实际上也与本提案的建议背道而驰。为此，包括北京绿家园在内的许多环保 NGO 和专业人士不断发声，呼吁停止怒江水电开发。

【编码】2014 – 21

【案号】全国政协十二届二次会议第 5010 号提案

关于西部水电开发应保障少数民族
权利的建议案

【提案缘起】

这一提案的动议和基础调研来自著名环保社会组织、云南"绿色流域"负责人于晓刚。在我们的交流中,他向我表达了这方面的强烈政策诉求,我深表认同和支持,基于他所提供的详细资料,经反复讨论修改而成此案。

【提案正文】

我国水能资源主要分布在西部地区,其中约 70% 在西南地区。21 世纪初,水电开发的重心已移至西南诸河的中上游,这里也是诸多少数民族世代聚居的腹心地区。2013 年初,国务院下发《能源发展"十二五"规划》,明确在 2011 ~ 2015 年期间规划开工建设超过 60 个重点水电站,标志着我国水电工程建设进入一个空前快速的爆发性发展期。

目前及今后十几年在少数民族地区进行大规模水电开发的活动和发展规划,有近 800 万少数民族将受到影响。如何从法律和政策上合理规范和协调处理国家、公司企业和当地少数民族社区以及个人之间的利益关系,是实现水电可持续开发,实现少数民族地区社会和谐稳定,进而实现各民族"中国梦"的前提和基石。

基于《宪法》"照顾民族自治地方的利益"的原则，《民族区域自治法》明确"照顾当地少数民族的生产和生活"的规定，国务院在相关行政法规中也提出要求"编制移民安置规划应当尊重少数民族的生产、生活方式和风俗习惯"。中共十八届三中全会进一步强调贯彻党的民族政策，保障少数民族合法权益，巩固和发展平等团结互助和谐的社会主义民族关系。但多年来，关于保障少数民族权益的要求并没有在水电开发过程中得到认真的贯彻落实。过去几年，有关专家在金沙江、澜沧江、怒江、雅砻江、岷江、大渡河流域就水电开发对少数民族权益影响问题开展了跟踪性的实地调研，发现在水电开发过程中，沿江居住的少数民族原来正常的生产生活受到极大的影响。在水电项目规划初期阶段即被要求处于"保持原状"的停顿状态（因为种种不确定的因素停顿状态可能持续数年）；"三通一平"的炸山开路，造成空气、噪音、落石、坍塌等各种环境污染和危害，影响人畜安全和种植、养殖业收成；建坝和蓄水造成的移民搬迁，打破了原先的社会生活网络和人地关系，私人财产和共有的自然资源（传统采集、渔猎、放牧生产方式所依存的森林、牧场、湿地等）损失没有得到应有的补偿。在开发过程中少数民族群体和个人的知情权、参与权、决策表达权和监督权没有得到应有的尊重和保障，甚至遭到非法侵犯。地方政府相关部门未能切实依据现有的法律法规行政，水电开发公司没有尽到其守法责任，也没有对弱势群体承担社会责任。大型水电公司特别是水电央企在当地获利却在总公司注册地的大城市纳税，当地受到的影响与受益不成比例。

鉴于上述问题，本提案建议：应重新审视既有的水电开发项目，尽快明确并制定在西部水电开发中涉及的少数民族权益保障政策。

一 明确适合少数民族地区的水电开发方针和政策

在西部少数民族地区，应将少数民族基本权利的保障纳入可持续发展的目标体系，在综合考虑能源安全、经济发展、少数民族权利保障及生态环境保护等多种目标的基础上，统筹开展少数民族地区的水电资源开发项目。水电开发活动应尊重和保障少数民族的基本权利，包括少数民族政治、经济和文化的权利。少数民族应有权依法不受歧视，平等参与本地区经济发展并共享成果，也有权选择保持其价值观念、宗教信仰和特殊的生活方式，更有权保护其多年赖以生存的土地、河流、森林、牧场等自然资源。

同时，要尽快完善《宪法》、《民族区域自治法》等保护公民基本权利和少数民族权利的法律政策框架，在加强相关政策执行力的同时，尽快制定更加具体的与水电开发影响相配套的少数民族权利保障政策，并确保政策的落实执行。

二 保证水电开发过程的程序正义

在水电开发过程中，企业和当地政府应尊重和保障少数民族群体和个人的知情权、参与权、决策权和监督权。

水电企业应建立企业的社会责任机制，其中应特别注意在经营活动中对少数民族权利的尊重和保护，并将这种责任细化到具体的工作中，定期向社会通报相关工作，并主动接受社会各界的监督。

建立少数民族权利影响评价体系，其结论应作为水电项目核准的关键依据。

当地政府应实施对水电开发移民工作的全过程监督，对受到权利侵害的少数民族实施有效的救济。应设立和畅通各种渠道的申诉机制，提供法律援助等各种形式的帮助，消除少数民族群体及其成员通过这些制度机制实现其权利救济的障碍，实现有效的权利救济。

三　保证水电开发与少数民族利益共赢

在少数民族地区开发水电的大型水电公司和水电央企，原则上应在当地注册公司并在当地纳税，或在有管辖效力的政府部门协调下，水电企业和民族自治地方政府达成税收合理分享协定。

水电企业和当地政府应尽量减少水电开发对少数民族的搬迁，坚决杜绝强迫搬迁。应尽量减少水电开发对他们的环境、经济、社会、文化或精神方面的不利影响。为水电开发活动所导致的少数民族群体和个人的物质的、人身的和精神的损害或影响提供公正和合理的补偿。

水电企业和当地政府对过去水电开发产生的不利的社会、经济和文化影响和损失应该在社会影响评价和少数民族权利（项目后）影响评价的基础上，合理进行相应补偿。

由水电开发方出资，在社区建立资源保护与发展基金。对无形资产、社区共享的自然资源及一些难以补偿到个人的集体损失进行补偿，用于资源保护和发展。

当地政府应采取措施保护少数民族文化遗产，帮助他们传承和发展自己的历史、文化、语言、传统和习俗，确保他们的原生态文化遗产和历史文化传统得到保护。

四　发挥社会组织作用

在现代社会，政府并不是公共利益及其治理的唯一主体，公民个人、各种社会组织也都是公共治理的主体。随着我国政府机构改革和社会治理创新的不断深化，社会组织在公共治理和社会生活中的作用日益彰显。在西部水电开发和少数民族权益保护方面，也应积极发挥社会组织的作用，鼓励相关社会组织参与少数民族地区水电开发活动，参与水电开发的环境影响评价、社会经济评估和社会监督，通过购买服务等方式支持社会组织积极投身少数民族地区社会治理创新的实践活动。

【提案结果】

提案发布后，相关媒体做了报道，《民间环保观察》第85期对提案做了专题报道，但主流媒体关注的并不多。其实，关于西部水电开发问题，需要公众更多的关注和支持，而不应是局限于经济或环保领域的话题。提案引起了相关政府部门的关注。2015年3月，怒江州人民政府将"继续开展创新怒江水电开发模式专项研究，重点研究水电开发促进地方经济发展方面的政策支持，积极探索建立怒江水电开发新模式"纳入"十三五"规划的编制计划中。

【编码】2014－22

【案号】全国政协十二届二次会议第 X095 号文

关于建立个人退休账户，推动养老体系多元化协调发展的建议案

【提案缘起】

这一提案的基础和主要思路，来自我的同事、清华大学公管学院杨燕绥教授所领导的团队开展的实证调研，经过反复讨论修改而成。

【提案正文】

个人退休账户是现代养老保障体系的重要组成部分之一，全称为"个人自愿储蓄型退休账户"，是一种由个人自主进行的储蓄型养老保险模式，国家通过政策激励和税收优惠提供必要的保障和支持。在美国、智利等国家都很发达。以美国为例，截至 2013 年 6 月底，个人退休账户资产规模达 5.7 万亿美元，占家庭退休资产的 27%，是养老金资产增长的最主要来源。在我国，个人储蓄性养老保险的发展尚处于起步阶段，缺少政策激励措施及相应规范。

一 我国养老保障体系现状与问题

目前，我国的养老保障体系主要由三个部分组成，即基本养老保险、企业年金以及个人储蓄性养老保险。我国现行的养老保险制度主要

存在两大问题：

一是以强制性公共养老保障为主，缴费激励不足，保值增值压力大，保障水平低。基本养老保险是我国养老保障体系的首要支柱，覆盖面广，但保障水平低。2012 年末，基本养老保险基金资产仅相当于GDP 的 5%，城镇职工基本养老保险替代率低于 50%，城乡居民的养老金领取水平更显著低于退休职工。基本养老金普遍存在缴费激励不足、保值增值压力大、保障水平低下问题，很难应对老龄化程度不断提高带来的社会风险。

现行养老保险制度存在的第二个问题是：以企业或个人自愿缴费为主的第二、第三支柱发展滞后，缺少理念和制度支持。企业年金属于第二支柱养老金，一般由雇主自愿发起，个人匹配费用。截至 2013 年 6月，企业年金参加职工为 1957 万人，仅覆盖了 2.4% 的基本养老保险参保者，资产规模仅为 5366 亿元，与 GDP 之比仅为 1%，保障覆盖面很低。作为第三层次的个人储蓄性养老保险制度在我国还不完善，有养老储备意愿的资金主要配置于银行存款或短期理财产品，前者收益低下，后者多数进入影子银行体系，既加剧了金融部门与实体经济之间的扭曲关系，也无力缓解养老储备严重不足的压力。

造成以上状况的重要原因是制度理念和政策设计缺少对个体（企业和个人）自愿配置长期养老资产的激励。

二 建立个人退休账户的条件已具备

综合各方面因素分析，当前是我国建立个人退休账户的最佳时机。一是从缴费能力看，近五年来，人口红利消失、劳动力成本上升已经成为经济发展的显著特征。相应地，城乡居民人均收入增长率超过 GDP增长率，家庭金融资产的积累有了明显提高，提高全社会养老储备水平的物质条件已经具备。二是从市场条件看，随着市场化和监管转型，我国多层次资本市场体系的容量和运行质量不断提高，资产管理行业受托人制度日趋完善，专业化投资管理能力得到全国社保基金等长期资金的认可，通过基金公司等专业机构管理的全国社保基金、企业年金均取得了较为理想的投资回报，为个人退休账户的实施奠定了较好的市场条件。三是从改革共识看，在基本养老保险基础上建设一个多层次的有机协调的养老保障制度体系已经取得全社会共识。为了推动多层次养老保障制度体系的建设，国务院自 1991 年以来不断出台相关政策法规，这些政策为建立我国的个人退休账户提供了政策支持和保障。同时，个人退休账户尊重个体选择，规则清晰，有内在公平性，能够让每一个参与者实现个人福利增进，符合改革共识，社会阻力小。

建立个人养老账户具有的重要意义：

一是改善家庭养老保障预期，优化全生命周期消费结构。首先，个人退休账户面向全体国民开放，标准一致、规则清晰、管理规范、受益明确，为全体国民提供了自主配置养老资产的制度条件，有税收优惠和同步于经济增长的长期收益优势，可以优化家庭金融资产配置，全面提升城乡居民对养老保障的预期和信心。其次，在养老保障有稳定预期和信心基础上，家庭当期消费水平将得到提升，有利于促进消费推动型经济增长。个人退休账户的弹性还允许家庭根据经济条件、消费结构变化以及养老保障需求变化，自主、灵活地调整养老资产配置，实现全生命周期消费结构的合理化。

二是与资本市场共繁荣，推动高质量经济增长。个人退休账户能够将家庭短期资产转化为专业机构管理的长期资产进入多层次资本市场，优化金融结构，对影子银行、地方债等风险起到"釜底抽薪"的作用，同时作为"耐心资本"和"信心资本"，抑制资本市场投机，充分利用资本市场的价值发现功能投入到高质量的经济活动中，最终实现养老资产与经济增长的共同繁荣。

三要抓住政策窗口期，推动老龄化社会平稳过渡。自 2001 年 65 岁以上老年人口占比超过 7% 以来，老龄人口占比不断攀升；2011 年劳动年龄人口（15～64 岁）占比出现结构性下降，预计 2015 年之前劳动年龄人口绝对数量将下降，养老储蓄的最佳窗口期将一去不返。个人退休账户可以为人口老龄化的加速到来提供新的养老支柱，成为向老龄化社会平稳过渡的稳定器。

三　政策建议

为此我们提出三方面的政策建议：

一要统筹设计，构建激励清晰、规则统一、安全有效的个人退休账户制度体系。建立个人退休账户的目标是完善我国多层次养老保险体系。建议向全体国民开放个人退休账户申请，依托个人账户统筹管理个人名下的各类养老资产。个人退休账户由独立部门管理，由专业化机构提供竞争性投资组合管理服务，允许个人自主调整个人退休账户份额、管理服务商和投资组合策略，允许家庭成员之间进行个人退休账户收益转移，实现与家庭养老需求的最佳匹配。在养老基金运营方面，实施基金托管人和基金投资人的双线制度，使之相互制约、相互监督，以保护个人退休账户人的利益。

二要加强专业分工，构建竞争性、低成本、透明、高效的个人退休账户运行机制。建议系统推进个人退休账户运行机制，避免各管一段的破碎化建设，通过市场化、专业化手段向参保者提供低成本、高效率的养老金管理服务。统筹设计个人退休账户资金归集、投资管理、托管清算、支付与监管规则，将个人退休账户打造成有成本—收益竞争力的、安全高效的养老保障支柱。

三要全面协调，创造有利于个人退休账户养老体系发展的政策环境。在政策优惠方面，以参保人普惠受益为导向，在缴费、投资、领取上提供均衡、完整的激励。为个人退休账户提供税收递延优惠，以激励个人退休账户持有人的投资积极性，在此基础上，为低个税层级或原本处于免税区间的群体提供额外的免税优惠。在市场监管方面，根据个人退休账户运行特点，合理配置政府法定监管、行业自律管理和市场机构专业监督资源，提高个人退休账户运行的规范、透明、安全。

【提案结果】

提案发布后，引起网友热烈的回应、支持和诸多建议，点击量达5203次。网友非常关注城乡二元格局中，城乡居民的养老保障待遇的差距问题，以及国家机关事业单位工作人员实行和企业职工不同的养老保险制度而产生的差异问题，期望政府制定更为科学、公平、合理的养老保障政策，在个人退休账户的建立中兼顾效率和公平，真正实现老有所养、老有所医、老有所教、老有所学、老有所为、老有所乐的目标，让民众在退休后仍然可以依法共享经济社会繁荣发展的成果。提案也引起了政府、学界和社会各方的积极讨论。2015年1月14日，《关于机关事业单位工作人员养老保险制度改革的决定》发布，标志着养老金"双轨制"正式终结，机关事业单位工作人员与企业员工一样纳入统一的养老保险制度体系。

【编码】2014－23

【案号】全国政协十二届二次会议第 4895 号提案

关于尽快启动圆明园遗址世界文化
遗产申报工作的提案

【提案缘起】

此提案由我和刘大钧委员联名提交，其动议和基础来自第十届全国政协委员叶廷芳先生及中国圆明园学会开展的相关调研。

【提案正文】

圆明园遗址于 1988 年 1 月 13 日被列入第三批全国重点文物保护单位，并于 2010 年被国家文物局定位为"考古遗址公园"，是珍贵的国家级历史文化遗产，具有中国暨世界唯一性的文化遗产价值。由于圆明园遗址如此特殊，以至于超越了民族界限，对全人类的当代和后代都有共同的重要性，具有世界遗产层面的突出普遍价值，因此对其永久保护，对作为一个整体的国际社会而言，具有极大的重要性。

避暑山庄、圆明园、清漪园（即颐和园）这三处园林，被公认为清代皇家园林最杰出的代表，目前除圆明园外，另两处园林已经被列入了世界遗产。事实上，在各级政府的关心和支持下，经过多年努力原属圆明三园地域范围内的全部土地使用权已全部收归国有，园内全部住户和绝大部分驻园单位也已全部搬迁完毕。2000 年，《圆明园总体规划》也获国家文物局正式批复。这些前期工作为圆明园遗址申遗奠定了良好基础。

但是，不仅圆明园遗址未被列入 2012 年底更新的《中国世界文化遗产预备名录》，圆明园遗址的管理部门申遗的意愿与行动也存在不足，据不少关心圆明园遗址的民众与专家反映，有关部门在开展"整修"工作时，没有遵循国家关于考古遗址公园的有关规定，损害了圆明园遗址的真实性与完整性。在此，我们重申，应充分重视圆明园遗址申报世界文化遗产的工作，以申遗工作为中心，合理规划，统筹园区的整修工作，使圆明园遗址的保护步入国际规范的科学轨道。

鉴于上述，我们呼吁尽快启动圆明园遗址世界文化遗产申报工作：

第一，通过申遗工作整合各方意见，凝聚最大共识。

圆明园遗址的存修之间的争议由来已久。初步统计，较大的争议至少有：1980 ~ 1988 年的遗址清理整治与保持废墟之争，1995 ~ 2000 年与 2003 ~ 2004 年的部分整修与维持残园之争，2005 年圆明园遗址的防渗措施与保护生态之争，2006 ~ 2009 年由浙江横店圆明新园工程的动议和启动引发的圆明园异地重建与反对重建之争。这些争议可以分为重修派、整修派、废墟派、自然派等派别，有些论调针锋相对、难以调和。但无论哪派观点，有一个基本的共识便是对圆明园遗址"突出的普遍价值"的承认。因此，从圆明园遗址有"突出的普遍价值"、有能够成为世界文化遗产的可能这一角度出发，能够最大限度地整合多方意见、凝聚共识，以利相关工作的开展。

第二，根据世界遗产评价标准①开展申遗工作。

避暑山庄于1994年被列入世界遗产，被认为符合世界遗产评价标准2和4；颐和园于1998年被列入，被认为符合世界遗产评价标准1、2和3。但与作为"建筑群"类型列入世界遗产的避暑山庄、颐和园不同，圆明园的类型是遗址，这一基本属性决定了其核心价值不是评价标准1、2、3、4，而是评价标准6，即"直接地或明显地与具有突出普遍重要意义的事件相关"。换言之，圆明园遗址的核心价值，在于其对中国近代那一段受侵略历史的见证，在于对文明之美与暴力之恶二者冲突的直观体现，在于对战争的无声控诉和对和平的静静呼唤，可谓活生生的《格尔尼卡》。因此，在世界文化遗产的申报工作上，圆明园遗址的申报更近于波兰的前纳粹德国奥斯维辛—比克瑙集中营、日本的广岛和平纪念公园。但由于圆明园的艺术成就太让人赞叹、太突出，因此我们在强调圆明园遗址的核心价值符合"操作指南"标准6之外，还应意识到，圆明园遗址也可能符合其他多项标准。但首先明确核心价值，才有可能在今后圆明园遗址的保护实践之中确立方向，凝聚共识。

第三，通过申遗工作切实落实对圆明园遗址的保护。

从具体举措的角度，根据《中华人民共和国文物保护法》，目前应该：明确圆明园遗址的核心价值，以申遗工作统筹其他各项整修工作；暂停其他不利于申遗工作开展的开发行为；研究、考古先行，全面统

---

① 目前，世界遗产评价标准共有10条，其中关于文化遗产的评价标准主要有6条，分别为：a. 代表一种独特的艺术成就，一种创造性的天才杰作；b. 展示一段时间内或世界某一文化时期内，在建筑艺术或技术、纪念性艺术、城镇规划或景观设计中的一项人类价值的重要转变；c. 能为一种现存的或已经消失的文化传统或文明的独特或特殊的证据；d. 描绘出人类历史的一个重大时期的建筑物、建筑风格、技术组织或景观的范例；e. 代表了一种（或多种）文化，特别是在其面临不可逆转的变迁时的传统人类居住或使用地的突出范例；f. 直接或明显地与具有突出普遍重要意义的事件、生活传统、信仰、文学艺术相关。（委员会认为，该标准最好和其他标准联合起来申报）

筹、合理规划、分区划片，从保护遗址核心价值的角度出发，推进圆明园遗址考古、整修工作的进行。

【提案结果】

提案发布后，被广为阅读、转载和评论，点击量达 1496 次。网友们表达了对提案的支持。如提案所言，虽然对圆明园存修之间的争议依然，但不等于对圆明园中的遗迹、遗物、遗址可放松管理。游客对遗址的破坏以及日晒风吹雨淋，让圆明园遗址已处于濒危之境。圆明园已罹难一次，其残害绝不能再毁于国人休憩游乐、疏于管理之手。申遗工作可起到统筹作用，停止其他不利于申遗工作开展的开发行为，有利于落实对圆明园遗址的保护，才能达到"铭记历史，警醒国人"的目的。2015 年 3 月，全国政协委员何星亮建议将圆明园遗址列为我国申报世界遗产预备清单。其建议与本提案的要义相同。

二〇一五年

2015 年 3 月 3 日至 3 月 13 日，第十二届全国政协第三次会议在北京举行。这是我第十三次出席全国政协会议。会议期间，我正式提交了二十件政协提案，其中正式立案十七件，转为信息专报三件。

这一年我的提案总数达二十件。关于人口政策的提案进入了第六个年度，我的两个提案与此相关。这一年我响应《政府工作报告》关于社会共治制度的创新提法，带领团队集中力量开展社会共治方面的实证调研，围绕这一问题我提交了五个不同领域社会共治制度建设的提案。

这一年的"两会"我第一次挑战徒步上会。开会前一天，我从位于北京西郊的家徒步走到会议驻地——位于北京站附近的北京国际饭店，近 4 小时穿越大半个北京，走了 2.6 万步。会议期间我坚持尽量徒步，日行超过 2 万步以上，加上参会和闭会的往返徒步，整个"两会"期间我一共走了近 300 万步。我称徒步为"乐行"，乐行中不仅锻炼了身体，也在不断思考和凝练提案，可谓行走不误议政。

【编码】2015 −01

【案号】全国政协十二届三次会议第 0555 号提案

加快出台三大条例，依法推进社会组织管理制度改革

【提案缘起】

自 2013 年始，社会组织管理实际上处于无法可依的状态。按照国务院的统一部署，三大条例即《社会团体登记管理条例》、《民办非企业单位登记管理暂行条例》和《基金会管理条例》的修订工作由民政部会同国务院法制办负责，并应在 2013 年底完成，但迟至今日仍未完成和出台。这一提案旨在发出进一步呼吁，希望相关部门能够加快立法进度！

【提案正文】

中共十八大报告提出要加快形成政社分开、权责明确、依法自治的现代社会组织体制；十八届二中全会和全国人大十二届一次会议审议通过了《国务院机构改革和职能转变方案》，国务院办公厅 2013 年下发《〈国务院机构改革和职能转变方案〉任务分工通知》，明确提出 2013 年 12 月底前完成相关法规修订工作；十八届三中全会提出要创新社会治理，激发社会活力，推进国家治理体系和治理能力现代化；十八届四中全会审议通过《中共中央关于全面推进依法治国若干重大问题的决

定》，提出全面推进依法治国，建设中国特色社会主义法治体系和法治国家。这些重大决定和纲领性文件，为推动新型政社关系和法治社会的建设，指明了明确的方向并提供了清晰的思想及理论基础。两年来，尽管社会领域的全面深化改革如火如荼、方兴未艾，中央和地方出台了一系列重大的改革举措并探索了许多重要的创新行动，但包括三大条例修订在内的法制建设裹足不前，几乎乏善可陈。如果依法治国没有所依的"法"，该如何确保改革、发展走在法治的轨道上？

实践中不断推进的社会组织改革创新，对迟迟不能出台的相关法规已经形成具有极大张力的倒逼机制：其一，各地的改革创新事实上已大大突破了现行法规，全国人大通过的机构改革方案虽具法律效力但不具有操作性和规制性，相关部门也在鼓励各地大胆改革创新，这就使现行法规名存实亡，且影响到法律的严肃性和权威性；其二，现行法规与改革创新存在的矛盾，使之成为深化改革和推广创新的障碍，不仅加大了改革的风险和阻力，也成为不改革乃至反改革的口实和挡箭牌，制约和阻碍了社会组织的蓬勃发展；其三，在无法可依的情况下，各地在改革创新实践中探索建立的新体制缺乏统一的标准和规范，事实上各行其是，已经到了需要在指导思想和方法上进行统一确认和指导的时候，否则将出现混乱局面。为此，呼吁加快出台三大条例、依法推进社会组织管理制度改革的如下政策建议：

（一）宜粗不宜细，尽量搭建新体制的基本框架

到目前为止，相关部门已多次召集会议，征求了多方意见，尽管已经达成了不少共识，但往往纠缠于个别条文的细节，迟迟不能推进。在全面深化改革进程中，法律条文的修订应本着宜粗不宜细的原则，求大同，存小异，为各地正在积极推进的现代社会组织新体制的建构提供法律支持，尽快将新体制以制度化的形式确定下来，保证新体制的有效性

和权威性。

（二）宜快不宜慢，尽快为地方改革创新提供制度支持

由于无法可依，目前各地在改革创新的政策把握上参差不齐。如关于统一直接登记的范围，有的省市规定为行业协会商会类、科技类、公益慈善类和社区社会服务类四种，有的地方则限定为工商经济、公益慈善、社会福利和社会服务四种类型，有的地方只提公益慈善、社会福利、社会服务三种类型，有的地方如广东省则采取大尺度，规定除少数需前置审批的领域外，其他社会组织都实行统一直接登记。在类别界定上各地的差别就更大。因此要本着宜快不宜慢的原则，尽快以立法形式进行统一规范。在加快出台三大条例的同时，应树立标杆、出台相关立法解释或细则，在鼓励地方创新的同时，要加以规范和协调。

（三）宜近不宜远，尽早编制可操作性强的过渡方案，确保体制平稳转型

新体制实施后面临的最大担忧是：降低登记注册门槛对各级政府的管理能力将造成很大冲击，不仅登记管理机关人手少、权限小、专业能力不足等问题凸现出来，各司其职、依法监管的部门协调局面也无法在短期内形成。因此建议应本着宜近不宜远的原则，在新体制运行初期应设定一定年限的过渡期，尽早编制可操作性强的过渡方案，一方面建立临时的多部门协调机制进行必要的统合协调；另一方面积极推动新的监管体制和能力的形成。

（四）宜松不宜紧，为新的法律体系留出足够空间

与三大条例迟迟不能出台的尴尬局面相对照，慈善法、行业协会商会法都已纳入全国人大的立法议程并开始起草，志愿服务、购买服务、社会工作等相关领域的立法呼声也很高，近期民政部等相关部门也在力推社会组织基本法的起草工作。因此，建议三大条例的修订应本着宜松

不宜紧的原则，一方面直面当下新体制建构初期所遭遇的突出问题并尽早加以规范；另一方面要为新的法律体系留出足够的空间，与正在起草的慈善法等相关法规作出必要的呼应，并为社会组织法的起草和制定铺平道路。因此在立法上要有足够的前瞻性，要保证法律法规的延续性，保障社会对法律的可预期性。

【提案结果】

这一提案提交后很快得以立案。《学会》杂志 2015 年第 3 期全文转载，多家网络媒体转载。提案立案后，国务院法制办对提案作出答复。7 月 8 日，中办国办印发《行业协会商会与行政机关脱钩总体方案》、9 月 7 日民政部下发《全国性行业协会商会负责人任职管理办法（试行）》等。终于在 2016 年，民政部发布关于《基金会管理条例（修订草案征求意见稿)》、《社会团体登记管理条例（修订草案征求意见稿)》及其说明全文、《民办非企业单位登记管理暂行条例（修订草案征求意见稿)》，征求社会各界意见。

【编码】2015 –02

【案号】全国政协十二届三次会议第 X034 号文

关于探索用社会企业模式推动社会福利企业深化市场化改革的建议案

【提案缘起】

社会企业方兴未艾，而社会福利企业的改革严重滞缓！针对这一现实，本提案在此前提案的基础上，进一步提出：借鉴社会企业的成功模式和做法，大力推进社会福利企业的市场化改革。

【提案正文】

社会福利企业通过集中安置残疾人就业并实现工作权，提高自我价值，在整个残疾人事业中发挥着重要作用。然而，随着市场竞争的加剧和政府优惠政策的改变，近年来社会福利企业生存状况愈发艰难，趋势不容乐观。其发展困境主要来自：一是市场经济的冲击；二是政府职能转变与政策的调整；三是社会福利企业自身能力不足。

但是，少数社会福利企业较好抓住了残疾人就业的机遇优势，适应了市场经济发展的规律并取得了成功。有数十家上市企业其发起人是社会福利企业或者享受社会福利企业政策待遇，形成了巨大的市场优势和可持续的发展能力。这些公司的成功经验表明：首先，部分残疾人在当今的信息经济、金融经济、科技经济发展中能够实现优势就业，关键在于如何变劣势为优势，如何凝聚优势、发挥优势。其次，社会福利企业的发展需要政府和社会的支持，关键是如何在充分利用各方资源的同时实现资源整合，形成核心竞争力。最后，作为一种残疾人"变一种活法"的载体，作为企业，社会福利企业发展的成功之钥在于牢牢把握市场。如何靠市场化发掘人与组织的潜力，改变群体心态与体制生态从而激活社会福利企业？

借鉴这些成功企业的经验，提出深化社会福利企业市场化改革的建议如下：

（一）转换视角，修正定位，改变既有福利思路。转换社会福利企业发展思路，强调其市场特性，强调竞争与优势视角。不再着重强调社会福利企业的福利性，而更应当强调其企业性。从本质上来说，社会福利企业就是要使残疾人弱势群体实现优势甚至强势就业，是依赖特定政策、充分发挥残疾人另"一扇窗"给他们带来的优势和资源，运用商业化、市场化手段生存和发展的组织形态，其强调的既有福利性，更有竞争性和自我发展能力，能够通过自己的比较优势在市场中获得生存和发展。因而必须改变传统的低端就业思路，在分析残疾人员工比较优势的基础上，选择合适的产业介入，创新市场运作能力，建立核心竞争力，实现残疾人的优势就业。

（二）分类发展，集聚优势，制定支持政策体系。应遵循"增量停止，存量改革"的原则。在不增加企业数量的基础上进行分类改革：具备市场运作能力和条件的，鼓励设立残疾人社会企业；暂时不具备条件的，进行能力建设与提升，提高其适应市场竞争的能力；实在不能适应市场化，由政府对残疾人个人进行福利托底保障，不再集中就业，而是鼓励分散就业。建立相应的改革、激励和保障机制，使得作为集中就业的社会福利企业做到"从集中到优势集聚"，而不是由集中产生劣势放大。尤其是在信息化、数字化时代，残疾人从事就业的障碍被大大减小，其残疾为其带来的时间优势、精力集中优势、其他器官发育更强等优势，为实现残疾人的优势就业提供了可能。这就要求必须对社会福利企业进行分类，根据企业产品特征、在其中就业残疾人的能力和优势制定不同的发展支持体系。一是，针对能够在市场中进行竞争、具有核心能力的社会福利企业和残疾人，加大公益创投力度，针对不同残疾人的能力和优势促进其自主创业，提高残疾人自我发展的能力；二是，出台科学、合理的政策支持体系，针对不同的社会福利企业制定不同的能力发展、财政支持、购买服务等相关政策；三是，对认定为具有市场竞争力的社会福利企业根据其营利程度、盈利分配比例制定不同的税收优惠政策；四是，完善和改革对被认定为具有市场竞争力的社会福利企业财政支持方式，通过竞争性的购买服务、公益创投、财政资助等方式，增强其自身的竞争意识和竞争能力。

（三）增权赋能，创新模式，提高市场运作能力。中共十八届三中全会明确提出：市场在资源配置中发挥决定性作用。这意味着社会福利企业面临的竞争压力越来越大，必须增权赋能，提高其市场化水平和核心竞争力。这就要求：第一，在对社会福利企业进行分类的基础上，有针对性地制定社会福利企业能力提升计划，通过人才培养、信息化、技术化等手段促进其不断提高自身能力建设；第二，引进境外包括我国香港、台湾地区社会企业发展模式，进而推动社会福利企业向社会企业的转型，促进社会福利企业市场化能力的提高。社会企业这类组织秉承商业组织高效、专业、灵活的特征，同时又以解决社会问题、实现社会价值为目标，既能够保证自身可持续的发展，又能够积极有效地参与到社会发展的进程之中。与传统的社会福利企业相比，社会企业在市场中表现得更为灵活，能够将社会目标与市场目标进行整合，通过扬长避短、优势集聚，形成其特有的竞争优势。对有条件和有能力的社会福利企业创造条件、提供能力建设资源推动其向社会企业转换，将其对社会目标的追求转化为竞争优势，充分实现社会福利企业的社会价值、提升其社会投资回报；第三，对现有社会福利企业进行优化重组。参考国企改革模式，可以考虑对社会福利企业进行分类改革：一部分继续存在，一部分进行优质资产重组，一部分人、一部分资产进行强强联合；第四，积极引进社会价值投资，引进、吸收社会资本，通过公益创投甚至风险投资，推动社会福利企业在资本、技术、理念等方面的升级。

（四）功能分离，使命融入，建立社会共治体系。让传统的福利功能和市场经营功能有效分离，由不同的组织体和组织形态提供，在此基础上实现有机衔接。同时，社会福利企业可以把其解决残疾人就业和发展的社会使命充分融入市场运作当中，创新运作模式，如运用公益创投、价值投资等社会化资本，推动道德消费等消费理念和消费方式的形成。在对社会福利企业进行科学分类、引入竞争机制增强市场化能力的基础上，在重视投资回报——包括货币投资回报和社会投资回报的基础上，建立科学、合理的社会福利企业绩效评估体系。社会福利企业的绩效评价既区别于企业以赢利能力、资产质量、债务风险和经营增长等为重点的绩效评估体系，又区别于政府以经济指标、效率、效果、行政能力和公正等为重点的绩效评估体系。对此，针对那些具有核心竞争力、能够在市场经济中独立生存和发展、能够按照社会企业标准来界定的社会福利企业，可参考国际上流行的社会投资回报工具来设计其的绩效评估体系：以价值为核心，以利益相关方尤其是残疾人为参与主体，通过一定的指标体系测量社会福利企业带来的对残疾人、社区、社会、环境和经济的贡献并用货币价值来呈现。

【提案结果】

　　社会企业已经成为近年来的一个热点，将社会企业模式应用到社会福利企业深化市场改革中无疑是一大创新，这也给残障人士就业提供了一种创新选择，力图解决残疾人就业和社会福利企业改革的难题。这一提案与 2014 年的提案呼应，提出了一种社会福利企业市场化改革的具体路径。提案提交后被转为信息专报。

【编码】2015 –03

【案号】全国政协十二届三次会议第 0981 号提案

关于设立公益慈善专业学位，大力推动公益慈善专业人才培养的建议案

【提案缘起】

随着我国公益慈善事业的发展，公益慈善理论和政策研究日趋活跃，人才培养体系也逐步建立起来，公益慈善学科建设提到了议事日程。近年来，除清华已经设有相关的硕士专业、博士专业外，北大、北师大等许多高校也相继开设了相关的硕士专业，有的学校甚至开始招收公益慈善专业的本科生。本提案基于这一背景提出，希望从政策上推动这一新兴学科的诞生。

【提案正文】

近年来，我国公益慈善事业蓬勃发展，公益组织数量迅速增加，慈善捐赠急剧增大，志愿服务不断扩大，慈善文化日益深入人心，各类慈善活动积极踊跃，公益慈善事业的积极作用不断彰显，成为推进社会治理创新、实现社会和谐的重要领域。各级党和政府也高度重视公益慈善事业发展。2014 年初，全国人大正式启动《中华人民共和国慈善法》立法议程，11 月 24 日，国务院下发《关于促进慈善事业健康发展的指导意见》（国发 2014 – 61 号，以下简称《意见》），将促进公益慈善事

业健康发展提高到全面深化改革和国家战略的高度。

我国公益慈善事业的发展，亟须培养一大批适应公益慈善事业发展的专业人才。《意见》对此作出"完善慈善人才培养政策"的安排，明确要求："要加快培养慈善事业发展急需的理论研究、高级管理、项目实施、专业服务和宣传推广等人才。"

高校不仅是学术人才培养的重镇，也是各类专业人才的培养基地。到目前为止，我国高校设立的"专业学位研究生"涉及 39 种专业硕士学位和 5 种专业博士学位，基本覆盖了国民经济和社会发展的主干领域，具有研究生专业学位授予权的高校达 509 所，累计招收专业学位研究生逾百万人，在改革开放 30 多年来我国累计招收的各类研究生中占五分之一强。我国已成为仅次于美国的世界第二大研究生教育国家。近年，教育部明确提出推动从学术型人才培养向应用型人才培养的教育改革战略，加快硕士研究生向专业硕士的应用型方向转型，并成立了涉及各个专业学位研究生教育的全国专业学位研究生指导委员会。

基于上述形势，我们提出尽快设立公益慈善专业学位，大力推动公益慈善专业人才培养的如下建议：

第一，在教育部和民政部协调指导下成立专家组，就设立"公益慈善"专业学位进行调研论证并提交论证报告。调研应对国内高校目前开设公益慈善相关专业、课程、师资等情况进行全面系统梳理，应充分了解国外公益慈善相关学科建设、人才培养、学术研究等最新进展，应及时把握国内公益慈善事业发展在人才队伍建设方面的需求、现状和问题，在此基础上完成详细的论证报告并提出具体的政策建议。

第二，在全国专业学位指导委员会设立公益慈善专业学位指导委员会，负责公益慈善专业学位（大专、本科、研究生）的指导、督查、评估认证、研究和咨询等工作。

第三，由全国公益慈善专业学位指导委员会牵头，邀请国内外公益慈善领域和相关高校的专家学者，就大专、本科、研究生等不同层次公益慈善学位教育的核心课程设置、教学及实习方式、考核及评价标准等问题开展研讨并求得共识，在全国范围内开展不同层次公益慈善专业学位核心课程的师资集训。

第四，借鉴"工商管理"、"公共管理"等专业学位的做法，在教育部、民政部的统一协调领导下，分层、分期、分批认定符合条件的高校，成为公益慈善专业学位授予点，组织开展全国公益慈善专业学位教育的评估工作。

第五，加强公益慈善专业学位教育的国际交流，适时推动成立区域性或全球性的公益慈善专业学位教育联盟。目前，公益慈善作为一门新兴的应用学科，在美国等发达国家的高校陆续开始发展，2012 年 7 月，印第安纳大学设立全美第一家慈善学院，现已开设本科、硕士和博士等不同层次的专业学位，被认为是全球最大的公益慈善专业学位教育基地。但目前尚未建立区域性或全球性的平台。尽早启动公益慈善专业学位教育并适时推动成立区域性或全球性的公益慈善专业学位教育联盟，有利于掌握这一新兴学科的国际话语权。

【提案结果】

这一提案很快得以立案，博文发表后得到网友的关注与支持。一名网友回复："社会组织专业不能解决公益慈善机构职业经理人职业阶层的形成——通常，目前只能从政府组织或营利机构的职业经理人中去寻找 CEO（套用这个概念），要么相对僵化，要么增大公益慈善机构的成本。"相关部门高度重视这一提案并积极推动落实。2015 年 4 月 26 日，民政部和清华大学联合设立清华大学公益慈善研究院，研究院的战略目标是全力推进公益慈善研究和人才培养体系建设，努力发展成为一个体现国家战略、融入创建一流大学进程、致力于公益慈善研究与人才培养体系建设的国家级智库。清华大学 2016 年公共管理硕士（MPA 双证）研究生招生设公益慈善方向，以加速公益慈善领域的人才培养，为专业学位设立与学科发展奠定良好的基础。

【编码】2015-04

【案号】全国政协十二届三次会议第 0941 号提案

鼓励两孩，优生优育，加快形成积极的人口政策

【提案缘起】

这是我和刘大钧委员自 2010 年以来就人口政策调整的第六次提案。本提案在连续多年呼吁放开"二孩"的基础上，结合近期我们的调研和思考，呼吁加速计划生育政策全面深化改革，加快形成鼓励两孩、优生优育、面向未来的积极人口政策。

【提案正文】

中共十八届三中全会启动"单独两孩"的"生育新政"，结束了多年来关于"一孩化"的争论，也标志着计划生育基本国策开始进入新的历史阶段。我们认为：我国以严格控制人口数量增长为核心的消极人口政策需要全面调整，人口政策的重心要从控制人口数量转向稳定人口规模、改善人口结构和提高人口质量，从限制生育转向鼓励生育和优生优育，加快形成面向国家的未来、民族的未来和人类的未来的积极人口政策。

为此提出如下建议：

第一，加快推动人口政策重心从控制数量转向稳定规模和改善结

构。要解放思想，从根本上改变计划生育就是控制人口数量的陈旧观念，充分认识生育率最终处于替代水平或之上才是维持民族繁衍的必要前提。从当前及今后的人口走势看，即使完全放开也难以避免在可预见的将来我国每年出生人口的雪崩式滑坡。因此人口政策的长期目标应是稳步提升生育率至替代水平，最终确保每年出生人数基本稳定，维持中华民族的正常繁衍，同时不断促进人口结构优化，并加强优生优育，努力提高人口质量。

第二，加速政策转型，变"单独两孩"为"鼓励两孩"。去年7月，国家卫计委有关发言人表示，除西藏、新疆外的29个省（区、市）已依法启动实施了"单独两孩"政策。但已有数据表明，新增出生人口数远低于预期。据估计，我国符合政策条件的夫妇共有1100多万对，但其中提出申请的家庭不足10%。其中，上海37万对夫妇中仅有1.66万对申请了二胎指标，申请率仅为4.5%。福建符合条件的夫妇也只有三成提出了申请。经过一年，原本呼声很高的"单独两孩"政策并没有出现当初人们普遍预料的"井喷式"申请和出生人口激增。尽管政策效果的观察尚需时日，但出师不利的过渡性政策其必要性大打折扣。为此我们呼吁：应加速政策转型，变"单独两孩"政策为"鼓励两孩"政策，即取消所谓"单独"的生育两孩限制，采取各种措施鼓励那些符合生育条件的夫妇生育两孩，可探索在符合条件的城市建立"鼓励两孩生育基金"，对生育两孩的家庭进行经济上的补贴和生活上的帮扶，以减轻他们的后顾之忧。

第三，尽快取消计划生育一票否决制，废止以严格限制生育为目的的社会抚养费制度。要尽快修订相关法律法规，包括《人口与计划生育法》和《社会抚养费征收管理办法》，按十八届三中全会精神从制度上规范生育新政并为人口政策调整提供法律保障，各级地方政府也应尽快对相关法规和政策进行全面梳理；要在去年国务院机构改革的基础上进一步改革调整相关政府部门的体制和职责；要立即停止各级政府以"一孩化"为核心严格控制人口数量的执法及行政绩效考评办法；要大力开展关于生育新政和人口政策调整的宣传教育活动。

第四，恢复并改善强制婚前检查，鼓励适龄生育，坚持优生优育。我国是世界上出生缺陷高发国家，2003 年新婚姻法将"强制婚检"改为"自愿婚检"后，我国出生缺陷发生率持续走高，根据全国出生缺陷医院监测数据（监测期限为妊娠满 28 周至产后 7 天），2010 年出生缺陷发生为 149.9/万例，较 1996 年增长了 70.9%。另据国家卫计委有关领导在 2013 年的相关国际会议上通报，估算中国出生缺陷发生率约为 5.6%，每年新增出生缺陷约 90 万例。因此建议尽快恢复并从技术和服务上改善强制婚前检查，鼓励适龄生育，限制高龄生育，坚持优生优育。

第五，计划生育的基本国策应体现生命本位、文化本位和家庭本位的原则。在计划生育工作中，应以人为本，尊重并捍卫人的生命，包括对未出生的胎儿生命的尊重与保护，也包括对生育权的尊重与保护，坚决杜绝任何强制堕胎、强制绝育、强制上环等非人道做法。要把人口的均衡发展目标提高到民族文化传承和中华民族复兴的高度，把生育和教养身心健康的孩子作为民族复兴最根本的战略基础，在税收、教育、医疗、就业等各个方面切实减轻养育家庭的负担，采取积极措施保护孩子和家庭。

第六，加快形成面向未来的积极人口政策。30 多年来我国实行以严格控制人口数量增长为核心的消极人口政策，在带来社会经济生活中全方位的负面影响的同时，正在断送我们的未来。人口政策关乎国家的未来、民族的未来、人类的未来，因此人口政策的调整必须着眼于未来。目前，党中央已经作出了调整人口政策的重大决策。决定人口政策方向的是人口结构和规模对经济、社会、国防、环境等的影响，因此人口政策的调整需要各个不同领域的专家及相关部门的共同参与，建议由国务院授权国家发改委，统一协调相关部委和各领域的专家组成人口政策调整攻关课题组，研究人口政策调整的总体方案，并加快形成面向国家的未来、民族的未来、人类的未来的积极人口政策。

同时，国家应出台相应的政策切实解决独生子女高风险家庭所面临的一系列难题。对于因独生子女政策带来的"失独"家庭，应建立国家基金进行公益救助和社会支持。

【提案结果】

这一提案中"鼓励生育"和"积极人口政策"的观点受到社会的广泛关注和肯定。3月3日，澎湃新闻刊登题为《全国政协委员王名：尽快取消计生一票否决制，停收社会抚养费》的报道，全文刊发本提案中的六大建议。3月6日，中国青年网以《"单独二孩"遭遇"熊市" 王名委员建议设立基金鼓励生育》为题报道提案，指出应建立基金鼓励生育，优生优育重在"质"，并呼吁废止社会抚养费制度。8月23日，国家卫生计生委针对本提案的内容作出答复。答复函表示：2014年我国已经开始实施"单独两孩"政策，现在正在推进，也正在进行全面评估，会根据评估的结果，也考虑中国经济社会发展和人口结构变化的状态，权衡利弊，但是必须依照法律程序来调整和完善人口政策。答复函还指出：本提案的内容很有参考价值，国家卫生计生委在开展进一步调整完善生育政策的调研论证时将认真研究考虑。

【编码】2015－05

【案号】全国政协十二届三次会议第 X726 号文

弘扬家德，重建家学，大力推动以家庭为中心的传统文化教育

【提案缘起】

以"家德"、"家学"、"家训"、"家风"等为核心的家庭教育，是中国传统文化的重要内容之一，也是公民道德教育的源头。但多年来，家庭教育被以应试教育为主体的学校教育所取代，加上长期奉行"独生子女"政策带来的家庭功能的衰竭，家庭教育已近消亡。本提案大声疾呼弘扬家德、重建家学，大力推动以家庭为中心的传统文化教育！

【提案正文】

家庭是社会的细胞，我国传统文化家庭教育中的家训、家规、家教、家道、家风、家学、家德等表现形式是社会风气、公民道德的精神源头。家庭教育是一种从起点到终点的全程教育、终身教育，儿时所受的家庭教育会对人的一生产生重大而深远的影响。中华民族一向重视家国观念，"家国一体"的儒家伦理思想植根于中国人的血脉之中，正是基于这样的同构性，在"修身、齐家、治国、平天下"这一递进模式中，家庭不仅是一个相对稳定的修身平台，而且是施展这种修养功夫的大本营，而"治国"、"平天下"则是在家庭中修身后的社会实践及能

力延伸。家庭教育在中华传统文化中源远流长，具有特殊重要的意义，成功的家庭教育不仅塑造优秀的公民个体灵魂、人格特征、意志品格，而且影响到全民族的整体精神。历史上的"孟母三迁"、"曾子杀猪"等故事，都说明了中国家庭教育在传统文化教育中的作用。习近平总书记最近也指出："要在孩子心中从小种下核心价值观的种子，帮助孩子树立远大志向，形成良好心灵，长大后接过实现民族复兴中国梦的'接力棒'。"家庭教育在传承传统文化、落实社会主义核心价值观中有着无可替代的作用。

但是，传统家庭教育思想在改革开放和经济发展的大潮中被淹没，家庭教育在文化传承方面的作用严重缺失，当前我国家庭教育存在许多问题，一是重智育轻德育，唯成绩论，过分看重子女的学习成绩，忽视品德教育；二是对独生子女过于溺爱放任，重物质满足轻精神需求，传统美德没有得到代际传承；三是家长没有发挥言传身教的长辈模范作用，没能正确引导和帮助孩子健康成长等等。

对此我们提出弘扬家德、重建家学、大力推动以家庭为中心的传统文化教育的如下政策建议：

第一，以中华传统伦理道德为基石，弘扬传统家德。"教家立范，品行为先"，中华民族一直重视家庭教育中的德育。家德内涵为一个家庭及其成员所具有的伦理道德，家德决定了家庭成员的精神素养，决定了家庭成员的品性前程，一个幸福和睦的家庭，首先要有优良的家德作支撑。传统家德教育中首提"孝悌"，孝是儒家极为推崇的伦理道德观念，也是为人子者对于尊长应该恪守的责任和义务；悌则是兄弟、手足之间的行为准则。《论语》所谓"孝悌也者，其为仁之本欤！"，《孝经》自汉以来就是童蒙教育的重要课程。"父子有亲，君臣有义，夫妇有别，长幼有序，朋友有信"被称为五伦，五伦所说的是人之常道。在家庭中各有各的分工，而家庭伦理中的序位之说，即父子夫妇各守本位，将自己的本位做好，既是家庭道德的一部分，也是维护良好家庭秩序的前提。现在很多的家庭关系中存在错位，各人不能安于本分，因此失了序位，导致各种的问题，都是因为道德的缺失和伦理的不彰，因此家德的弘扬对于家庭教育来说非常重要。如果丈夫、妻子、媳妇、子女、老人都能行好自己的道，就能够达成父慈子孝、兄友弟恭的理想家庭状态。

第二，以中华传统文化为核心，重建传世家学。家学指家族世代相传的学问。现在的家学，通常包括以血缘家庭为单位的全部文化、技能及价值体系。我国古代极为推崇"书香门第"，即家族中都是读书人，可见家学首先是一种学问，而古人之学在手工技巧等方面都是世代相传。与当今的时代相应，固然要保护传统的手工艺流传不断，但是更重要的是建立起新的家学传世。首要的是在家庭里建立起良好的学习氛围，家庭成员有共同的文化取向和兴趣，在这种氛围之下，才可能建立起家学。反映在家庭教育上，绝对不是像现在家长填鸭式地带孩子上各种补习班和兴趣小组，或者是把希望完全寄托在孩子身上，给下一代过大的压力。应该先从家长开始，将所有的学问（比如传统文化经典）和艺术形式（如茶道、书法等）作为日常的学习和修养活动，将家庭建成学习型组织。在这种情况下培养孩子对传统文化的兴趣，也成为传统文化的学习者和传承者。这样才能保证传统文化的薪火相传，对于单个的家庭来说也可以在学习中提高家庭成员个人的修养，提高家庭整体的素质。家训是传统文化的组成部分，在古代教育中起着极其重要的作用。古代很多家族都制定了家训或者家规，如著名的《颜氏家训》和《朱子家训》。古人通过家训将自己的学问、理念、思想传递给子孙后代。这些家训不仅是一种规制和行为准则，更是一种文化的传承和精神的传递，也是一种生活的教育，因此也是家学传递的组成部分。在现在人与传统文化脱节已久的情况下，建议国人特别是为人父母者多学习历史上的家训，将家训文化传承下去，重建家学。

第三，以家庭教育为载体，树立良好家风。家风又称门风，是家庭或家族的传统风尚或作风。家风是家庭传统的延续，是家庭价值的体现，更是家庭文化的凝聚。家风的形成，离不开家规的约束和家训的指引，离不开家庭教育的熏陶，也离不开家人的全员践行和不懈追求。对家人来说，家风是一种无言的教育。有什么样的家风，往往就有什么样的做人做事态度、为人处世伦理，对于很多人来说，家风甚至影响其一生。而在前面两点弘扬家德和重建家学的基础之上，方可形成良好的家风。树立起良好的家风，就可移风易俗，影响社会风气。因此家风不仅是一个家庭自身的事情，更与社会、国家紧密相连。家风的核心是价值观，不同的家庭具有不同的家风。中华传统文化和道德是形成家风的基础，通过家风在每一个家庭中传承。对于每一个中国家庭来说，家风的共同核心价值观就是中华传统文化中的"仁义礼智信"，即习近平总书记所说"深入挖掘和阐发中华优秀传统文化讲仁爱、重民本、守诚信、崇正义、尚和合、求大同的时代价值"。家长是儿童的第一位教师。因此在家风建设中也要特别强调"言传身教"，要以家长自身作为典范而带动整个家庭成员的改变。《孟子》云："一家仁，一国兴仁；一家让，一国兴让。"说明家庭关系到整个国家的未来。家有家规，家有家德，家有家学，家有家风，以家为载体，在家庭教育中身体力行才能真正传承中华传统文化。因此，我们呼吁弘扬家德，重建家学，大力推动以家庭为中心的传统文化教育，以此来实现小家纯，大家正，国家兴，真正营造风清气正的社会环境。

【提案结果】

这一提案提交后，被转为信息与建议提交中宣部与教育部。自 2013 年以来，我已连续提交了数个关于传统文化的提案，引起社会的广泛关注和相关部门的重视。2015 年 6 月，中宣部、全国妇联举办"弘扬德孝文化、践行核心价值"现场交流会，强调大力弘扬中华孝道，持续深化家风家教培育，引导全社会注重家庭、注重家教、注重家风，发扬光大中华民族传统美德，推动社会主义核心价值观在家庭里生根、在亲情中升华。2015 年 10 月，教育部出台《关于加强家庭教育工作的指导意见》，提出要注重家庭、注重家教、注重家风，明确家长在家庭教育中的主体责任，办好家长学校，加快形成家庭教育社会支持网络。

【编码】2015 –06

【案号】全国政协十二届三次会议第 X725 号文

借鉴"伏羲教育"经验，以中华优秀传统文化为核心推动基础教育改革

【提案缘起】

这是我连续第三年就伏羲教育提交政策提案。在深入调研的基础上，我多次与吴鸿清教授交流，并访问许多老师和家长，对伏羲班、伏羲学校所倡导和推动的以中华传统文化为中心的素质教育有了更加全面的了解，在此基础上起草、修改，提出本提案。

【提案正文】

2014 年 2 月 24 日习近平在中共中央政治局集体学习会上强调："培育和弘扬社会主义核心价值观必须立足中华优秀传统文化。牢固的核心价值观，都有其固有的根本。抛弃传统，丢掉根本，就等于割断了自己的精神命脉。"中华传统文化"要从娃娃抓起，从学校抓起，做到进教材，进课堂，进头脑"。

伏羲班是 2006 年 9 月吴鸿清教授在甘肃省甘谷县土桥小学义务创办的教学改革实验班，伏羲班的实践经验证明：中国古代优秀的经典教材和成功的教育经验能为今用，以中华传统文化为核心探索基础教育改革不仅是必要的也是切实可行的，这种改革包括以中华传统文化为核心

改革幼儿教育、重构中小学教育课程体系、改变现行义务教育阶段考评机制、加强品德及人格教育等。

基础教育包括幼儿教育、小学教育和普通中等教育，是整个教育体系的关键部分，也是为受教育者奠定道德修养知识技能等人生基础的重要阶段。我国基础教育最重要的是在教育中创造出一个中国文化的语境氛围，让中国的孩子在这种氛围下成长，成年之后方才有中国文化的底蕴，成为具有文化自觉与民族自信的中国人，能够用中国人特有的思想与思维去判断家庭事务、国家事务、世界事务。这样才能复归于中华文化的根本，中华民族的伟大复兴才能真正实现。

教育部 2014 年 3 月颁布了《教育部关于全面深化课程改革　落实立德树人根本任务的意见》，以及《完善中华优秀传统文化教育指导纲要》，这些都是可喜的变化，但其方针方法过于笼统，且有些做法并不符合传统文化教育的规律。伏羲班虽然开办于 9 年前，但所做的与今天党和国家提倡的完全一致，其宝贵经验足资借鉴，总结借鉴伏羲班的经验，对于用中华优秀传统文化推进基础教育改革有重要的意义。建议如下：

（一）从幼儿教育阶段开始进行中华传统文化教育

幼儿教育是教育的重要组成部分，其形式在城市以幼儿园为主，有三年制的，也有一年或两年制的；有全日制的，也有半日制、寄宿制、计时制的。在农村则以学前幼儿班为主要形式，另外还有季节性幼儿园。而目前除了民办国学幼儿园之外，大多数幼儿园并未开展传统文化教育，而教育部的指导纲要里也并未提及，事实上在推动中华传统文化教育的过程中，幼儿教育阶段是极为重要却也容易被忽视的阶段。

中华传统文化教育有其自身的次第和规律，其中对于 3~6 岁儿童的蒙学教育的方向为"童蒙养正"，即从一开始就打下良好的道德品质基础。"君子慎始"，初开蒙阶段的学习对于受教育者来说至关重要，这一阶段的学习内容主要是"洒扫应对进退"，应该在日常的学习生活、洒扫应对、待人接物、行礼演礼等方方面面，引导学生切实力行童蒙经典之所学，反复实践，以养成良好的行为习惯，进而磨炼心性，熏陶情感，涵养德性，培养定力，变化气质。

我国优秀传统文化宝库中的童蒙名篇数量很多，包括《三字经》、《弟子规》、《千字文》、《千家诗》等等，这些的学习应该在幼儿园阶段开展，幼儿一边学习识字，一边诵读这些简单易懂的篇目，以进一步笃实童蒙养正的根基，使儿童具有初步的国学入门知识、修养、能力，为将来进入小学学习传统文化打下坚实的基础。

（二）以中华优秀传统文化为核心构建中小学教育的课程体系

教育部 2014 年出台的指导纲要提出"把中华优秀传统文化教育系统融入课程和教材体系"，具体做法是要"在课程建设和课程标准修订中强化中华优秀传统文化内容"，"在中小学德育、语文、历史、艺术、体育等课程标准修订中，增加中华优秀传统文化内容比重"。这一说法和过去忽视传统文化教育的做法相比较，显然是一大进步，但也要看到，其中对于传统文化教育的态度是"增加比重"、进行"渗透"，这种提法显然还是对传统文化教育的作用和价值认识不够。我们认为应该以中华传统文化为核心来重新建构中小学教育的课程体系。

首先是教材和教学内容。伏羲班的经验告诉我们：教材决定着教育的方向和教育的结果。应当在基础教育改革中，专门设立国学教育课程，并且使其占到 50% 以上的比重。国学经典范围甚广，内容丰富，大致可归纳为"经、史、子、集"四部，因此，要从国学中选择适合学生阅读的内容编辑成读本，由语文教师根据国学教育的目标，结合国学教育的内容实施引导。

其次，建议教育主管部门认真研究中国的历史、现状和传统文化，组织专业人士设立专项课题和项目组，对传统文化内容进行研究整理，并借鉴实践经验，设定时间进程，制定出正确、合理的国学教育政策和教学大纲，开展传统文化导读教材的编定、师资的培育、课程体系规划等有关国学教学工作。并在全国的实验学校或实验区域开展国学教育课程实验、教学方法科研实验、教学评价试行实验等工作。也要保障财务投入，真正有效地指导传统文化教育的开展。

再次，建议改变现行义务教育阶段的考评机制。在现行的教育评价体系中，以传统文化为核心进行改革，并在推行以传统文化为核心的素质教育过程中逐步探索建立一种新型的考评机制。

最后，要保证弘扬中国传统文化在基础教育阶段的落实，应由国家教育主管部门制定相关的政策，规定传统文化教育是国家教育体系的一部分。要用具有强制性的法律手段，促使中小学校真正在教育教学过程中开设中国传统文化课程。

（三）以传统文化教育为基石加强中小学生德育及素质教育

近年，教育部在推进素质教育方面做了许多积极探索，比如提出要"整体提高大中小学德育的实效"，"提升师生汉字书写能力和学校书法教育水平"，"全面推进学校艺术教育"等，而伏羲班成功的教育改革实践正好证明了中华传统文化教育在道德教育和综合素质培养上可发挥重大作用。

相对于以知识及技能传授为核心内容的现代教育体系，中国传统的教育以人格的修习为贯彻始终的精神。"大学之道，在明明德"，国学教育渗透的正心修身明理之理念及内容可以有效弥补现代教育体制素质和道德教育缺失的缺陷，从而以知识的传授、智慧及潜能的开启、性情的陶冶、善德的启发、人生观的建构、责任的担当等多维层面一起构成一个崭新而完整的国民教育体系，全面提升国民的人文素质，提升国家在国际竞争中的文化软实力。

【提案结果】

近年在中央主要领导的倡导和推动下，传统文化越来越受重视，以中华优秀传统文化为中心推进基础教育改革的呼声也日高。2014年2月24日习近平在中共中央政治局集体学习会上强调："培育和弘扬社会主义核心价值观必须立足中华优秀传统文化。牢固的核心价值观，都有其固有的根本。抛弃传统，丢掉根本，就等于割断了自己的精神命脉。"中华传统文化"要从娃娃抓起，从学校抓起，做到进教材，进课堂，进头脑"。教育部随后在2014年3月颁布了《教育部关于全面深化课程改革落实立德树人根本任务的意见》，以及《完善中华优秀传统文化教育指导纲要》。这一提案提交后，被转为信息与建议提交教育部。

【编码】 2015 –07

【案号】全国政协十二届三次会议第 1101 号提案

关于加快高校公益慈善智库建设，促进我国公益慈善事业健康发展的建议案

【提案缘起】

近年许多高校成立了公益慈善研究院（所、中心），越来越多的学者参与到与公益慈善相关的理论研究、实践研究和政策研究中来，本提案基于这一背景，呼吁从政策上关注和支持高校公益慈善智库的建设。

【提案正文】

近年来，我国公益慈善事业蓬勃发展，公益组织数量迅速增加，慈善捐赠急剧增大，志愿服务不断扩大，慈善文化日益深入人心，各类慈善活动积极踊跃，公益慈善事业的积极作用不断彰显，成为推进社会治理创新、实现社会和谐的重要领域。各级党和政府也高度重视公益慈善事业发展。2014 年初，全国人大正式启动"中华人民共和国慈善法"立法程序，11 月 24 日，国务院下发《关于促进慈善事业健康发展的指导意见》（国发 2014 – 61 号，以下简称《意见》），将促进公益慈善事业健康发展提高到全面深化改革和国家战略的高度。

从全面深化改革和国家战略层面推进公益慈善事业，亟须成立和发展一批致力于公益慈善专题研究、数据库和政策咨询平台建设的新型智

库。近日,中办、国办印发《关于加强中国特色新型智库建设的意见》,提出在中国特色新型智库发展格局中,高校智库要致力于社会科学专题研究、数据库建设和实验室、软科学研究基地建设,重点建设一批全球和区域问题研究基地和海外中国学术研究中心。

为此提出如下建议:

第一,在民政部和教育部的协调指导下成立专家组,就设立高校"公益慈善"专业智库进行调研论证并提交总体布局和规划论证报告。公益慈善既是当前蓬勃发展的社会事业,也是社会科学的新兴领域,国内许多高校已经设立了相关研究机构并形成了初步的智库格局。民政部近期也将与部分高校合作成立公益慈善研究院(所)列入其年度工作重点。建议在进行国内外公益慈善专业智库的全面调研的基础上,加快进行高校设立公益慈善专业智库的顶层设计、总体布局和规划论证。

第二,重点发展,协同推进,构建具有中国特色的公益慈善智库体系。要与建设一流大学的国家战略相结合,发展一批具有中国特色、国际视野、全球影响的国家级公益慈善智库,推动形成我国在公益慈善、社会治理等相关领域的世界话语权;要发挥高校在区域协同创新和发展中的引领作用,建设一批富有区域优势、地方特色、文化底蕴的公益慈善智库;要激发社会活力,创新体制机制,发挥多元主体的积极性,在公益慈善智库建设上探索市场化、社会化、民间化、草根化、网络化等多种创新模式,探索形成公益慈善智库的纵横协同机制,构建既有国际视野,又体现中国特色,还能发挥社会各个层面活力的公益慈善智库体系,充分发挥智库在公益慈善事业发展和社会治理创新中的积极作用。

第三,深化体制改革,协调各级党政部门,加大政策支持力度,推动高校公益慈善智库跨越式发展。当前正值全面深化改革的攻坚阶段,高校公益慈善智库的发展离不开体制的支持。建议由民政部和教育部形成跨部委协调机制，指导并协调各级党政部门，出台推动高校公益慈善智库发展的支持性政策，从人事、财税、对外交流等方面提供支持，推动我国高校公益慈善智库尽快发展壮大并实现跨越式发展，努力走在世界的前面。

【提案结果】

这一提案提交后很快得以立案。2015 年 5 月 8 日，中共中央政治局委员、中央书记处书记、中宣部部长刘奇葆到清华大学调研，考察了清华大学中国国情研究院、国学研究院、出土文献研究与保护中心等，提出发挥高校独特优势，大力推进智库建设。2015 年 7 月 29 日，民政部致函清华大学，商请将清华大学公益慈善研究院作为部校合作的智库试点。

【编码】2015 -08

【案号】全国政协十二届三次会议第 2246 号提案

建立社会共治制度，探索扶贫开发的社会治理创新

【提案缘起】

扶贫开发是政府、企业和社会组织等多元主体共同参与的社会治理创新最为活跃的领域之一。本提案根据多年来我们开展的实证调研，提出探索和推进扶贫开发社会共治制度的若干政策建议。

【提案正文】

中共十八大以来，中央力推社会组织管理制度的改革创新、社会治理创新和扶贫领域的改革创新，为建立社会共治制度，探索扶贫开发的社会治理创新提供了重要机遇。

改革开放 30 多年来特别是近十年间，我国社会组织蓬勃发展。到去年底，全国依法登记的社会组织超过 60 万。其中教育和扶贫是最大的两个领域。一批长期致力于农村扶贫减贫发展的社会组织活跃在大江南北，特别是边远贫困的内陆各省区，他们和当地政府密切合作，深入贫困地区，积累了丰富经验。由社会组织创立的"小额信贷"、"希望工程"、"光彩事业"、"春蕾计划"、"母亲水窖"等扶贫公益项目，在全国具有很大影响。社会组织多以开展扶贫项目的形式参与到社会扶贫

当中，在具体项目的选择、实施和管理上有较大的自主性，有严格的管理程序，具有效率较高、注重监督和评估、鼓励贫困人口参与等特点。

2005 年 12 月，在亚洲开发银行的支持下，国务院扶贫办、江西省扶贫办和中国扶贫基金会联合进行了政府采购社会组织的服务、开展贫困村整村推进的研究和试点，中国首批 6 个非政府组织使用政府财政资金，进村入户参与实施江西 18 个重点贫困村的扶贫项目，并取得了一定的成效，为社会力量参与扶贫的机制创新提供了可资借鉴的经验。但整体来说，在农村发展和扶贫领域，政府与社会组织合作的范围、深度、方式均处于初始阶段。在实践中，政府的需求和社会组织的供给不能有效衔接。2008 年全球金融危机以来，一方面以国外筹资为主的社会组织面临筹资困难的巨大挑战；另一方面新阶段扶贫开发任务重，需要大量的社会组织充分发挥作用。

为此，我们提出推动社会力量参与扶贫、改革和创新扶贫开发体制机制的建议如下：

（一）分析贫困成因，有效统合资源，推动扶贫新机制形成

贫困问题随着经济的发展往往有着不同的表现，而且在同一历史时期，由于所处地理位置、政治经济环境不同也会被赋予不同的内容，现阶段扶贫工作的发展也需要根据贫困成因及其变化做出改变。我国贫困人口的结构复杂，乡村贫困人口、城市贫困人口和城乡间流动的贫困人口三元并存；并且，我国贫困的致贫原因和贫困表现复杂；不仅如此，我国贫困问题从绝对贫困到相对贫困、单维贫困到多维贫困、静态贫困到动态贫困、短期贫困到慢性贫困出现了新的特征。

尽管我国此前在应对贫困问题方面已经取得了举世瞩目的成就，但不可否认的是，以往的扶贫工作在不同程度存在管理粗放、方式粗糙、资源浪费等现象，大量扶贫资源并没有得到有效的利用。扶贫工作发展

到目前这个阶段，不论是在瞄准对象上还是扶贫效率上都要求得更为精确，也就是扶贫工作发展的精准扶贫方向。

社会扶贫可视为政府、市场、社会协同推进大扶贫格局的"三极"中的"一极"，作为扶贫格局整体中不可或缺的有机组成部分。就发展意义而言，社会扶贫的发展与社会进步、治道变革、技术革命等宏观背景紧密相连，作为实践层面的"社会扶贫"相对于扶贫大局可能不仅仅是部分相对于整体、一隅相对于全局的关系，而是在方式方法上的创新、在体制机制上的重构。从发展意义而言，社会扶贫或许可以视为对传统扶贫的超越，是扶贫工作的 2.0 版本。但是作为扶贫 2.0 的社会扶贫并不会完全替代传统扶贫，扶贫 2.0 体系与原有体系存在着长期共存、互为补充、相互支撑的关系。从价值上看，二者在价值取向上存在着微观与宏观、额外支持与普惠兜底的不同侧重，但均统合于对"社会正义"或"善治"的价值追求；从体系上看，二者在运作机制上存在着政府领导、市场或社会发挥基础性作用和政府承担责任并发挥基础性作用的差异，但均统合于现代国家治理体系。

（二）资源需求对接，推动社会参与，实现贫困有效治理

在社会扶贫过程中，实现资源与需求的有效对接。注重需求表达、扩大影响、参与决策的相关机制，完善社会扶贫的资源供给机制。

从基金会项目支出所涉及的领域看，2013 年度我国基金会项目支出在扶贫领域达 15.04 亿元，支出金额位列教育与医疗之后，排在第三位。企业参与扶贫，经历了从简单慈善到关注企业社会责任再到关注企业创造共享价值的过程。同时，随着现代社会的发展，个人掌握的财富越来越多，社会中的首富、巨富往往富可敌国。富人参与扶贫的方式可以通过发起成立基金会这样的组织渠道，也可以完全依靠个人来实现，尤其是通过互联网进行公益众筹推动扶贫工作的开展。

在这个过程中，需要推动政府与社会组织等社会力量的有效合作。尤其是通过购买服务等方式推动社会组织参与到政府扶贫工作当中去。政府购买服务的作用往往会偏离初衷，如果将政府购买服务视为一项机制的话，要使这项机制更好地发挥作用，需通过其他子机制来加以保障，如社会选择机制。政府购买服务对社会组织而言应当是一种支持，一种资源移转形式，而不应仅仅是一种合同外包，将社会组织作为政府办事机构的延伸，也不能为了购买服务而购买服务。社会选择机制的作用是，使得政府购买服务能够真正从社会组织的需求、从社区的需求出发。加强政府、社会组织、个人等不同主体之间的参与、合作、共治机制，进而在具体扶贫工作中进一步探索精确瞄准机制，以及扶贫工作过程中、结束后的实施保障、绩效评估与反馈机制，真正将不同阶段的机制紧密结合起来，加强顶层设计，使得各项机制的运用能够有机结合，形成体系。

（三）内源外生并举，推进公益创新，实现可持续发展

扶贫工作既可以是内源式，也可以是外生式，实践中，常常是内源式与外生式的结合。基金会的资助策略越来越重视社区的自主性，说明内源式发展是未来扶贫领域应当关注的方向，如何调动社区、贫困人群自身的自主性，发展受助者的能力是十分重要的。社会力量的参与更能够推动扶贫工作中需求的差异化、个性化之满足。这是因为处于困境中的个人或由弱势群体自发形成的社会组织往往更能了解自身的多元需求且能为自己量身定制问题的解决方案。

从社会创新的角度来讲，新型的组织形态或运作模式不断涌现。以社会企业为例，社会企业的创立者必定是关注社会问题的，并立志解决这些社会问题，不仅能够看到问题，还能看到机会，运用商业化的手段来解决社会问题。市场机制能为传统公益提供可持续发展的动力，社会

企业创新为扶贫注入了造血功能。这种扶贫创新模式需解决社会目的与经济目的的平衡或扶贫过程与商业过程的衔接的问题。

【提案结果】

此提案提交后受到多方关注。在实践层面上，地方政府积极探索社会共治制度和扶贫开发中的社会治理创新机制，将政府主导的扶贫机制推进为社会广泛参与的扶贫机制，动员多方社会力量参与扶贫开发工作。贵州、广东、重庆、四川等地纷纷出台政策，推动社会力量参与扶贫开发，努力形成政府、市场、社会互为支撑，专项扶贫、行业扶贫、社会扶贫"三位一体"的大扶贫格局。

【编码】2015-09

【案号】全国政协十二届三次会议第2096号提案

加强顶层设计，尽快启动社会组织法立法程序

【提案缘起】

随着全面深化改革的推进，社会组织的健康发展和法律体系建设问题提到了议事日程。2014年7月，俞正声主持召开全国政协双周协商座谈会，专门讨论社会组织发展和法治建设问题，我在会上就社会组织法问题作了专题发言。本提案基于这次发言，并根据我们最新调研和研究讨论达成的共识修改补充完成。

【提案正文】

改革开放以来，包括慈善组织在内的社会组织取得了长足发展，在社会建设和社会治理中的主体地位越来越凸显，发挥的作用也越来越大。社会组织的服务、治理与协商功能已经被党和政府的纲领性文件所确定。但与蓬勃发展的社会组织相比，我国现行法律法规等制度建设存在突出的问题，主要表现有三：一是法律体系不健全；二是法律位阶过低；三是法律权威性不足。重登记轻监管、重限制轻发展的制度安排，导致大量社会组织绕开法律法规，"恶法"不改、执法不严又使得社会组织有法不依成为常态。

为此提出如下建议：

（一）抓住时机，推动立法

当前是推进社会组织立法的最佳时机，建议尽快将立法问题提上社会组织改革创新的议事日程。这是因为：（1）从规范发展的必要性上看，十八大以来，我们在社会组织改革创新方面的一系列重大探索已逐步展开，包括十八大和十八届三中全会两个政治报告、2014年政府工作报告及若干相关文件中的创新提法，也包括地方各级政府在实践中的创新做法，有必要通过立法实现这些改革创新的规范化与制度化；（2）从有效发挥社会组织作用的可能性上看，目前各类社会组织正在发展壮大，在公共服务和社会治理中发挥着重要作用，社会组织有可能在政策推动和制度规范下成长为重要的治理主体；（3）从立法的可行性上看，既有体制和制度的障碍因改革创新而不断分化转型，有条件在探索建构新体制的同时推进新的法律制度的形成。必须明确：当前是推进社会组织立法的最佳时机，就像当初及时出台了《公司法》，推动了现代公司体制的形成并最终建成了市场经济体制一样，如果抓住这个有利时机推进社会组织立法，将有力推动现代社会组织体制的形成，并积极推进政府职能转变和事业单位的改革，从而为社会转型和全面深化改革提供重要的制度支持。

（二）把握高度，确立定位

以推进国家治理体系和治理能力为目标，从全面深化改革的战略高度和国家整体利益出发推动社会组织立法。以政府为主体的公共治理、以企业为主体的市场治理和以社会组织为主体的社会治理，是国家治理体系中最基本的三个方面，社会组织立法的目标，应从制度上促进社会组织在社会治理中发挥主体性作用，从而推进国家治理体系和治理能力的完善与提高。我国的社会组织经过改革开放30多年的发展，特别是近年来在中央及地方各级政府大力推进的改革创新实践中实现了迅速发展和繁荣，目前除民政登记的各类社会组织外，还有许多社会组织采取工商注册的形式，事业单位和人民团体的深化改革也在改变社会组织的格局和规模；此外，在城乡社区服务和治理、市场中介服务、农业技术支持、司法民事调解和法律援助等诸多领域，也存在大量社会组织。社会组织立法要力求站在全面深化改革的高度，努力解决制约社会组织在社会治理中发挥主体性作用的如下五个方面的重大问题：一是划清界限的问题，划清政府和社会组织的界限，划清社会组织和企业的界限，也划清不同类型社会组织的界限，这是社会组织立法首先必须解决的问题。二是明确权利和责任的问题，明确社会组织和政府、企业是不同的权利与责任主体，明确社会组织享有的社会权利及其承担的不同于政府、企业的社会公共责任，也明确国家对社会组织承担着立法和监管的公共责任，企业对社会组织承担着一定的社会责任。三是确立规则的问题，确立社会组织最基本的非营利行为准则，确立社会组织的产权边界和社会共治原则，确立国家对社会组织进行必要的鼓励、优惠、支持、限制乃至打击和取缔等公共政策的原则和政策导向，确立社会组织必须遵守的公共伦理和行业自律规范，也确立社会组织内部应当体现的民主治理和依法自治的基本规则。四是保障权益的问题，保障社会组织作为法律主体的合法权益，保障社会组织在参与和开展各种社会及经济活动中各相关当事人的合法权益，保障社会组织所有成员的合法权益，也保证社会组织所开展的活动不损害其他社会主体和当事人的权益，不危害社会公共利益和国家利益。五是促进发展的问题，通过立法促进各类社会组织在法律规制下实现最大限度的健康发展，充分发挥社会组织在社会治理中的主体作用。解决制度建设上的这五个方面的重大问题，必须突破现行部门立法的局限，真正站在国家利益的全局和战略立场上整体推动。

（三）稳步推进，建构体系

着眼于加快形成现代社会组织体制，稳步并科学推进我国社会组织法律体系的建立和完善。强调社会组织立法的重要性，并不是否定多年来特别是近一年来我们在立法方面所做的种种努力。目前社会组织相关的三个登记管理条例正在加紧修订，慈善法在全国人大内司委的主持下加紧起草，有关境外非政府组织和行业协会的相关法规也在相关部门的推动下开始征求意见和起草工作。这些涉及各个重点领域的专项法律、法规固然重要，但由于法律位阶不同，又由不同部门主持推进，所关注的重点不同，彼此之间很难形成有效的相互衔接和内在联系，无法构成一个完善的法律体系。十八大明确提出我国社会组织改革创新的目标是加快形成政社分开、权责明确、依法自治的现代社会组织体制。现在都在呼吁顶层设计，其实最大的顶层设计莫过于立法上的统筹协调。建议在推进重点领域相关法律法规起草工作的同时，中央能就社会组织法律体系建设问题成立统筹协调机制，尽快启动社会组织基础立法的调研和起草工作，明确社会组织立法的指导思想、基本原则、立法思路和基础框架，在统一指导和协调下稳步推进我国社会组织法律体系的建立和完善。

（四）注重参与，政社互动

在社会组织立法的过程与技术上，应注重立法的社会参与，强调政社互动，推动科学、民主立法。从立法的过程上看，社会组织作为社会领域的法规，应当摒弃部门立法的旧例，吸纳社会组织和社会力量参与，以提高立法的社会认同和技术水平，注重立法过程中的参与和协商。这是我国社会组织相关立法的重要经验。

【提案结果】

该提案立案后，全国人大法工委作出答复，表示对社会组织法立法工作的重视，并邀请我参与相关座谈会。提案主要内容后来以论文形式发表在《经济界》杂志 2015 年第 3 期上。2015 年 5 月 14 日，深圳市首开社会组织地方立法先河，通过公开征集立法草案的方式，广集社会优秀草案及建议。9 月，深圳市社会组织管理局召开社会组织立法草案及建议评选会，评选出优秀草案及建议。

【编码】2015-10

【案号】全国政协十二届三次会议第 2558 号提案

推动公益创新，探索建立公益金融体系

【提案缘起】

这是近年来我就相关主题提交的第三个提案。在深入调研和比较研究的基础上，我们提出"公益金融体系"的概念，并基于这一概念构建了一个推动公益创新的政策框架。

【提案正文】

在去年底国务院下发的《关于促进慈善事业健康发展的指导意见》中，明确提出了公益慈善与金融创新相结合的政策命题，即一方面"倡导金融机构根据慈善事业的特点和需求创新金融产品和服务方式，积极探索金融资本支持慈善事业发展的政策渠道"；另一方面要"支持慈善组织为慈善对象购买保险产品，鼓励商业保险公司捐助慈善事业"。这两个方面勾勒出具有重大政策意义的公益金融体系的建构方向。即一方面推动金融资本向公益慈善领域的进入；另一方面推动公益组织借力金融工具盘活资源提高效率，形成自我支持、自我运作、自我发展的公益生态链。

在公益领域，金融的作用长期以来没能得到有效利用。主要原因有三：一是作为公益组织的基金会能否从事金融活动一直讳莫如深，既不许可也无规制，其风险控制和收益处于事实上的放任与无效控制之中；二是公益产业链不完整，公益融资困难重重，公益领域的大量闲置资产和金融资源远未得到激活和利用；三是政策、制度、体制和相关规制措施普遍缺失，尤其是管理机构不明确和税收优惠政策不到位，使得监管漏洞多、运营效率差、参与者积极性不高。

公益金融区别于传统的商业金融，更强调社会责任、社会价值和社会影响力；公益金融也区别于西方的社会金融，更强调普遍的公益性而非传统的慈善或社会救助。公益金融的具体形式包括公益创投、公益信托、小额信贷、社会效益债券、社会价值投资、互联网众筹等，公益金融在组织上既可采取公司形式，也可采取社会组织形式。

构建现代社会组织体制、发展公益慈善事业是社会体制改革的重要目标与方向，如能与经济体制改革中的金融体制改革相结合，将有助于发挥经济体制改革牵引作用，推动生产关系同生产力、上层建筑同经济基础相适应，推动经济社会持续健康发展。为此提出如下政策建议：

（一）金融与公益有效衔接，创造市场与公益共享价值

在我国，基金会产生初期本有银行功能，具有特殊金融机构的地位，但由于 20 世纪 90 年代乡镇普遍设立农村合作基金会后发展不久，因产权不清、管理不善等原因于 1998 年 7 月被国务院明令取缔。现阶段，基金会虽未得到金融机构地位的明确认可，但仍具有金融机构的属性，如募集、储存资金及投资主体地位等。公益金融体系的建设须重提基金会的金融功能，鼓励基金会积极参与公益创投。政府应适当减少行政干预，尊重基金会参与的主体地位，帮助基金会学习商业领域的投资理念和财富管理方式，制定合理的退出机制，形成完整的公益投资链。

同时，应以政策优惠吸引商业投资者参与，进一步释放社会潜在的公益创投资源，将"风险投资"嵌入公益创投。为激励商业投资的进

入，应加强公益创投的绩效评价机制，努力将社会效益与经济效益平衡量化，从而提高公益创投效率。

（二）借鉴国际经验成立公益银行，形成完整的现代银行系统

商业性银行和政策性银行是我国银行体系中并行互补的两大金融机构。公益银行作为第三支力量，可起到弥补"政府失灵"的作用。公益银行可运用市场手段解决社会公益领域的金融问题，也可在商业性银行和政策性银行之间发挥桥梁和补充作用，形成更为健康和可持续发展的现代银行体系。基金会因其产权、绩效评价、投资回报和增值保值等方面的缺陷难以取代银行。公益银行可针对公益领域中市场机制、政策机制的盲域发掘新机会，将公益事业与金融市场融合，一方面靠金融手段保值增值；另一方面以公益价值约束规范金融市场，从而引导金融功能与价值的本位回归。同时，公益银行作为流动的资金池，可为公益创投、公益信托和小额信贷提供支持，形成多元互补、协调共济的公益金融体系。

国际上有不少公益银行的成功经验。孟加拉的乡村银行为穷人提供小额贷款服务，成为现代扶贫的一面旗帜。伊斯兰银行以《古兰经》为原则，存贷无息，对发展伊斯兰国家民族经济和文化教育事业发挥了重大作用。在国内，近年来小额贷款蓬勃兴起，依托四川省城乡统筹发展基金会成立的四川统发银行，明确提出公益银行的定位，在积极探索公益与金融的深度融合模式。

（三）创新金融模式，推动公益金融的创新运转

一是要完善公益信托的相关配套措施，大力推动信托在公益领域的实践；二是要学习借鉴传统金融体系中丰富的创新产品和设计，探索社会效益债券；三是要创新小额信贷发展模式，借力公益银行推动整体扶贫计划；四是要对社会价值投资、互联网公益众筹等公益金融领域的创

新采取包容性支持，推动公益金融的创新发展。

（四）建立科学有效的监管机制，建立对公益金融的绩效评价机制

要基于公益创投、公益银行自身的特性建立科学、有效的监管机制，保持公益创投、公益银行的公益属性和商业手段之间的平衡。及时出台相关法律法规，对商业性金融、政策性金融与公益性金融进行协调，构筑不同金融领域之间的防火墙，推动我国金融体系改革，构建完整的现代金融体系。要建立对公益银行绩效的科学评价体系。基于公益银行在金融体系中的特殊性以及其自身的使命，在其绩效评价体系上应区别于商业性银行和政策性银行。其中，社会投资回报是对公益银行绩效评价非常有借鉴和参考意义的工具。社会投资回报不仅关注其经济效益、政策效益，更关注由投资带来的对社会、社区的改变。

【提案结果】

提案发布后，得到网友的较多关注。2015年7月，银监会经会民政部对这一提案做出答复，答复表示：公益金融体系的建设值得重视，其中特别是公益信托是银监会一直关注并积极推进的创新形式，但成立公益银行目前时机与条件尚不成熟。公益银行的定位和商业模式有待进一步探讨。在实践中，随着社会创新的发展，将涌现出越来越多的公益金融创新形式。

【编码】2015－11

【案号】全国政协十二届三次会议第 2713 号提案

建立政府购买服务的绩效评价体系，推动新型政社关系的建构

【提案缘起】

这是我第五次就政府购买服务提出提案。自 2012 年起，我们受托参与了中央财政支持社会组织参与社会服务的评估工作。多年的评估实践使我们深深体会到：政府购买服务的评估工作极为重要，必须从政策上高度重视并不断完善。

【提案正文】

政府购买服务作为转变政府职能、深化社会改革、创新社会治理、探索社会共治的重要机制，近年来备受中央和地方各级政府的关注。继国务院办公厅 2013 年出台《政府向社会力量购买服务指导意见》，财政部下发《政府采购竞争性磋商采购方式管理暂行办法》和《政府和社会资本合作项目政府采购管理办法》等专项政策性文件，许多地方政府购买服务的力度不断加大，领域不断拓展，程序不断规范，并竞相出台政府购买服务的相关目录和指导性文件。

政府购买服务不仅要通过外包或契约方式将一部分公共服务转移给社会组织及其他社会力量，在全面深化改革的背景下，更要通过市场机

制开放一部分公共领域，引入社会力量，促进公共服务的供给主体、机制和模式的多样化，进而激发社会活力，推动政府与社会关系的改变并实现社会共治。但受制于观念、机制和体制的束缚，以及公共服务度量难等现实困境，实践中暴露出许多问题，主要表现在：一是购买服务范围不明确，工具意识强；二是服务标准不清晰，影响服务绩效；三是评价机制不健全，方法和指标不统一，随意性大；四是公众及社会组织对购买服务的参与度不够，社会的主体性尚未形成。

这些问题随着购买服务在全国范围内的开展而放大。

有鉴于此，提出如下政策建议：

（一）从全面深化改革的高度理解和把握政府购买服务

如果只把购买服务当作政府实现职责的方式，那么购买服务仍处于初级阶段。要从全面深化改革的高度理解和把握政府购买服务，从购买服务的设计和规划阶段，即购买服务的内容、方式、绩效评价等制度建设方面，积极引入社会组织、公民和第三方评估机构，推动政府购买服务从工具化提升至本体化，把购买服务作为推动政府职能转移和转变、公民和社会参与、公共服务提供多元化和效率化的重要方式。

深化政府改革和社会改革，加快政社分开，厘清政府和社会的边界，是政府向社会力量购买服务的必要前提。只有加快政府改革的步伐，积极推进和落实政府转移职能，加大向社会放权的力度、深度和广度，才能使购买服务常态化、普遍化和可持续地贯彻下去；而如果没有社会改革的跟进，政社不分，社会组织发展不起来，购买服务也就无从落实。要推进社会改革，必须加快改革现行的社会组织管理体制，改革以事业单位为中心的社会服务体制和以人民团体为中心的社会治理体制，为社会组织的发展及其参与公共服务和社会治理提供空间与平等竞争的环境。

（二）注重需求导向，鼓励社会参与，引进第三方评估

在政府购买服务中，以公民需求为基本出发点，提升公共服务提供过程中的需求导向性和社会参与性。公共服务的提供范围、提供方式、服务质量等应更遵循作为公共服务接受方的公民的意愿，以公民需求的满足为基本出发点，以公民接受服务的便捷性、个性化为导向，以公民的主动参与而非被动接受为落脚点，以公民对服务的满意度为最终评价标准。借助第三方和公民参与评估，引入外部评价机制，吸收外部评价主体，将绩效评价结果与相应的激励和问责机制有效结合起来，遏制政府行为中的亏损和重复购买等浪费现象，激发政府行政理念的变化，形成正确的绩效评价理念和价值导向，加强政府购买服务绩效评价的科学性和理性。

（三）拟定服务标准，加强过程监管，推动服务效果提升

拟定服务标准，建立一套科学的业务流程测评和优化机制。根据不同的购买事项明确不同的绩效质量标准和评价标准，选择恰当的评价对象和评价主体，根据实际问题和情况变化设置评价指标体系。建立政府购买服务绩效评价信息公开制度，将绩效评价活动从"暗箱"转到"阳光"下，鼓励绩效评价接受公众监督；通过公众参与绩效评价，培育公众政治参与意识、加强政府的服务意识与责任意识，促使政府有效转移职能。形成政府购买服务绩效评价的结果导向，将绩效评价作为政府成本控制的重要指标，促使政府在行政管理过程中审慎抉择和衡量，合理配置和使用行政资源，提高购买服务的效率。与此同时，在一些特定领域，不以政府成本作为考量标准，而更多的是根据对社会贡献度和服务满意度进行综合评价。

（四）建立反馈机制，建立有效互动，推动购买服务深化

建立有效的绩效评价反馈机制，谨防评价中的形式主义。对绩效评

价结果的反馈对于整个购买服务非常关键，反馈是推动政府自身行政改革和不断提高购买绩效和调整绩效评价方法、指标的重要参考；每一次绩效评价都会表达购买服务存在的问题和矛盾，对此建立信息数据库，通过反馈机制，可以进一步解决和改进。在反馈与回应的基础上，进一步在立法或制度设计上确定绩效评价对于购买服务的重要地位和特殊作用，保障绩效评价的经常化和制度化，建立政府购买服务绩效评价长效机制；从法律上保障评价政府购买服务绩效机构所处地位，保障信息收集、活动开展、结果分析和改进畅通无阻；最后从法律上规范政府购买服务绩效评价组织者的行为，防止失范行为和腐败滋生。

将政府购买服务绩效评价与新型政社关系建构结合起来。政府购买服务是在政社分开基础上重建政府与社会组织之间合作关系的重要机制。首先，政府购买服务以契约精神为基础，要求政府尊重社会组织的意思自治，在对待社会组织与其他公共服务提供者（如事业单位）方面做到一视同仁，从而推动政府与社会组织之间平等关系的建立；其次，建立政府购买服务绩效评价体系有利于推动政府与社会组织之间基于法治的合同关系的建立；再次，政府购买服务必然在政社之间形成一种张力，政府要对购买服务提出明确要求，对参与购买服务的社会组织进行竞争性的严格甄别，对购买服务的过程和结果进行严格监管、评估和问责，社会组织则要充分发挥自身优势参与竞争，并努力提高公共服务的绩效，从而推动政府与社会组织之间理性、科学的博弈关系的建立；最后，随着政府购买服务的推进，政府与社会组织之间彼此信任，相互交流，充分表达各自的观点或服务需求，进而相互作用和影响，开展深度合作，达成共识并采取基于共识的集体行动，建立新型政社合作伙伴关系。

【提案结果】

这一提案立案后，财政部作出答复。答复表示：财政部高度重视政府购买服务，通过购买服务推进政府职能转变，努力提升政府购买服务的绩效；鼓励社会参与，建立健全绩效评价机制；完善信息公开制度，加强监督管理；建立健全反馈机制，加强评价效果运用。

【编码】2015－12

【案号】全国政协十二届三次会议第 2609 号提案

全面废止社会抚养费，实施积极的计划生育政策

【提案缘起】

多年来，我在关注并大声疾呼"放开二孩"的同时，一直在各种场合明确表达对征收社会抚养费制度的尖锐批判，称之为"恶政"。在人口政策全面调整、"放开二孩"取得重大突破的时候，这一"恶政"理应尽快终结。本提案在列举社会抚养费的种种弊端的同时，提出全面废止这一制度、为积极人口政策的实施扫清障碍的政策建议。

【提案正文】

针对社会抚养费征收存在的各种问题，2014 年卫生计生委重新修订相关法规并报送国务院。11 月 20 日，国务院法制办公布《社会抚养费征收管理条例（送审稿）》（以下简称《条例》），向社会各界征求意见。对此，两种观点针锋相对：一种赞成修改法律使之完善；一种力倡尽快取消社会抚养费。我们认为，应当全面废止社会抚养费制度，为新时期有计划地实施激励人口增长的积极人口政策扫清障碍。

一 社会抚养费制度的不合理之处

征收社会抚养费是一个带来社会负能量和戾气横生的恶政。社会抚养费制度设立的初衷主要是基于"多生孩子给社会增加负担"来考虑用立法的方式规范人们的生育行为，并将之作为对政府公共事业投入经费的适当补偿。在实际执行过程中，社会抚养费的征收存在诸多不合理、不合法、不合国情的地方，它作为一种消极的人口政策在控制人口规模的同时，也在一定程度上对我国人口结构的转型和人口质量的提升产生了诸多负面影响：第一，尴尬的法理逻辑定位。根据人口与计划生育法，"提倡"一对夫妇只生一个孩子，并未"禁止"一对夫妇生育两个以上的孩子。法律只追究违反"禁止"规定的人的责任，社会抚养费的征收显然将"提倡"变为了"强制"，于法无据。同时，根据我国加入的国际公约，自主生育是公民的基本权利，征收社会抚养费是对公民权利的侵犯。不仅如此，社会抚养费应该界定为"行政罚款"还是"行政收费"也是存在争议的。尽管已有规定将其归入后者，但是其意涵仍然是对"不合法"生育行为的惩罚与限制。第二，时过境迁的社会定位。据现有解释，社会抚养费的征收依据在于"超生人口侵占了较多的社会公共资源"。这种逻辑显然存在问题。社会抚养费是在控制出生人口数量的背景下配合计划生育政策执行出台的一项措施。然而，近年来，我国人口形势发生了重大变化。据近年抽样调查的结果，2011、2012、2013三年的总和生育率分别为1.04、1.26、1.18，远低于达到人口更替水平的2.1。这意味着我国将进入人口急剧萎缩的时代，限制人口数量的计划生育政策必须调整。人口政策的转型已经是箭在弦上，社会抚养费更无存在之道理。第三，社会抚养费引发了尖锐的社会矛盾。社会抚养费的直接征收权力被下放至乡镇人民政府或街道办事处，并成为部分地方政府或部门的财政来源之一。据统计，2012年部分省份社会抚养费征收高达几亿甚至几十亿元。显而易见，社会抚养费制度以及支撑机构与人员都是限制型人口政策转变的"拦路虎"。社会抚养费在征收过程中，经常发生暴力事件。更重要的是，社会抚养费尤其是《条例》中对征收上限的规定，可以被理解为"以钱谋生"，"变相鼓励二孩"，"有钱的尽管生，没钱的生不起"。将生育权利与个人财富挂钩，引发民众负面情绪。各省的社会抚养费虽然均坚持"收支两条线"，但仍有相当一部分返还给了乡镇等征收单位，用于工作经费与工作人员的激励。例如，《山东省计划生育社会抚养费征收管理办法》就规定，社会抚养费的85%归县级计生委，而没规定具体用途。2009年四川内江市征收的部分社会抚养费直接在预算外财政专户中使用。正因如此，一些地方出现为收取社会抚养费"放水养鱼"，对"超生"漠视，对"罚款"热衷的现象，被媒体报道为"社会抚养费抚养计生委"。

二　全面废止社会抚养费，为积极人口政策的实施扫清障碍

社会抚养费制度存在或者导致的上述种种问题，引起了社会各界与社会大众的积极讨论。尤其是《社会抚养费征收管理条例（送审稿）》公布以来，统一收费标准与全面取消两种意见针锋相对，半数以上网民呼吁全面取消社会抚养费。我们认为，应该认清当前的人口形势，全民取消社会抚养费，为人口政策的全面转型铺平道路。

（一）全面废止社会抚养费制度。1994年，我国签署了联合国开罗会议《行动纲领》，《行动纲领》明确反对在生育上进行奖惩。而社会抚养费的根本仍在于对非计划生育的惩罚。对此，应该以此次国务院法制办就《社会抚养费征收管理条例（送审稿）》征求意见为契机，在汇

总各界反馈意见和建议的基础上，废止《社会抚养费征收管理办法》与《社会抚养费征收管理条例》，取消社会抚养费的征收，为改变限制型的人口政策扫清障碍。可以说，社会抚养费的取消有百利而无一害，能从根本上消除上述弊端。

（二）考察《人口与计划生育法》执行情况，转变限制生育的工作思路，推行积极健康的人口政策。计划生育政策实施 30 多年以来，计生组织从上到下，形成了完整的系统网络。建议以自查方式，由计生委自身逐级向上汇报自己的工作情况与工作成果。通过这些汇报，一方面了解各地的计划生育工作情况，另一方面也对整体的工作思路有所掌握。在已有基础上，通过讲座、座谈会等方式，使计生干部们了解当前的人口形式，转变既有的计生工作思路。这样，使计生干部成为积极人口政策的推动者，能更快、更平稳地推动人口政策的转型。

（三）对已征收的社会抚养费及其使用情况进行公示。2013 年，一位律师向全国 31 个省级计生委、财政厅申请，要求公开 2012 年度社会抚养费收支及审计情况。之后，累计有二十余省份公开了 2012 年度社会抚养费征收额，累计超过 200 亿元，但无省份公布开支情况。理由是"省级部门不掌握 2012 年社会抚养费实际开支情况"。对此，建议国家及各级审计机关成立专门队伍，审计和公示各级计生委的社会抚养费收支情况。

（四）重新设计已收缴社会抚养费用途。一方面，将社会抚养费用作为失独家庭救助资金，设立专项救助基金。近年来，失独家庭逐渐引发社会关注。造成失独家庭的很大一部分原因是"一孩化"的生育政策。这样将违反计划生育者的缴费用作对遵守计划生育者的补偿，体现了社会公平原则。另一方面，在部分超低生育率地方，可以考虑将已收缴社会抚养费用作促进生育的补贴资金，具体执行办法可由地方政府因地制宜地设计与实施。

【提案结果】

我的"恶政"观点得到社会的广泛回应。3月22日，来自全国21所高校及科研机构的50位法律学者，联名向全国人大常委会和国务院提交建议书，呼吁尽快启动《人口与计划生育法》的全面修改，废除生育审批制度，取消社会抚养费制度，还权于民，实现公民自主生育。3月23日，财新网专题报道了这一事件，回顾了历年关于"社会抚养费制度"的争论，并引用了本提案的观点。

【编码】2015－13

【案号】全国政协十二届二次会议第 3207 号提案

总结借鉴温州经验，尽快建立业主委员会合法登记管理制度

【提案缘起】

2013 年，我们在温州开展社会治理创新调研，注意到温州民政局为南塘 5 组团业主大会进行了社团法人登记，这是当时国内首家合法登记的业主自治组织。一年多以来，这一创新的探索形式积累了许多积极的经验。本提案在持续跟踪温州这一创新尝试的基础上，提出推进业主委员会合法登记的政策建议。

【提案正文】

在推进经济体制、政治体制、文化体制、社会体制、生态文明体制和党的建设制度改革的过程中，曾以"单位制"和"街居制"为核心载体构建的社会福利资源配置体系和基层社会支持网络逐渐减弱了其在原有社会结构中所承载的社会功能；以社会整合和社会建设为主旨的社区建设与社区服务在有效回应基层社会自治需求问题上发挥着日益重要的作用。社区自治不仅是现代社会民主建设的必由之路，也是完善社会运行机制，促进健康、公平与积极社会管理的基石。但是作为社区自治主体中的业主委员会由于合法身份的缺失导致无法有效发挥作用，社区

自治的组织前提条件无法充分实现。

中共第十六届中央委员会第六次全体会议通过《中共中央关于构建社会主义和谐社会若干重大问题的决定》，提出和谐社区的建设目标，要求各社区要完善公共服务，开展社区群众性自助和互助服务，发展社区服务业，至此，以社区为载体的社会支持网络正式形成。2009年，国家民政部在《关于进一步推进和谐社区建设工作的意见》中明确提出，大力培育服务性、公益性、互助性社区社会组织，发挥其提供服务、反映诉求、规范行为的作用。适当放宽社区社会组织的登记条件，降低门槛，简化登记手续，及时办理备案手续，并在活动场地等方面提供帮助。2013年《国务院机构改革和职能转变方案》明确指出城乡社区服务类社会组织可以直接向民政部门依法申请登记，不再需要业务主管单位审查同意。随着中央和地方层面的社会改革不断向纵深方向推进，社区自治也获得了前所未有的发展空间。

国务院《关于进一步深化城镇住房制度改革　加快住房建设的通知》中明确指出应建立业主自治与物业管理企业专业管理相结合的社会化、专业化、市场化的物业管理体制。业主自治是社区自治的重要环节，然而业主自治组织由于不具备独立的民事主体资格和法律地位，在社区治理中面临如下困境：一是在与开发商、物业公司发生法律纠纷后，无法用法律进行平等的维权；二是没有独立的账户，资金的使用和监管不规范，容易因资金运作不透明和缺乏监管产生许多社会矛盾和问题；三是由于业主委员会、居委会、社区、物业公司、房屋开发商之间关系没有理顺，在公共事务处理和公共资源的管理问题上存在诸多纠纷和矛盾，不利于居民自治。

中共十八大提出改革社会组织双重管理体制，四类社会组织实行直接登记。作为"全国民政综合改革发展实验区"的温州大胆创新，于

2013 年 3 月 8 日为南塘 5 组团业主大会进行了社团法人登记。登记后的变化表现在如下几个方面：业主大会和物业服务公司法律身份实现了平等，业主委员会和物业服务公司关系渐趋融洽，业主委员会与房地产开发商开始平等协商，业委会与居委会权责更加明晰；自治组织法人化后对资源掌握能力增强；治理和监管过程及机制方面更加规范、民主。

鉴于上述，建议总结和借鉴温州在业主委员会合法化、社会化方面的尝试，加快推进业主委员会合法登记管理制度，具体建议如下：

（一）建立业主委员会直接登记体制，培育社区自治组织

社区作为社会建设的基本单元，其发展对于社会治理和共治具有重要意义和作用。但是由于种种原因，我国社区的发展在总体上尚处于起步阶段，社区自治需要政府加强引导，积极培养社区社会组织，使其参与社会治理。业主委员会是社区社会组织的一个重要形式，代表着小区全体业主的利益，建立业主委员会统一直接登记制度对于加强和完善基层社会管理体制具有重要意义。

（二）建立和完善业委会监管体制，引导业委会依法参与自治

深化政府改革和社会改革，推进政社分开，加强和培育社会自治系统。加大向社会放权的力度、深度和广度，发挥社会自治的功能。理顺居委会、社区与业主委员会之间的关系，将加强社区建设作为社会建设的基本内容和创新社会治理的主阵地。激发社区活力，通过社区自治，帮助推动业主委员会民主选举，加强业委会能力建设，按照社团法人身份加强对其监督管理，主要是针对其治理结构、权责划分、权力和资源运行机制。以法律监管为手段，以法律规范为核心对业委会进行监管，加强和完善立法、执法、司法及法律意识，推动业主委员会的法治化建设。

（三）建立业委会治理评价体制，促进业委会治理结构的完善与治理能力的提升

社会组织一方面作为自治主体，是以公民为主体、独立于国家和市场体系之外的自治共同体；另一方面作为具有公共性的社会力量，它们又是诸多社会事务的参与者和实现社会共治的治理主体之一。要完善社会组织的自治与独立的制度及规范，建立政府与业主委员会的合作机制，加强业主参与监督业委会行为的制度和规范。促使业主委员会建设科学合理的内部治理结构、高度透明的信息公开制度，不断提高专业能力。

（四）通过业委会合法自治培育社区自治精神，建立积极的社会管理体制

培育社区的归属感和认同感，发展各类社区社会组织，强化社区服务，引导社区成员参与社会建设，满足社区成员日益增长的服务和各种需求，通过居民自治的方式对社区自治性的事务进行管理，社区民主参与的自主性是社区居民自治的应有之义，也是社区建设的必要条件。鼓励居民以社区为平台，基于各种关系纽带自发地结合起来组成社区社会组织，促进社区成员之间的沟通，激发社区成员参与社区事务的热情，增强社区凝聚力，整合和开发社区各种资源提供优质的社会服务，协调社区各种利益纽带并有效反映和表达社区成员的意见和要求，引导社区自治体制走创新性发展的道路，建立积极的社会管理体制。

【提案结果】

这一提案立案后，住建部给出了积极答复。答复肯定了提案的主要观点和建议，明确表示：业主大会是物业管理市场的重要主体，是业主有效行使共同管理权的权利组织，在维护业主合法权益、促进和谐社区

建设和培育物业管理市场等方面具有重要作用。将认真研究分析实践中的新情况和新问题，借鉴温州等地就业主大会社团法人登记的试点经验，配合开展业主大会和业主委员会立法的相关调研和准备工作，适时提出立法建议，探索通过民事立法赋予业主大会社团法人资格的必要性和可行性。2015 年 7 月，民政部、中组部发布《关于进一步开展社区减负工作的通知》，将"积极培育发展社区社会组织"作为"增强社区服务能力"的重要内容。8 月，民政部确认 40 个全国社区治理和服务创新实验区，其中有 31 个实验区提出了居民自治、多元共治等相关内容，业委会组织成为其中的重要内容。

【编码】 2015 -14

【案号】 全国政协十二届三次会议第2322号提案

关于打破票据软性壁垒，鼓励公益捐赠与社会组织发展的建议案

【提案缘起】

这是落实对社会组织支持政策的一项重要而具体的政策建议。

【提案正文】

中共十八大以来，党和政府通过购买服务、税收优惠等政策，推动社会组织大力发展，形成公共服务社会化、社会治理创新的良好局面，社会组织发展进入了前所未有的历史机遇期。随着向社会组织购买公共服务在全国范围内开展起来，体制机制不相适应等带来的问题越来越多。在社会组织税收优惠方面，虽然中央连续出台了许多积极政策，但在落实方面由于票据等技术性门槛和软性壁垒坚挺，社会组织尤其是大量民办非企业单位和社会团体所应当享受的税收优惠政策几成一纸空文。

2008年颁布的《企业所得税法》及其实施条例规定：非营利组织的捐赠收入、会费收入、政府补助收入免税。实践中，能否免税除法律规定外，还要有票据政策的支撑。如果一个组织可以正常申领和使用财政票据，则其获得法律规定的免税收入时可以开具相应的财政票据，如

果一个组织不能正常申领和使用财政票据，即便其获得了法律规定的免税收入，也只能开具税务发票。一般而言，每种财政票据都有一项专门的政策，规定哪些组织获得哪些收入时可以申领和使用相应的财政票据。在公益事业捐赠票据方面，财政部出台了《公益事业捐赠票据使用管理暂行办法》，规定各级人民政府及其部门、公益性事业单位、公益性社会团体及其他公益性组织按照自愿、无偿原则，依法接受并用于救灾、济贫、助残、教育、科学、文化、卫生、体育、环保、社会公共设施建设等公益事业的捐赠财物时，应当向提供捐赠的自然人、法人和其他组织开具公益事业捐赠票据。捐赠票据分别由财政部或省、自治区、直辖市人民政府财政部门（以下简称省级政府财政部门）统一印制，并套印全国统一式样的财政票据监制章。捐赠票据实行凭证领购、分次限量、核旧购新的领购制度。

由于各地财政部门对这一办法的理解不同，政策执行不统一，个别地方甚至出台了限制非营利组织申领捐赠票据的土政策，导致除获得公益捐赠税前扣除资格的少量社会组织（主要是基金会和慈善会）外，大部分社会组织（包括绝大部分社会团体和民办非企业单位以及少量基金会）即便获得了捐赠收入也不能免税。据了解，除在民政部登记的社会组织，以及在北京、天津、深圳、郑州等少数几个地方登记的社会组织之外，其他各地各级民政部门登记的社会组织都不能正常申领和使用捐赠票据。这导致以下问题：一是获得捐赠收入的社会组织无法正常申领公益事业捐赠票据，增加了这些组织的税收负担；二是公益事业捐赠票据跨地区使用存在一些问题。据社会组织反映，在发生自然灾害的救助和灾后重建过程中，社会组织往往需要跨地区接受社会捐赠和开展公益项目，由于一些省份不认可其他省市开具的捐赠票据，导致持异地开具的捐赠票据在本地税务部门不能进行抵扣。

鉴于上述，落实税收政策，培育社会组织，建议打破票据软性门槛，鼓励公益捐赠并推动社会组织发展。具体建议如下：

（一）加强政策间衔接，明确税收优惠范围

财政部《关于印发〈公益事业捐赠票据使用管理暂行办法〉的通知》第七条规定，下列按照自愿和无偿原则依法接受捐赠的行为，应当开具捐赠票据：（1）各级人民政府及其部门在发生自然灾害时或者应捐赠人要求接受的捐赠；（2）公益性事业单位接受用于公益事业的捐赠；（3）公益性社会团体接受用于公益事业的捐赠；（4）其他公益性组织接受用于公益事业的捐赠；（5）财政部门认定的其他行为。其中，第三项中的"公益性社会团体"对应于按照财税〔2008〕160号文件规定，通过财政、税务、民政三部门联合认定的基金会和公益性社会团体。对于第四项中的"其他公益性组织"，文件未进行明确规定。导致各地在执行该政策过程中，对未获得公益性捐赠税前扣除资格的社会团体、基金会和民办非企业单位，在接受其他单位或个人的公益性捐赠时，无法获得公益事业捐赠票据，从而无法按照财税〔2009〕122号文件的规定享受免税待遇。建议财政部和民政部协同政策，明确税收优惠范围。

（二）统一公益性认定标准，简化认定程序，加强部门合作

统一现行法律法规中各个部门关于公益性组织（含非营利组织）的规定及认定标准，指定其中一个部门或建立部门间的联席制度统一负责公益性组织资格认定工作。

简化公益性认定程序。建议财政部会同民政部专门下发文件，明确"其他公益性组织"的范围和其申领公益事业捐赠票据的程序，即在民政部门依法登记的社会团体、基金会和民办非企业单位（出资办学要求取得合理回报的民办学校除外），可以持登记证书复印件、章程、捐

赠协议申领捐赠票据。同时，强调捐赠票据的跨省市互认。

（三）加强监督，建立针对公益性组织的税务登记制度

公益性组织在登记设立的同时必须进行税务登记，并在获得税收优惠资格后在民政、税务、财政、审计等部门的征管系统中增加公益性组织标识，各个部门在此基础上实施分类申报和检查管理制度。通过税务登记制度加强对社会组织行为的监督。

【提案结果】

提案发布后，受到网友的关注和支持。《公益慈善周刊》等媒体对提案做了报道。关于社会组织的税收优惠问题，随着慈善法的出台，社会团体、社会服务机构（民非）如被认定为慈善组织，则可以获得相应的税收优惠，这一思路与提案中的思路不谋而合，相信在慈善法实施后，相关的困境能够获得明显的改善。

【编码】2015 - 15

【案号】全国政协十二届三次会议第 2115 号提案

发挥海外华人社团作用，探索社会组织"走出去"的支持体系建设

【提案缘起】

这是我第三次提交关于社会组织"走出去"的政策提案。此提案着眼于发挥海外华人社团的作用，努力构建中国社会组织"走出去"的社会资本网络。对这一问题的思考源于我和许多海外华人社团的交往，除了深感他们有强烈的爱国热情之外，也深深体会到海外华人构建的全球性社会资本有着很大、很深、很具潜力的影响力，对社会组织"走出去"必将发挥重要作用。

【提案正文】

除历史上的海外华裔外，自 20 世纪 70 年代末改革开放始，一批批新华人开始到海外留学经商移民，经 30 多年累计，移民海外华裔总数约 5000 万之多，全球拥有海外华人社团估计在 1500 个左右。移民地由最初的北美洲、日本、欧洲为主，近 10 年也向非洲、南美洲增加。

随着移居海外华人不断增加，由居住地华人华裔以在国内省籍划分而成立的华人社团组织大量增加，以美国洛杉矶为例，省籍海外同乡会、联谊会有 180 个左右，此外还有许多专业、科技、文化、教育类社

团。海外华人社团的主要功能是开展联谊、互助活动。随新移民增多，又经历30多年海外打拼，不少海外华人华裔经济状况今非昔比，社团因此有资金支持主办各种活动，并常以区域为平台成立华人华侨总会，整合各类社团。通常大的省州都有2~3个华人华侨总会。

当前，海外华人社团的主要作用表现在四个方面：第一，为祖国的经济与社会发展服务；第二，维护祖国利益和国家统一大业；第三，依法维护海外华人的声誉和基本权益；第四，成为中国民间外交工作的重要主体。

海外华人社团在发展中与国内的社会组织已经开展了较好的交流与合作，为社会组织"走出去"提供了一个重要的平台。这样的民间联合有四个方面的重要意义：一是社会组织"走出去"能够提升中国在国际社会的软实力和国际话语权，包括以社会组织的身份参与各种国际会议，发表独立的观点并开展广泛的国际交流；二是社会组织"走出去"能够参与全球治理体系，增加中国元素和中国人民的声音，包括加入联合国经社理事会获得"谘商地位"，参与联合国体系的全球治理及各种区域性活动及相关决策；三是社会组织是民间外交的重要主体之一，是国家外交力量的重要补充，通过社会组织与国际组织或属地国的社会组织建立合作伙伴关系，参与国际事务中的热点问题，能推动中国与发展中国家的民间友好交流与合作；四是社会组织能够发挥其服务民生和社区的优势，促进中国与发展中国家人民之间的交流与互动。

从我国社会组织"走出去"参与全球治理、与海外华人社团的交流与合作的实践看，还存在着体制机制、制度环境、海外渠道以及自身能力等诸多方面的制约，在这种条件下社会组织"走出去"面临种种困难和挑战。主要包括：一是在思想观念上，很多中国社会组织"走出去"的理念是狭隘的民族主义和国家主义，没有把中国的"国家利益"融合在"全球利益"和全球普遍接受的公益价值中；二是缺乏海外通畅的合作渠道，给社会团体、民办非企业单位和基金会在海外开展工作带来天然的困难，加之对当地国家政治、法律、经济、文化以及语言、宗教与习俗等方面的不了解，在海外开展工作困难十分明显；三是在人才队伍上，西方的国际非政府组织的领导人和管理者大都出身于西方的精英阶层，他们有着较强的专业能力和较高的经验水平，而我国的社会组织同等水平的人才则相对缺乏；四是社会组织参与全球治理需要强大的资金支持，而中国社会组织用来支持国际事务中的资金水平大大低于西方发达国家；五是我国社会组织和政界、商界、学界之间缺乏集体互动机制，这无疑会影响社会组织在国际层面与政府和企业之间合作的进一步深入。

为推动我国社会组织"走出去"参与全球治理和公益活动，政府必须采取强有力的措施，整合海外华人社团的资源，发挥其积极和专业的优势，全力支持我国社会组织的发展，引导他们致力于全球性社会事务和公共事务。应当看到，社会组织"走出去"是我国国际战略的重要组成部分之一，亟须建立推动社会组织参与全球治理和国际公益活动的国家支持体系。

为此提出如下三个方面的建议：

（一）建立部际协调机构，提供决策支持体系

建立一个统一的部际协调机构，为发挥海外华人社团参与社会组织"走出去"提供一个机制化的决策支持体系。将中共中央统战部、民政部、外交部、财政部、国务院侨办、全国侨联作为成员机构，由中共中央统战部统一管理和协商，协同推动海外华人社团参与社会组织"走出去"战略工作部署，提出相应的支持政策和统一工作的协商机制。

（二）设立国家支持海外华人社团与中国社会组织合作发展基金

设立合作发展基金，共同开展相应的合作项目，以社会组织国际化发展为目标，提出国际上认可的民生、民意和民主相关的交流和合作项目，政府部门提出具体部署，由社会组织按照不同国家的法律与规范开展相应的项目交流、项目合作体系。本着透明、规范、开放和专业运作的原则与世界各国的社会组织交流与合作，为国家整体外交战略服务。

（三）制定合作机制，鼓励国内社会组织与海外华人社团合作

采取诸如政府购买服务等模式，鼓励"走出去"的社会组织与海外华人社团紧密合作，发挥各自的优势，推动中国的社会组织国际化和专业化工作朝着建立合作联盟体系的方向发展，提升中国国家软实力和国际话语权，提升中国在国际社会的民间影响力，为维护国家利益服务。

总之，海外华人社团与我国的社会组织如果形成优势互补，资源共享，强强联合而建成支持体系，有利于中国社会组织"走出去"和国际化，为实现中国梦做出贡献。

【提案结果】

提案发布后，《公益慈善周刊》等媒体报道或转发。随着社会组织"走出去"的呼声日高，如何"走出去"和通过何种渠道"走出去"成为新问题。本提案从一个具体可操作的视角提出"发挥海外华人社团的作用"的建议，引起了相关部门的关注。

【编码】 2015－16

【案号】全国政协十二届三次会议第 4078 号提案

建立社会共治制度，探索环境保护的社会治理创新之路

【提案缘起】

环境保护是政府、企业和社会组织等多元主体共同参与的社会治理创新最为活跃的领域之一。本提案根据多年来我们开展的实证调研，提出探索和推进环境保护社会共治制度的若干政策建议。

【提案正文】

改革开放 30 多年来，我国体制转型带来经济高速增长的奇迹，但是发展中不平衡、不协调、不可持续问题依然突出，资源环境约束加剧，生态环境代价过大。尤其是近年来，全国多地出现长时间、大范围的雾霾天气，江河湖泊地表水、地下水污染，土壤重金属污染，以及因环境问题引发的群体性事件更是以较快速度递增。这表明在经济社会快速发展的同时，不断扩大的生态风险日益威胁着我们赖以生存的环境。中共十八大首次提出经济建设、政治建设、文化建设、社会建设、生态文明建设五位一体总体布局，十八届三中全会进一步明确提出深化生态文明体制改革，加快建立生态文明制度，健全国土空间开发、资源节约利用、生态环境保护的体制机制，实行最严格的源头保

护制度、损害赔偿制度、责任追究制度，完善环境治理和生态修复制度，用制度保护生态环境。

环境治理是国家治理体系的重要组成部分，在全面深化改革的历史新时期，积极探索环境领域的治理创新，也是推进我国生态文明建设和治理能力现代化的应有之义。2014 年的《政府工作报告》中指出，推进社会治理创新，应注重运用法治方式，实行多元主体共同治理，健全政府、企业、公众共同参与的新机制，即以法治为基础的社会共治制度。在环境保护领域，社会共治制度不仅源自我国已有的环境治理实践，也是超越地方经验的高度概括。近年来，各地政府和社会力量已共同参与到环境保护的治理创新中来，是政府加强环境治理的重要合作伙伴，不断推动环境污染监测、环境信息公开、环境影响评价和环境公益诉讼的公众参与，特别是《环境保护法》的修订实施，以及环保社会组织的倡导，在唤起公众参与、增强公民意识及责任感、推动信息公开、加强社会监督等方面发挥了重要作用。我们认为，建立以法治为基础的社会共治制度，将进一步为我国环境保护和生态文明建设发挥重要作用。故此提出如下建议：

（一）多元参与，协同共治

构建环境保护的社会共治制度，前提是环境治理主体的多元化。环境领域多元共治的主体不仅包括中央政府、地方政府、企业和各类市场主体，更重要的是环保社会组织、各种形式的公民自组织和公民。其中，环保社会组织不仅在我国各类社会组织中发展迅速、数量较多，也较早获得政府政策扶持。在创新社会治理体制过程中，要探索通过政府购买服务等机制，向企业和环保社会组织转移政府职能，提供更多的公共空间和资源，进一步培育和发展环保类社会组织，尤其是生态环境领域的研究型、服务型、倡导型组织，满足多样化、专业化的社会需求，弥补政府能力有限和监管不足的缺陷，利用其广泛的群众基础、资源动员能力和雄厚的专业实力，与各级政府建立制度化的政策咨询与购买服务机制，影响环境决策过程，促使环境政策体现多元相关者的共同价值和共同利益，并在政策执行过程中形成有效监督，约束公权力。

（二）配套法治，引领规范

加快环境保护领域的法律法规建设，构建环境保护的社会共治制度，需要发挥法治的引领和规范作用，明确不同治理主体的权力和责任。其一，用严格的法律制度保护生态环境，加快建立有效约束开发行为和促进绿色发展、循环发展、低碳发展的生态文明法律制度，一方面是建立健全自然资源产权法律制度，完善国土空间开发保护方面的法律制度；另一方面是制定完善生态补偿和土壤、水、大气污染防治及海洋生态环境保护等法律法规。其二，加强环境行政执法，完善行政执法体制，依法强化危害生态环境问题的治理，尤其需要增强基层执法力量，加强市场活动监管，强化企业作为生产者、个人作为消费者，对于环境保护的法律责任，大幅提高违法成本。其三，对一些行政机关违法行使职权或者不作为，或企业的违法排污等，造成对生态环境破坏或不利于资源保护的行为，需要在加强环保社会组织能力建设的基础上，进一步完善环境公益诉讼制度，这不仅有利于推进法治政府建设，将司法途径作为解决环境问题的主要手段之一，也是公众参与环境保护的重要途径。

（三）广泛参与，博弈合作

构建环境保护的社会共治制度，核心是不同治理主体间的博弈与合作机制。生态环境问题不仅表现为时空过程中的动态性和复杂性特征，而且具有很强的外部性，比如大气污染、水环境、气候变化等问题的解决，不仅仅取决于政府的权威，还需要广泛的公众参与，形成政府各部门之间、各级政府之间或者政府与企业、社会组织、公民等各种主体间的博弈与合作关系。

具体说来，一是，为了应对大气污染、土壤污染等日益紧迫的生态环境破坏，建立生态系统保护修复和污染防治的区域联动和部门协调机制；二是，推行环境污染第三方治理机制，发展环保市场，推行节能量、碳排放权、排污权、水权交易制度，建立吸引社会资本投入生态环境保护的市场化机制；三是，完善环境评价和信息公开制度，推进化工、核电等环境污染型工程项目建设的环境评价和信息公开，建立政府、企业、社会组织、公众等利益相关群体参与的对话协商机制；四是，建立全民共同参与的社会行动机制，倡导居民从垃圾分类、节水节电等日常生活行为做起，提升居民环保意识；五是，为了实现政府、企业与公民之间的相互制约和监督，建立行业协会、环保社会组织、媒体和公众参与的自律和他律机制。

（四）结构调整，价值共享

构建环境保护的社会共治制度，本质是利益结构的调整和共享生态文明的价值。一方面通过政府、企业、公众和社会组织等多个主体参与和协同努力，依靠法律法规、乡规民约、传统习俗等多重机制规范环境主体行为，通过不同治理主体之间的对话、竞争、妥协、合作，调整不同主体之间的利益格局，共同应对环境问题带来的挑战。另一方面，尊重和保护环境是生态文明的基本内涵，其价值在于通过建立与环境相协调、可持续的生产方式和消费方式，引导社会经济走上持续和谐的发展道路，强调人与环境的相互依存、相互促进、共生共享。

【提案结果】

2015年"两会"期间，"最严环保法"、"两会蓝"、"土壤污染"

等是各地代表热议的议题，两会结束后，各地政府在全面深化社会治理创新、激发社会活力的背景下，积极探索环境保护社会治理创新的路径，环保社会组织开启了环境公益诉讼之路。中央编办、中央文明办、民政部、财政部对这一提案作出了答复。

【编码】 2015 - 17

【案号】全国政协十二届三次会议第 3218 号提案

建立社会共治制度，探索农村基层社区的社会治理创新

【提案缘起】

基层社区是实现政府、企业和社会组织等多元主体共同参与的社会治理创新平台。本提案根据多年来我们开展的实证调研，提出探索和推进农村基层社区社会共治制度的若干政策建议。

【提案正文】

当前中国农村面临内部原子化和外部压力加重的双重困境。原子化源自如下现实：改革开放以来的家庭承包责任制在解放了农民的同时也解散了农民，分散的生产方式削弱了村民的合作基础；计划生育政策使得传统的家族纽带因缺乏人口基础而趋于瓦解，与此相关的社会关系、文化纽带和公共文化生活没落；劳动力大量外流，农村社区缺少有活力、有能力复兴公共生活的当家人。原子化的后果是农村人际关系的疏离和公共生活的衰落。外部压力则源自新近的城镇化以及土地等农村生产要素流转进程，农村社会在迎来开放化的同时也迎来了冲突的思想观念、掠夺性的市场力量和形形色色的外来主体。外部压力的后果是弱势方农民的利益和权利常常得不到保障，农村社会的不平衡感和冲突

加剧。

与此同时，农村的基层社区治理体系却不能有效应对这些变化。以村民委员会为组织核心的村民自治制度自20世纪90年代被正式确立以来，在取得巨大实践成就的同时也一直伴随着广泛的争论。在某种程度上，这种自上而下、整齐划一的制度建设是一种国家政权建构过程，一旦外部"嵌入"的制度不能与内部自组织机制相协调时，就会产生大量乡村民主政治乱象。普遍的状况是，作为法定村民自治组织的村委会面对政府行政事务"上面千条线，下面一根针"的现实，往往遭遇角色冲突和异化，处在基层政府和农民之间的尴尬境地，反而容易成为农村矛盾和怨愤的焦点。具体来说，面对当下农村社会新的形势，既有村民自治制度至少存在两方面缺陷：一是以村委会为单一主体的、缺少普遍参与的村民自治没有能力应对农村社会复杂化的情境和多样化的需求，尤其在村支两委不被信任的情况下，更是导致大量矛盾无法在社区化解，从而对基层政府造成巨大压力；二是在开放性增强的情境下，出现了越来越多跨社区、跨层级的公共事务或部分社区成员与外界的利益协调问题，这些事务在现有村民自治框架下已经无法得到妥善解决。

当下的村委会自治是对"村民自治"的狭义化理解，同时村民自治本身也已经不能满足当前农村基层社区治理的需求，农村基层治理必须要跨越言必称村民自治的阶段而寻找新出路。而在过去几年来，面对农村基层治理中呈现的上述困境，一些地方挖掘本土化的多元治理资源，建构互动协商、决策平台，沿着多元主体共同治理的方向进行了有益的探索，如浙江诸暨新的"枫桥经验"、重庆巫溪及湖南长沙县的"乐和家园"、河北肃宁的"四个覆盖"、中山市城乡社区治理的"2＋8＋N"模式等等。这些地方实践极大地拓展了对村民自治的理解，并更好地适应了农村社会开放化进程。在这些实践经验的基础上，进一步提出建立社会共治制度，探索农村基层社区的社会治理创新。具体建议如下：

（一）转变理念，以社会共治应对农村治理困境

从理念上超越狭义的"村委会自治"和封闭的"村民自治"，以"社会共治"的思路应对农村基层治理困境。"社会共治"可以理解为多元主体共同治理，在农村治理社区中包括两个面向：一是社区内除了村支两委以外，还有其他农村社区互助组织、经济合作组织、专业技术协会、社区内企业、社区能人等多主体共同参与社区治理或在社区亚群体内实现互助。二是吸纳社区之外相关的基层政府、企事业单位、社会组织等主体到社区事务协商解决中来，尤其社会共治中的政府参与不再是通过村支两委非制度化的单向干预，而是作为共治主体对等、坦诚、制度化的参与。社会共治与村民自治是相辅相成的关系，有村民自治的主体独立性才有共同治理的平等地位，同时只有多元主体共同治理才能支撑村民自治的有效性、回应性。社会共治将社区内外的主体统一到制度化的框架中来，一定程度上化解了村民自治与国家政权建构的张力和非此即彼的争论。

（二）大力培育农村基层社区社会组织，丰富农村社区共同治理的主体

鼓励农村社区成立经济合作、纠纷协调、慈善公益、文化体育等类型的社会组织，挖掘农村社会内生的治理资源，增强社区活力；充分发挥农村基层党员在农村组织化中的带头作用，鼓励社区能人、农民工返乡参与乡村建设，拓展农村组织化的人力资源；鼓励专业社工组织、NGO 以及学者参与农村社区社会组织培育与社区建设；信任农民，放开农民协会等跨社区的枢纽型、综合性、服务型组织的注册，鼓励跨社区的经济合作、公益慈善、文化体育类组织互动，在农村社区形成多元

化、多层次的社会组织体系。

（三）加大农村基层公共活动场所建设投入，打造社会共治的公共空间

充分重视公共活动场所对丰富村民公共生活，促进村民交流，积累社区社会资本，重塑干群关系、邻里关系、社会关系的作用。应增大投入，实现村村普及文化活动室、广场、图书馆等文化体育场所，保障一定面积标准的会议空间，并配备相应的文化体育、办公设施等。要通过公共活动场所的提供复兴农村公共生活，重建社会纽带，为社会共治建立社会基础和物理基础。

（四）探索建立制度化的共治机制，为多元主体提供互动参与平台

借鉴成都村民议事会、巫溪乐和联席会议制度等经验，推广由村支两委、社区社会组织代表、专业社工组织代表、基层政府代表等相关方共同参与的定期协商议事制度，就重要社区事务达成共识、整合资源、形成决策；推广山东曲阜"和为贵"调解室、巫溪"乐和堂"等经验，建立起有民间权威参与的社区调解机制；推广江苏睢宁"舞动乡村"等公共文化生活品牌，通过广泛参与的文体活动搭载社区治理的多元参与平台。

（五）以社会治理引导地方治理创新，加大创新实践与示范推广

加大对农村社区治理创新及其示范推广的支持力度，并就地方治理创新试验本身引入社会共治的思路。中国农村社区情况复杂，各地所面临的治理问题和所具备的治理资源千差万别，中央不宜对农村社区治理模式进行统一的强制规定，而应采取分类研究、示范推广的方式，充分发挥社会的主体性和创造性。鉴于此，应加大对各地社会共治创新探索的支持力度，尤其要鼓励由基层政府、社会组织、专家学者联合开展的农村社区治理创新示范项目，创建全国性的创新交流平台，在创新试验

本身中引入多元共治的思路，提高地方创新的知识密度和传播示范效果。

【提案结果】

　　这一提案从社会共治的角度提出农村社会基层治理所面临的问题和可能的出路，引起相关部门的关注和重视。2015年5月，中办国办印发《关于深入推进农村社区建设试点工作的指导意见》，明确"党政主导，社会协同，改革创新，依法治理"的原则，完善在村党组织领导下、以村民自治为基础的农村社区治理机制；促进流动人口有效参与农村社区服务管理；畅通多元主体参与农村社区建设渠道；提升农村社区公共服务供给水平；推动农村社区公益性服务、市场化服务创新发展；强化农村社区文化认同；改善农村社区人居环境。强化农村居民节约意识、环保意识和生态意识，形成爱护环境、节约资源的生活习惯、生产方式和良好风气。

【编码】2015－18

【案号】全国政协十二届三次会议第 3438 号提案

建立社会共治制度，探索安全生产的社会治理创新

【提案缘起】

安全生产是政府、企业和社会组织等多元主体共同参与的社会治理创新非常活跃的领域之一。本提案根据多年来我们开展的实证调研，提出探索和推进安全生产社会共治制度的若干政策建议。

【提案正文】

安全生产不仅关系着人民群众的生命财产安全和企业自身的生存和发展，也关系到改革发展和社会稳定的大局。安全生产归根到底是要保障生产经营过程中人的生命财产安全，如习总书记所强调的："安全生产工作要始终将人民群众生命财产安全放在首位。"以安全生产法治为核心的安全生产体系的建设，是增强全社会安全感、实现经济社会安全治理的基础工程和关键环节。

2014 年出台了新的《安全生产法》，确立了"安全第一、预防为主、综合治理"的安全生产工作方针，要求建立生产经营单位负责、职工参与、政府监管、行业自律、社会监督的机制，进一步明确和强化了安全生产中各主体的职责。但是各地各种安全生产事故依然频繁发

生，说明只有法律不够。李克强总理在去年的《政府工作报告》中讲到安全生产问题时，特别提出"建立从生产加工到流通消费的全程监管机制、社会共治制度和可追溯体系"。

借鉴国际经验及地方实践，我们提出建立社会共治制度、探索安全生产的社会治理创新的如下政策建议：

（一）发挥行业协会等社会组织的作用，探索安全生产的行业共治制度

安全生产不仅要求从事生产经营的企业承担主体责任，也要求相关的行业协会等社会组织承担安全生产的行业共治及自律责任。这些责任主要包括：组织开展行业安全生产方面的调查研究；参与行业安全生产法律法规、发展规划、标准规范的研究和制定；收集、分析、交流行业安全生产信息；开展安全生产方面的行业检查、行业公约等自律活动；组织行业性的安全生产新技术、新产品、新成果的研究和推广应用等。

目前我国在安全生产方面已成立国家级和地方级的各类协会数以百家，大多是主管部门发起成立的。在安全生产中发挥行业协会的作用，要加快政社分开的改革步伐，完善社会组织内部治理结构并加强能力建设，同时要建立健全社会组织参与的若干重要机制并提供制度保障。

因此，建议充分发挥社会组织在安全生产中的行业共治与自律作用。安全生产监督管理部门可通过政府购买服务，委托行业协会等社会组织开展安全生产相关的行业调查，参与相关法律法规、发展规划、标准规范的研究制定，收集分析和提供行业安全生产信息，鼓励相关社会组织开展安全生产方面的行业检查、公约制定等自律活动，有序参与安全生产方面的协商共治。

（二）激发专业服务机构活力，探索安全生产的服务共治制度

安全生产需要大量从事相关专业服务的社会组织及中介服务企业参

与，以提供专业化的相关社会服务，提高安全生产工作的专业化水平。这些专业服务主要包括：安全生产评价，安全生产的技术支持、技术改造和咨询服务，安全教育培训，安全认证，安全设备、设施、器材、用品的检测检验，以及其他管理咨询服务等。

在安全生产中发挥专业服务机构的作用，要求加快事业单位改革的步伐，完善专业服务机构的治理结构并加强能力建设。多年来，在各级主管部门的支持下，我国已成立了一批致力于安全生产的专业服务机构，包括科研院所、教育培训中心、认证中心、检验中心等事业单位，也包括一批工商注册的营利性公司。随着政府机构改革和事业单位改革的深化，这些致力于安全生产的专业服务机构将逐步分化为两大类：一类是具有较强公益性的非营利社会服务机构；另一类是具有较强市场性的营利性中介服务机构，分别承担安全生产领域相应的非营利社会服务和市场化的中介服务。发挥专业服务机构在安全生产中的作用，需要建立专业服务机构参与的购买服务机制和市场化的竞争机制，政府相关部门也要加强对专业服务机构的指导和监管。

为此，建议依法设立的为安全生产提供技术、管理、培训、认证、检验等专业服务的机构，依照法律、行政法规和执业准则，公平参与安全生产方面的政府购买服务，接受生产经营单位的委托，为安全生产提供所需的专业服务。安全生产监督管理部门要加强对专业服务机构的指导、监督和问责。

（三）发挥社会组织作用，建立社会应急救援体系，探索安全生产应急救援的社会共治制度

在安全生产体系建设中，高效的应急救援体系至关重要。建设应急救援体系不仅是各级政府的责任，也要激发社会活力，发挥社会组织和志愿者的作用。通过动员各种社会力量建立社会应急救援体系，应成为

探索安全生产体制治理创新的重要方面。汶川地震以来，基金会等各类社会组织积极参与应急救援，一方面动员了大量社会资源；另一方面也逐步建立起了社会化的应急救援体系，在各类重大灾害救援中发挥了重要作用。社会应急救援体系主要包括四个方面：一是用于安全生产的社会资源动员和协调中心；二是与安全生产和应急救援相关的社会信息中心；三是由社会力量发起组建的专业化应急救援队伍；四是面向公众的应急救援教育培训基地。

建议国家加强安全生产事故应急能力建设和应急救援体系建设，在重点行业、领域建立应急救援基地和应急救援队伍。鼓励社会组织、企业和其他社会力量参与安全生产的应急救援体系建设，包括建立用于安全生产的社会资源动员协调中心、社会信息中心、专业化的应急救援队伍和相关教育培训基地等，建立安全生产的社会共治制度。

（四）发挥工会的作用，全面参与安全生产治理，探索安全生产的职工共治制度

工会是代表职工权益的社会组织，安全生产工作应充分发挥工会的主体作用，包括工会在安全生产立法中的推动者作用、在安全生产现场工作中的监督者作用、在安全生产宣传教育中的组织者作用、在安全生产事故调查处理中的参与者作用、在安全生产劳动争议中的协商者作用等。

在安全生产中发挥工会的主体作用，要求我国各级工会本身要深化改革创新，真正站在职工的立场，真正维护职工的合法权益，真正成为代表职工权益的社会组织。

发挥工会在安全生产中的作用，需要建立工会参与的若干重要机制并提供制度保障。借鉴英国等发达国家的经验，可主要考虑如下机制：一是在立法上增加工会组织的发言权，就法律条文的修订征求工会的意

见并接受工会组织开展的专题调查；二是设立由工会组织派遣的生产经营单位安全生产委员制度；三是建立由工会组织、生产经营单位和相关协会等社会组织代表三方参与、共同协商的安全生产管理委员会制度。

【提案结果】

提案发布后，多家媒体作了报道，政协传媒网、中国台湾网和中国网等媒体转载了提案内容。2015 年 8 月 17 日，《人民政协报》发表专访，题为《探索安全生产的社会治理创新》的专访报道，介绍了本提案涉及的政策建议。国家安监总局对提案作出答复。答复表示：提案中的政策建议具有很强的针对性和可操作性，有利于创新安全生产体制机制，推动安全生产综合治理，充分发挥社会各方面的积极作用，共同做好安全生产工作。结合本提案中的政策建议，国家安监总局将在切实加强安全生产监督管理工作的同时，进一步发挥有关社会组织、专业服务机构对安全生产的支撑服务作用，研究完善专业服务机构监管、政府购买服务等机制，建立健全安全生产支撑保障体系，积极支持工会参与安全生产治理，促进生产经营单位加强安全生产管理，深化安全生产管理体制改革，创新体制机制，抓好贯彻落实，大力推动安全生产形势持续稳定好转。

【编码】2015 – 19

【案号】全国政协十二届三次会议第 3339 号提案

救助尘肺病患者，完善社会防治体系与保障制度

【提案缘起】

我很早就关注"大爱清尘"及其发起人王克勤老师，为他们的努力深表钦佩，也为他们喝彩。日前在我们的口述史访谈中，体会到这个社会组织所做的多属公共服务的范畴，理应得到政府的支持，因此深感需要从政策上呼吁。王克勤老师和他的团队给我提供了大量资料并参与讨论，使这一提案得以成稿并修改完成。

【提案正文】

尘肺病是现代社会危害产业工人身体健康最严重的职业病之一，尘肺病治疗是世界性的医学难题。改革开放 30 多年来，我国经济社会快速发展，农民工群体为城市化和经济社会发展做出了巨大贡献。但由于农民工缺乏基本的医疗保障、职业病防治不足及卫生保健常识缺失等因素，农民工深受尘肺病等职业疾病的困扰与伤害。据国家卫计委的相关报告，2013 年全国尘肺病新增病例 2.3 万人，累计报告尘肺病 75 万人，占职业病报告总数的 88%，其中已死亡人数达 16 万左右，死亡率高达 21.3%。目前大约还有 59 万尘肺病人急待救治。然而，与大量的"未

报告"病例相比，报告病例还只是冰山一角。据调查，各地疾控中心登记的尘肺病例，不到实际病例的 20%。尘肺病危害已成为农民工群体最突出、最严重和最紧迫的病患难题。

现行法规和体制的缺陷以及行政部门执法不严甚至不作为，使得大量尘肺病患者遭遇到无法逾越的体制性救助障碍。不少尘肺病患者在寻求救助时，由于难以提供劳动关系证明或用人单位不复存在而无法进入职业病诊断的申请程序，不仅难以获得基本的治疗和救助，其家庭也通常因病致贫。

综合考虑保障尘肺病患者权益、彰显社会公正、维持经济可持续发展以及维护社会稳定等多个因素，我们呼吁尽快健全尘肺病社会防治体系，构建尘肺病患者专项社会保障制度，化解尘肺病防治过程中存在的"企业防治责任推诿、社会公众认知模糊、国家救助体系残缺"等严重问题，构建"政府—企业—个人"三重责任框架，切实在农民工群体中开展多层次的尘肺病防治、患者医疗救助和生活救助等工作。对于无法证明劳动关系，难以获得职业病待遇或者工伤赔偿的尘肺病患者，应由国家承担起终极救助责任。具体建议如下：

第一，加快修订相关法规，为尘肺病防治和救助提供制度保障。现行《尘肺病防治条例》颁布已 25 年，其中诸多条款和规定已与现实不符，亟待修改扩充，使之成为包括尘肺病防治、救助、鉴定、赔偿在内的专项法律，对尘肺病的诊断、鉴定、赔偿和治疗做出明确的规定。依法保障尘肺病患者权益并使相关的政策支持和体制建设于法有据。

第二，定期开展全国尘肺病情况普查。我国至今缺少尘肺病例的准确数据，这使政府与社会组织在对患者实施救治时，难以做出基本的成本评估与所需资源的安排。因此，当务之急是要在相关部门的协调组织下，定期开展尘肺病患者的全国性普查，以获得患者规模与结构等方面的可信数据。

第三，逐步建立体系完善的责任追究机制。强化政府部门的监管职责，对全国从事接尘作业的各类厂矿和建筑企业进行职业状况认定性普查，加大职业健康监管执法力度，加强对企业生产环境的监管。通过建立分层级的制度化的责任追究机制强化政府和企业在尘肺病防治中的责任及其落实。

第四，简化救济程序，将尘肺病纳入城乡居民基本医疗保障统筹范围。作为一种特殊职业病，一旦患者被确诊为尘肺病，应直接进入责任认定程序，并根据劳动能力丧失程度获得职业病待遇或国家救助。对于无法确认劳动关系、无法通过法律途径获得职业病待遇和工伤赔偿的尘肺病农民工，政府应提供医疗和生活救助，包括高于最低生活保障的生活救助和及时的医疗救治。建议将已无用人单位和未加入工伤保险的尘肺患者救治工作纳入城乡居民基本医疗保障和大病医保，让尘肺患者的治疗费用能在基本医疗保障统筹内按比例报销，减轻患者医疗费负担。在总结一些地方已有经验的基础上，可在尘肺病比较集中的湖南、四川、陕西、河南等地开展试点工作，再逐步推广。

第五，落实工伤保险待遇"先行支付"制度。根据《社会保险法》及《社会保险基金先行支付暂行办法》的规定，单位未依法缴纳工伤保险费，发生工伤事故或职业病的，由用人单位支付工伤保险待遇。用人单位不支付的，从工伤保险基金中先行支付。从工伤保险基金中先行支付的工伤保险待遇应当由用人单位偿还；用人单位逾期不偿还的，社会保险经办机构可以依法追偿。为此，建议制定《社会保险法实施条例》，推动落实先行支付制度，明确先行支付资金由工伤保险储备金支付，并强化明确在储备金不足的情况下，财政对储备金补充的具体程序。同时，建议条例明确社保经办机构对未参保用人单位的法定代表人和其他负责人享有追缴权，防止用人单位通过恶意注销、解散等方法来逃避责任。各地应尽快出台实施细则，并切实贯彻落实。

第六，构建尘肺病患者救助的多元筹资机制，建立尘肺病救助和补偿基金。已产生的尘肺病例是由于以前法律法规不健全、生产工艺落后、职业危害防护和监管机制不健全等历史原因造成的，要解决尘肺病患者的生存和医疗问题，需建立以政府为主导，用人单位、工伤保险、社会救助、新农村医保、慈善机构参与的立体式救助体系。建议由政府牵头建立尘肺病救助和补偿专用基金，由政府和涉尘企业共同负担。企业按照吨煤或产量收取。可吸纳社会捐赠资源。可借鉴"香港肺尘埃沉着病补偿基金"模式，由政府向所有从事接尘作业的企业按其产品总价值或建设工程总价值的一定比例征款，以此款项作为基金的主要来源。并建立"尘肺病救助基金委员会"，由民政部、卫生部和财政部等部委负责制定相关管理制度。在"尘肺病患者救助基金"保障现存无法获得职业病待遇的尘肺病患者的基础上，将范围扩大至与原用人单位就确认劳动关系发生争议并在争议处理期间的尘肺病患者。建议由基金比照职业病待遇标准，先行支付患者的治疗费用和基本生活保障费，待其与原用人单位确认劳动关系之后，由用人单位将上述费用返还给基金。

第七，进一步完善劳动用工制度，强制缴纳工伤保险。人社部门要督促用人单位依法签订劳动合同，对在岗工人劳动合同签订情况进行专项整治。扩大工伤保险覆盖范围，在职业危害严重的行业要强制推行工伤保险，对不参加工伤保险的企业予以严惩和重罚。

【提案结果】

提案发布后，许多网友点击和评论表示支持。会议期间，我接受

《中国青年报》记者的采访。相关报道也被转载到《新华网》、《凤凰资讯网》。对本提案的报道和政协会议期间其他关于尘肺病患者的报道形成了一股舆论合力，使得尘肺病话题成为两会期间热点话题。2015 年 7 月，中国煤矿尘肺病防治基金会开展的省部级尘肺病劳模公益救助项目在国家安监总局北戴河职业病防治院正式启动。首批来自全国 8 省（区、市）的 25 名省部级劳模尘肺病患者将在中国煤矿工人北戴河疗养院得到更规范的治疗和休养。与此同时，广西壮族自治区财政厅通过"两扩大五提高"方式调整了 2015 年新农合基金补偿方案，新农合基金将尘肺病列入了重大疾病补偿范围。

【编码】2015－20

【案号】全国政协十二届三次会议第4091号提案

建立社会共治制度，探索消防安全的社会治理创新

【提案缘起】

消防安全是政府、企业和社会组织等多元主体共同参与的社会治理创新非常活跃的领域之一。本提案根据多年来我们开展的实证调研，提出探索和推进消防安全社会共治制度的若干政策建议。

【提案正文】

近年来我国频发大型火灾事故，造成严重的人员伤亡和财产损失。2013年3月和2014年4月丽江古城的两场大火至今仍让人记忆犹新。由于丽江古城多为木质结构建筑，巷道狭窄，交通不便，导致消防车及消防器械难以进入，情势危急，幸有当地消防救援公益组织积极介入，包括蓝天救援队在内的若干支志愿消防队与消防队员配合，相关单位的保安队、环卫工人和当地居民也自发参与火灾扑救，并配合消防官兵清理现场余火，配合古城管理局工作人员连夜对火灾原因、人员伤亡、过火面积、直接财产损失等情况展开排查，经过多方力量的共同参与终于及时控制了灾情，避免更多生命和财产的损失。从丽江火灾事件中，既可以看到我国现有的消防安全体系存在不足，也能发现地方对消防安全

的社会治理创新已做了一些探索。

长期以来，消防职能主要由政府承担，《消防法》规定由公安消防部门履行日常监察、工程审核验收、行政处罚、信访处理与产品检测等监督管理职能，但随着经济社会的发展，这种单一由政府承担消防职能的消防安全体系已难以满足人民群众对消防安全的需求。发达国家特别是美国在近代化过程中探索形成了多元主体共同参与的消防安全治理体系。借鉴发达国家消防安全治理的经验，结合各地已有的实践探索，提出建立社会共治制度、探索消防安全社会治理创新的政策建议如下：

第一，发展民间消防队和社会应急救援体系，探索消防安全的社会共治。在社会消防安全体系建设中，高效的应急救援体系至关重要。建设应急救援体系不仅是各级政府的责任，也要激发社会活力，发挥社会组织和志愿者的作用。通过动员各种社会力量建立社会应急救援体系，应成为探索消防安全体制治理创新的重要方面。美国的消防队伍分为职业消防队和义务消防队，大城市中设有消防总队，而在小城市、乡镇、工厂企业则主要采取专职与义务相结合的办法来建立消防队。义务消防队员采取聘任制，经过训练，发给通信工具，平时上班或在家，听到火警呼叫信号，就可开自己汽车赶到火场。他们没有固定的工资补贴，但如果救火耽误了工作，可适当补贴。美国现有这种义务消防队员 150 万人，这对扑救初期火灾相当有效。在丽江火灾事件中，蓝天救援队以及若干志愿消防队发挥的力量也令人耳目一新。因此建议：加强民间消防队、应急能力建设及消防救援体系建设，在重点行业和领域，在特殊地方和空间，鼓励民间成立消防队伍和应急救援队伍，允许其向服务受益对象收取一定费用，政府也可给予一定补贴，消防部门也可对其进行必要的培训。鼓励社会组织、企业和其他社会力量参与消防安全的应急救援体系建设，在资金投入、技术指导、教育培训、政府购买服务等方面给予支持，建立消防安全的社会共治制度。

第二，发挥行业协会等社会组织的作用，探索消防安全的行业共治制度。消防安全往往会因行业不同而存在差异性，因此，不仅要求从事生产经营的企业承担主体责任，也要求相关的行业协会等社会组织承担消防安全的行业共治责任。这些责任主要包括：组织开展行业消防安全方面的调查研究；参与行业消防安全法律法规、发展规划、标准规范的研究和制定；收集、分析、交流行业消防安全信息；开展消防安全方面的行业检查、行业公约等自律活动；组织行业性的消防安全新技术、新产品、新成果的研究和推广应用等。以美国消防协会为例，美国消防协会虽是民间团体，但有重要影响。会员不少是各级政府消防官员，也有社会各界的科研人员、企业家等志愿者，人才集中，实力雄厚。工作人员不拿薪酬，但因会员分布全国各地，协会信息灵、效率高。协会制定消防标准和规范，由州政府认可的成为州的法律，由联邦认可的则成为联邦法规。建议充分发挥社会组织在消防安全中的行业共治与自律作用，消防安全管理部门可通过政府购买服务，委托行业协会等社会组织开展消防安全相关的行业调查，参与相关法律法规、发展规划、标准规范的研究制定，收集分析和提供行业消防安全信息，鼓励相关社会组织开展消防安全方面的行业检查、公约制定等自律活动，有序参与消防安全方面的协商共治。

第三，激发专业服务机构活力，探索消防安全的服务共治制度。消防安全需要大量从事相关专业服务的社会组织及中介服务企业参与，以提供专业化的相关社会服务，提高消防安全工作的专业化水平。这些专业服务主要包括：消防安全评价，消防安全的技术支持、技术改造和咨询服务，消防安全教育培训，消防安全认证，消防设备、设施、器材、用品的检测检验，以及其他管理咨询服务等。多年来，在各级主管部门的支持下，我国已成立了一批致力于消防安全的专业服务机构，包括科研院所、教育培训中心、认证中心、检验中心等事业单位，也包括一批工商注册的营利性公司。随着政府机构改革和事业单位改革的深化，这些专业服务机构将逐步分化为两大类：一类是具有较强公益性的非营利社会服务机构；另一类是具有较强市场性的营利性中介服务机构，分别承担消防安全领域相应的非营利社会服务和市场化的中介服务。发挥专业服务机构在消防安全中的作用，需要建立专业服务机构参与的购买服务机制和市场化的竞争机制，政府相关部门也要加强对专业服务机构的指导和监管。建议依法设立的为消防安全提供技术、管理、培训、认证、检验等专业服务的机构，依照法律、行政法规和执业准则，公平参与消防安全方面的政府购买服务，接受生产经营单位的委托，为消防安全提供所需的专业服务。消防安全监督管理部门要加强对专业服务机构的指导、监督和问责。

第四，发挥社区基层治理作用，探索消防安全基层共治制度。建议在社区中构建"一委一居一站"模式的消防安全工作小组，建立社区党委、居委会、社区管理服务站。在人员密集、设施复杂、消防风险大的地区，构建网格化管理小组，将辖区划网分格联动管理，将街道划分为多个网格，每人负责一个小网格，联合完成消防安全工作职责，不同层级的网格负责不同级别和日常的巡查，严格明确责任、落实考核，并给予适当的经济补助。采取有奖举报方式，鼓励公众利用有效的传播媒介或建设全国统一的受理平台，提供违反消防安全的线索，解决消防监管部门"看不全、看不到"的问题。

【提案结果】

这一提案立案后，公安部经商中央综治办、民政部、财政部等部门，对提案作出答复。答复表示：在法治基础上构建多元主体共同治理的"全民消防"格局，是消防工作社会化发展的努力方向，本提案很有针对性，对于加强和创新社会消防管理，提升社会防灾和救灾能力具有很强的指导意义。2015年8月11日，公安部、中编办、国家发展改革委、民政部、财政部、住房城乡建设部等六个部门联合发布《关于加强城镇公共消防设施和基层消防组织建设的指导意见》，提出要强化基层消防安全责任，坚持加强政府管理与鼓励社会参与相结合，将消防安全全面纳入农村基层综合公共服务平台，要大力推进乡镇政府专职消防队伍建设，鼓励企业、民间组织、个人等各种社会力量参与乡镇专职消防队建设，对因工作需要确需成为法人组织的可依法申请登记，鼓励通过政府购买服务方式推动专职消防队伍建设。

后 记

整理完这部书稿，已是深冬时节。从"两会"结束以来，转眼又到了岁末——新的建言季，我又开始备战"两会"的提案了。

年初我就下决心要赶紧出版这本书，其中虽只跨了三年，却包括了59件提案，比上一本书的内容还要丰富。我请几位博士后参与整理，检索并补充了提案的后续影响，根据提案答复的来函及其要求，整理出每个提案的结果分析，再对通篇的文字进行推敲修改。

董俊林博士参加了本书最后阶段的统稿，我们在香山脚下的一家宾馆里密集工作，一边统稿也一边暴走寒夜，体会我行我素的精神，也交流政策建言的心得。

即将过去的一年，不仅是我政策建言的丰收年，也是乐行善素的高峰年，我日均行走保持在两万五千步以上，不仅多次成功"走马"，挑战了扶贫基金会主办的"善行者"，还与"伏羲娃娃"在井冈山重走长征路。此外我的素食也有更多的收获和心得。记录我行走和素食体验的"我行我素"系列丛书已成功出版第一本，受到读者的好评。后续两本书也在加紧作业中。

本书的出版，不仅小结我的建言，也见证我行我素，更为新的建言和继续我行我素加油！

2016 年 12 月 17 日

于北京至西安航班

图书在版编目（CIP）数据

建言者说：2013~2015 政协提案小集. 二 / 王名著
. -- 北京：社会科学文献出版社，2017.2
ISBN 978 - 7 - 5201 - 0300 - 8

Ⅰ. ①建… Ⅱ. ①王… Ⅲ. ①中国人民政治协商会议
- 提案 - 汇编 Ⅳ. ①D627

中国版本图书馆 CIP 数据核字（2016）第 323869 号

建言者说（二）

2013~2015 政协提案小集

著　　者 / 王　名

出 版 人 / 谢寿光
项目统筹 / 刘骁军
责任编辑 / 赵瑞红　关晶焱

出　　版 / 社会科学文献出版社 · 学术资源建设办公室（010）59367161
　　　　　　地址：北京市北三环中路甲 29 号院华龙大厦　邮编：100029
　　　　　　网址：www.ssap.com.cn
发　　行 / 市场营销中心（010）59367081　59367018
印　　装 / 北京季蜂印刷有限公司

规　　格 / 开　本：787mm × 1092mm　1/16
　　　　　　印　张：19.75　字　数：252 千字
版　　次 / 2017 年 2 月第 1 版　2017 年 2 月第 1 次印刷
书　　号 / ISBN 978 - 7 - 5201 - 0300 - 8
定　　价 / 79.00 元

本书如有印装质量问题，请与读者服务中心（010 - 59367028）联系